# ヨブ記

# 神とヨブその相貌を奥へ呼ぶ

玄月

edit gallery

撮影　熊谷聖司

千夜千冊エディション

# 文明の奥と底

松岡正剛

角川文庫
21128

千夜千冊
EDITION

松岡正剛

# 文明の奥と底

## 前口上

西洋文明がつくったもの。モーセとユダヤ人、神とヨブの問答、
黙示録、千年王国、アンチキリスト、アーリア主義一辺倒、
それから銃器・征服・資本主義、飢餓と肥満とＷＴＯ。
でも東では黄河と長江の文明が、スキタイと匈奴が動いていた。
みんな興亡、すべて消長。文明はつらいよ、文化で遊べ。

目次

第三章　東風的記憶

第四章

# 鏡の中の文明像

第一章

# 文明と民族のあいだ

ジークムント・フロイト『モーセと一神教』
アーサー・ケストラー『ユダヤ人とは誰か』
ノーマン・コーン『千年王国の追求』
バーナード・マッギン『アンチキリスト』
アモス・エロン『エルサレム』
デイヴィッド・グロスマン『ユダヤ国家のパレスチナ人』

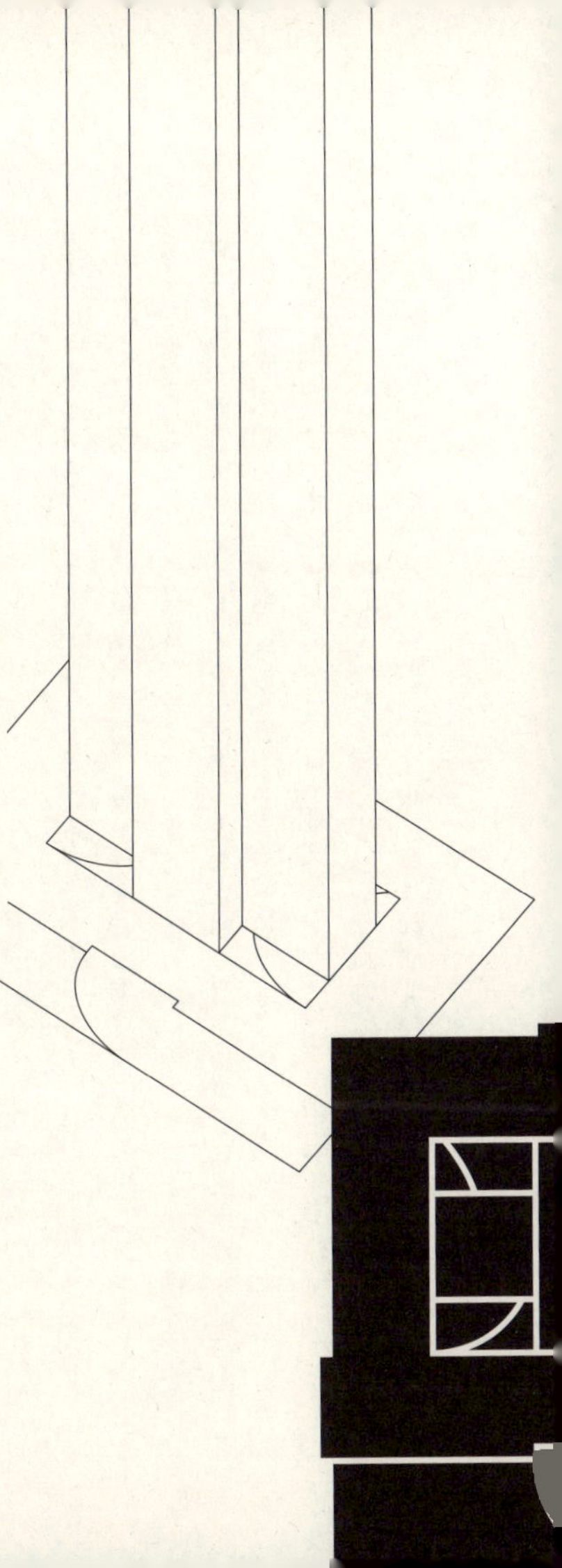

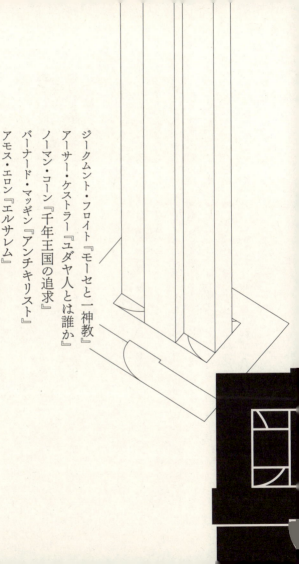

文明の闇を衝く
最も恐ろしい問題作

ジークムント・フロイト

# モーセと一神教

渡辺哲夫訳　日本エディタースクール出版部　一九九八　ちくま学芸文庫　二〇〇三
Sigmund Freud: Der Mann Moses und die Monotheistische Religion 1939

恐ろしい本である。引き裂かれた一冊である。

ヨーロッパ文明の遺書の試みだった。おまけにこの本は人生の最後にフロイトが全身全霊をかけて立ち向かった著作だったのである。それが「モーセ」という神の歴史に立ち会ったユダヤ者の謎をめぐるものであったことは、フロイトその人がかかえこんだ血の濃さと文明の闇の深さを感じさせる。

ぼくが最初にこの本を読んだのは、日本教文社の『フロイド選集』第八巻（吉田正己訳）だったのだが、たちまちにして〝しまった〟という気分になった。もっと早く読んでおけばよかったという悔いと、こんな本は知らなければよかったという気持ちが一緒くたにやってきた。そのころはまだユダヤ教やユダヤ人の歴史をろくすっぽ学んでいなかったし、多神多仏の風土に育った日本人として一神教スタイルの社会文化を眺めるということもしていなかった。だからフロイトがこの問題に立ち向かう意味がほとんど見えてはいなかった。

その後、さまざまな歴史の起源や宗教の意図や、ラカン、ドゥルーズ、ハンデルマンらが解読したフロイト思想のその後が少しずつ見えてきた。そこであらためて『モーセと一神教』を読んだのだが、今度はますます「事の重み」に身が引き締まってまたまた読まなきゃよかったと悔いた。

こういう事情があったので、書きたいことはいろいろあるけれど、それをちょっとこらえて、今夜はいくつかの感想に絞りたい。

本書はなぜ恐ろしい本なのか。モーセの謎とフロイトの謎が二千年の時空を超えて荒縄締めのように直結してしまっているのが恐ろしいのだ。直結していながら、そこに法外な捩れと断絶と計画がはたらいているのが恐ろしい。

フロイトはユダヤ人だったから、ユダヤ教にはもとより敬虔な気持ちをもっていた（フロイト自身は社会的にはカトリック教会に親近感をもっていると書いていた）。一方、モーセはユダヤ教を開闢《かいびゃく》した張本人である。モーセによって一神絶対者としてのヤハウェ（ヤーウェあるいはエホバ）が初めて語られ、初めて「十戒」が定められ、初めてユダヤの民が選ばれた。割礼も始まった。ということは、こう言ってよいのなら、それまで歴史上にはユダヤ教はなかったのだ。ユダヤ人もいなかったのだ。

ところがフロイトは本書において、モーセはユダヤ人の起源者ではなくエジプト人であり、古代エジプト第十八王朝のアメンホテプ四世が名を変えてイクナートンとなったときに、ごくごく限られた宮廷集団で信仰していた「アートン教」の直系になったとみなしたのである。

アートン教はすこぶる興味深い。マート（真理と正義）に生きることを奉じた太陽神信仰なのだが、人類史上で初の純粋な一神教となった。

それまでのエジプト王朝は代々ともに死後の生活を信じる多神教だったのを、イクナートンことアメンホテプ四世が光輝に充ちたアートン神（アテン神）を奉じて一神化してしまったのである。それとともにテーベ北方の新都アマルナに遷都して、次々に神殿を建てた。古代エジプト史ではアマルナ改革とよばれる。ただしイクナートンの死とともにアートン教は廃止された。瀆神者《とくしん》の烙印を捺《お》されたファラオーの王宮はあっけなく破壊され、多くのものが略奪され、第十八王朝は壊滅した。紀元前一三五〇年前後のことだった。

そんな束の間の出来事のようなアートン神による一神教の観念を、なぜモーセはこれだと感じたのか。あまつさえ、それをなぜヤハウェと言い替えて、エジプトからカナーンの方へ運び出したのか。

これまでの考証では、モーセが「出エジプト」を敢行したのは、およそ紀元前一二五〇年前後のことだろうということになっている。おそらく五十年ほどの誤差はあるだろうから（ぼくは『情報の歴史』では前一二七五年を出エジプトの日とした）、これは、アートン一神教が隆盛していた時期と年代的にほぼ符合する。モーセはそのアートン教を持ち出した。持ち出して、どうしたか。ユダヤ人のためのヤハウェ一神教に変じさせたのである。

宗教史的には「モーセがユダヤ教を作った」ということはあきらかだ。まさにパウロがキリスト教を作ったように、である。

けれどもパウロが作ったキリスト教は「キリスト人」とか「キリスト民族」という血の創造ではなかった。パウロはそこまでの創作はしていない。パウロがしたことは聖典のための多能な情報編集ばかりだ。ところがフロイトによれば、モーセはユダヤ教を作っただけでなく、ユダヤ人を作ったのである。モーセはアートンをヤハウェにするとともに、自身が〝ユダヤ人の父〟たらんとしたのだった。

それまで、ユダヤ人の母集団であるセム族とヤハウェ信仰とはまったく結びついていなかった。だいたいヤハウェという神の名もなかった。またセム族の集団や部族が割礼をするということもなかった。割礼は古代エジプト人の一部の慣習だ。モーセはこれらを一挙に創作したか、制作したか、出エジプトにあたって持ち出した。

エジプトを出たモーセはシナイ半島を渡り、特定の地に落ち着いた。今日でいうパレスチナの南のカナーンの地だ。そこで何がおこったかといえば、アブラハムやイサクたちがユダヤ人の父祖となり、初期ユダヤ教が生まれた。つまりモーセが「ユダヤという計画」を実施した。モーセはまるで遺伝子操作のようなことをしたということになる。本当にそんなことがあったのか。

フロイトの仮説はこれだけでは終わらない。モーセはそのようにして計画を実行に移し、それを新生のユダヤの民が受け入れたにもかかわらず、かれらによって殺害されたとみなしたのだ。この点についてはスーザン・ハンデルマンの快著『誰がモーセを殺したか』（法政大学出版局）があるのだが、いまはそこまでは踏みこまないことにする（最後にちょっとふれる）。

ざっと以上がフロイトが言いたかったことの骨格だ。なんという仮説であろう！　こんなことが精神医学にとって必要だったのか。

フロイトは最晩年の七八歳になって、まるまる二年にわたってこのモーセ問題に憑《つ》かれてしまったのである。もっと長生きしていたら、もっと深淵に向かってこの問題に傾注していたかもしれない。それでも、ここからは意外な展開が待っていた。

この時期にナチスによる大量のユダヤ人迫害と虐殺が大進行していった。これにはフロイトはそうとう深く考えこまされていた。たとえば一九三四年のアルノルト・ツヴァイク宛の私信のなかで、「私はいま、なにゆえにユダヤ人は死に絶えることのない憎悪を浴びたのか、自問しております」と書いていた。これはフロイト自身の奥にどくどくと流れている文明の血を根本的に振り返るあきらかな動機のひとつになっていた。また、長きにわたったヨーロッパの社会史の現在が、いまになってなぜユダヤ人と全面対決しているのかという謎を解きたいという動機にもなった。ホロコーストの対象になったこと、さらにさかのぼればディアスポラ（離散民）の宿命を受けた理由のことである。

が、これだけならフロイトならずともユダヤ系の思想家や文学者なら考えそうなことだった。ユダヤ人だったマルクスもカフカもずっとこのことを考えた。だからここには、もうひとつの理由があるはずだ。こちらのほうが大きい。

フロイトはユダヤ人でもあるが、かつまた精神医学者であって、精神の歴史の解明者であった。そういう自負をもっていた。人間あるいは人類が宿命的にかかえた意識と無意識の潮流を証したという自負がある。自負だけでなく、長年にわたって培った精神分析による成果もある。自分がそのような真実を突きとめたという実感ももっていた。それは「類」としての人間の「精神の暗闇」に挑むという研究だったのだから、人種や民族を超える真実であるはずだった。

この暗闇の真実にはだれも踏み込んではいない。フロイトはその未踏の領域にさしかかって、きっともっと踏み込みたかったのだろう。そして、この「精神の暗闇」に挑むには、モーセは殺されていなければならなかったと考えたのである。

本書の一一七ページ（文庫版）に、フロイトはこんなことを書いている。ある人が激越な列車事故に遭遇し、見たところ無傷に立ち去ったとしても、のちに過度の精神的ならびに身体的な症状が出てくることがある。これは「外傷神経症《トラウマ》」というものであるが、この外傷神経症とどこか共通する事態が、ひょっとするとユダヤ一神教の誕生に関して「類」的におこったのではないか、というふうに。

トラウマがどういうものかは、いまならPTSD（心的外傷後ストレス障害）のことを含めてだいたい見当がつくだろうが、当時はピエール・ジャネがギリシア語の〝trauma（傷）〟を心的作用の比喩につかったことすら知られておらず、これが心理学用語になったのは一九一七年にフロイトが『精神分析入門』に使ってからのことだった。それでもこの用語は個人におこる心的外傷に適用されるだけだったのだが、晩年のフロイトはそれを一挙にユダヤ人という「類」にあてはめたのである。

フロイトは『モーセと一神教』において「潜伏期」という神経症発症の用語をつかってまでして、ユダヤ教とユダヤの民の歴史において「モーセの一撃」がもたらした衝撃を語ろうとした。ユダヤ人には「類」としての早期の自我侵害がおこっていたというのだ。

そんなことがありうるのかという疑問に答えて、フロイトは反論を用意する。この民族の早期の自我侵害は、モーセという特定の個人の出現による事件を中心に語られるようになったことが、長きにわたるユダヤ民族の「普遍的な自我」の外傷《トラウマ》となったのである、と。

なるほど、これは穿《うが》った推理だ。ユダヤ教が漠然と集団的に発生していたのならともかくも、ヤハウェの十戒の声を聞いたモーセという明白な個人の計画によって起源したのなら、その後のユダヤの民の意識は、つねに一個のモーセに回帰していったのだとも言える。「モーセを想う」ということは、「モーセに連なる個人としてのユダヤ者」を想うことなのである。そのモーセは「類」としてのユダヤ民族の発祥者《ルーツ》でもあったのだから、ここには「類」と「個」の重合がおこってくるのだろう。ユダヤ人とはこの文明的で民族的な宿命をもった者たちだった、ということになる。

このような見方は、民族としての日本人の発祥者（つまり造物主）をはっきりもっていないわれわれ日本人には、どうもピンとこないものがある。多くの民族の歴史は祖先伝説や始祖伝説をもっているけれど、それが盤古《ばんこ》とかイザナギとかオーディンといった得体の知れない物語の主人公であるばあい、そこにはフロイトが言うような、実在者としてのモーセ問題がない。しかしフロイトのモーセ問題には、ユダヤ民族の外的傷害である一撃がこめられていたのである。

話はここまでで、まだ半分だ。フロイトはモーセが殺害され、それによってユダヤの民がこの事実を背負うことになったと書いた。これは、いったい何を意味するのか。何を暗示するか。だいたい、なぜモーセは殺害されたのか。フロイトはどうしてモーセの殺害を問題にしたかったのか。

どこの地のどんな古代中世史にも、神の殺害や王の殺害があることは、司馬遷の『史記』にもエドワード・ギボンの『ローマ帝国衰亡史』にも、ジェームズ・フレイザーの『金枝篇』にも、ふんだんな類例が提出されている。王や一族の首長やリーダーが殺されるのは、とくにめずらしいことではない。それなのにフロイトはモーセが殺害されたことを重視した。なぜなのか。フロイトは、もうひとつの事件が重なっていたと見たからだ。それは「父殺し」ということだった。「原父」の殺害と抹消ということだった。

旧約聖書「出エジプト記」には、モーセが殺されたとは記されていない。しかしいつからか、モーセはイスラエル人に殺されたというふうに言われるようになった。二十世紀になってこの伝承をドイツの宗教学者エルンスト・ゼリンが『モーセとイスラエル宗教史におけるその意義』（一九二二）で採り上げ、モーセ殺害の可能性に言及した。フロイトはこれを読んでピンときたようだ。原父モーセは殺されたにちがいない、殺されなければならなかった、と。

原父殺害問題なら、エディプス・コンプレックスを発見し、トーテムとタブーの不可避の関係を解明してきたフロイトには得意な問題だ。もしこのことが「原父モーセ殺し」に結びつけられるのなら、そこには個人の外的傷害に勝る、民族の精神としての外的傷害が想定できることになる。モーセ殺害が歴史的事実であったかどうかは問題ではない。犯人をあげる必要もない。符牒があればよい。ひとりフロイトがこだわりたい仮説になればよかったのだ。

このように見てくると、これはどうやら「モーセの計画」というよりも「ユダヤ文明の計画」であり、「フロイトの計画」なのである。モーセが殺されたから、ユダヤの民族の系譜は「父殺し」の原罪をもたざるをえなくなり、しかしながらそのような外的傷害があったからこそ、ユダヤ教が保持できた。その最初の外傷の記憶がつねにこの民族を悩ませつづけたから、かえってユダヤの民が持続した。

摘まんでいえば、こうなるわけである。モーセは殺されたのではなく、フロイトが殺したのだと言いたくなる。なぜこんな辻褄合《つじつま》わせが成立するのだろうか。ここからはフロイト心理学の「闇」にも入っていかざるをえない。

フロイトには「エス」(Es) にとりつかれた時期がある。

エスはゲオルグ・グロデックが仮想した心理概念だ。なかなか把《とら》えがたいものだが、フロイトが周到に想定した心的構造においてきわめて重要な〝心的審級〟をはたしていった。

フロイト前期の思想では、エスは無意識的なものである。未知なものである。エスは心の最も深層においてなんらかの本質を貯蔵していて、そこではつねに生の衝動と死の衝動が対峙する。フロイトはこのエスを「存在の核」とよび、ラカンは「存在の場」とよんだ。この見方からすると、ふだんはその人間の現実的な欲望が先行しているため、エスの衝動は必ずしも外にあらわれない。したがってエスは無意識そのものであるとも考えられてきた。フロイトも初期の考察では「無意識はエスの内部における唯一の支配的な特性である」と書いている。そして、この唯一の特性には「抑圧」がかかっているとみなしていた。

しかしフロイトはその後、このエスこそが何かの契機で自我に組みこまれた特性にもなっていると考えるようになって、あらためて「無意識」とか「イド」(id) というふうに呼びなおした。これでエスは抑圧を特性にもつことになった。そして、そのような自我に組みこまれたエスやイドは、自我がおもてだっては気がつかない強力な生の衝動や死の衝動を発動させることがあり、そこではエスやイドは自我との意外な対立物（ないしは統合物）にさえ審級するのではないかと考えられるようになった。こうして本書では（ということは最晩年のフロイトでは）、「自我はエスという樹木が外的世界の影響力をうけた結果、発達してくる樹皮のようなものなのだ」という説明になる。

問題は、この樹木としてのエスやイドが「類」としての民族の意識や無意識という樹液にもはたらいているとフロイトがみなしたことである。

フロイトは本書の第二部の後半で、ユダヤ民族の特性がいかに醸成されたかということをこれから書くと予告して、次のような巧妙な説明を試みた。

エスには実は二つのはたらきがある。ひとつは、それを作用させる自我の状態によって快感も不快感もよびおこすエスである。エスはあまりに心的外傷《トラウマ》が強いときは、刺激を中断する作用をもった（欲動断念）。自我が自我のありように深刻な危機がくることを見抜いたからである。もうひとつ、自我の残余の部分にエスを大きく引きこんで、自我の危機を覆ってしまうようにするエスがある。エスが「自我に審級してきた」とみなせる。これは「超自我」ともいえるもので、かつてはこれが神であることが多かった。

問題はついに「超自我」におよんだのだ。フロイトはさらに次のように考えた。このような超自我は、近代社会以降も「両親」または「父親」の後継者あるいは代理人としての機能をもって、自我をコントロールすることがある。現代においては子供たちが、しばしばこのような超自我をスーパースターや怪獣や幻想動物に託している。まして太古や古代においては、超自我は神にも神の代理人にもなりやすいものだった。

おそらくモーセはそのような超自我としての役割をユダヤ民族の集団心理学的なしくみのなかで発揮したにちがいない。そしてこの「モーセの一撃」によって、後続するユダヤ民族は超自我としてのモーセと一神教とを〝発見〟したにちがいない——。

フロイトは「エス・自我」に「超自我」が審級してくる可能性を、モーセがユダヤの民に与えた歴史的ふるまいを通して解こうとしたわけである。ゲームは終了した。フロイトはこの遺書を残して死んだ。

遺書に対する反響はひどく冷たいものだった。フロイトの推理や結論はあまりに唐突で、論証は曖昧で、また、モーセの殺害という奇矯な仮説には、それが父親殺しのモチーフのユダヤ教への導入であったとしても、どうにも無理があるという批判が相次いだのだ。フロイトの著作のなかで「最も妄想が過ぎる」という非難も集中した。さらには、精神分析はいつだってこういう妄想によって患者を〝逆正当化〟しているにすぎないという、当時の精神分析全体の傾向に鉄槌をくだす者もいた。

ところが、ところが、である。この遺書にはもうひとつの読み替えが可能だったのである。ゲームは終わっていなかったのだ。その予想もつかない読み替えにふれて、今夜のモーセ＝フロイト散策を終えておきたい。


フロイトの父親はヤーコプ・フロイトという。フロイトは『夢解釈』でこの父親ヤーコプを影の主人公として登場させて、フロイトがどのように父親の存在を超えようとしてきたかを述べた。ありていにいえば、いわば「父殺し」を試みた。

この「父殺し」はうまくは成就しなかった。すでにフロイトは『トーテムとタブー』によってかの有名な父殺しの理論、すなわちエディプス・コンプレックスの理論をなかば証明してみせていたのであるが、『夢解釈』ではそれを自身の家系にあてはめることには成功しなかったのだ。

しかしフロイトはあきらめてはいなかった。ぼくはフロイトが『モーセと一神教』にとりくんだのは七八歳からの二年間だったと書いたけれど、その後のフロイト研究では、もっと前からモーセにとりくんでいたらしいことがわかってきた。これはフロイトがミケランジェロのモーセ像にあれほど傾倒していたことからも、察しがつく。フロイトはこう書いていた、「これほどまでに強烈な印象を私に与えた彫刻はいままでのところ、ほかにない」というふうに。だからかなり以前からモーセが気になっていたのであろう。その文章にはもっと暗示的なことも書いてある、「私自身がモーセのまなざしを受けている一人なのである」と。

フロイトは父ヤーコプからの脱出を、全人類史の主要な一部ともいうべきユダヤ民族の父殺し（モーセ殺害）を幻視することによって、なんとか正当化しようとしていたのだ。『モーセと一神教』は、フロイトの周到きわまりない精神史的家系論の仕上げだったのである。

このことにはジャック・ラカンやマルト・ロベールやエドワード・サイードらも気がついた。かれらはフロイトの精神分析学が重要なのではなくて、フロイトの精神を分析することがフロイトの精神分析学であると主張した。ハンデルマンの『誰がモーセを殺したか』もこのことを議論した。

きっとフロイトは、自分自身の父親ヤーコプ（=ヤコブ）の精神史的殺害を通して、これをモーセの出現とその殺害に時空をまたいで重ねたのである。そして、そのことを証《あか》すために『モーセと一神教』という遺書を書いたのだ。ずいぶん思いきったことをしたものだ。ただし、これでユダヤ人の始原が見えてきたわけではない。ぼくはいつまでもフロイトのところに居つづけるのはまずいとおもったものである。

第八九五夜　二〇〇三年十一月二一日

**参照千夜**

九一一夜：ラカン『テレヴィジオン』　一〇八二夜：ドゥルーズ&ガタリ『アンチ・オイディプス』　七八九夜：マルクス『経済学・哲学草稿』　六四夜：カフカ『城』　一一九九夜：ジェームズ・フレイザー『金枝篇』　五八二夜：ゲオルグ・グロデック&野間俊一『エスとの対話』　九〇二夜：エドワード・サイード『戦争とプロパガンダ』

ユダヤ第十三支族と
スファラディ／アシュケナージ

アーサー・ケストラー

# ユダヤ人とは誰か

宇野正美訳　三交社　一九九〇
Arthur Koestler: The Thirteenth Tribe 1976

文明史にはいくつもの行方知らずの謎がある。どれもべらぼうに巨《おお》きな謎だろうが、歴史の中の一人の人物がその謎を背負うということもある。マニ教徒アウグスティヌスの「回心」にも、モンゴル人クビライの「中国皇帝」化にも、そういう謎がある。

ぼくが八四二夜に宿題をのこしたスピノザがユダヤ人「マラーノ」であったことの背後に何があったかということも、そういう謎のひとつだ。スピノザは日常会話ではポルトガル語かスペイン語が多く、オランダ語をうまく話せなかった。ユダヤ人学校（タルムード・トーラー学院）でヘブライ語を学んで旧約聖書研究に打ちこんだのだが、アムステルダムのユダヤ共同体からは「異端」として破門された。代表著作の『エチカ』の冒頭は「自己原因」の定義から始まっていた。これらはひとつながりの謎をつくっている。ただ容易には説明しがたい。

今夜はこういった宿題を書くために、ケストラーを選んだ。スピノザもケストラーも「スファラディ」だったからだ。ついでに六九三夜のベルント・レックの『歴史のアウトサイダー』がのこした「アシュケナージ」の謎を引き連れる。

著者のアーサー・ケストラーは二十世紀を代表する最もラディカルなジャーナリストであって、思想者だった。ウィーン工科大学在学中にシオニストの決闘クラブに所属していた。一九二六年にパレスチナに入植したのちは、ドイツの通信社ウルシュタインのフランス支局の特派員やベルリン本社の科学欄編集長になった。このときナチスの台頭と直面した。

ただちにナチス批判を始めてドイツ共産党に入党したが、ソ連取材をして失望し、スペイン内乱でフランコの反乱軍に潜入して、怒りをおぼえた。この体験が最初の話題作『スペインの遺書』（ぺりかん社）になった。その眼の先鋭性は、ダニエル・ゲランに匹敵するものがあった。その後はスターリニズムを鋭く抉《えぐ》った『真昼の暗黒』（岩波文庫）なども書いた。

一方、『機械の中の幽霊』（ぺりかん社）や『サンバガエルの謎』（サイマル出版会）や『ホロン革命』（工作舎）が雄弁に語っているように、ケストラーは科学にもシステム思考にもめっぽう強かった。そういうケストラーは一貫して還元主義に対峙して、ヒエラルキーに代わる「ヘテラルキーの社会化」を主張しつづけたホロニックな思想者だった。八十歳前後だったとおもうが、最期はかねての計画通りに夫人と睡眠薬自殺を遂げた。

ぼくは工作舎で『ホロン革命』の翻訳編集出版にかかわったため（このタイトルはぼくがつけた。原著は『ヤヌス』＝双面神という）、ケストラーにはとくに親しみをもっているが、本書のようなユダヤ人問題をめぐる著作があるとはしばらく知らなかった。

本書の原題はなかなか意味深長だ。『第十三支族』（The Thirteenth Tribe）というものだ。かの十二支族ではなく、十三番目の第十三支族なのだ。歴史上にも民族学にも、こんな呼称はない。これはアシュケナージ（アシュケナージム）のユダヤ人、すなわちカザール（ハザール）系のユダヤ人の動向をさしている。仮称なのだ。だから本書は邦題『ユダヤ人とは誰か』から予想されるような、あのユダヤ人をめぐる全般史ではない。スファラディ（セファルディーム）を扱ってはいない。アシュケナージだけである。

ケストラーは、近代以降のユダヤ人問題を理解するにはアシュケナージ（Ashkenazi）をこそ見る必要があるとした。アシュケナージはヘブライ語でドイツのことを意味していた言葉だが、いつしか特異なユダヤ部族のことをさすようになった。いろいろ重要な動向を秘めているが、本書だけではこの動向の全貌は見えない。なぜならケストラー自身がハンガリー生まれの父をもつユダヤ人で、その来し方行く末を探るための思いが強く、かなりの逸脱をほしいままにしているところがあるからだ。そこで今夜は、最近刊行されたハイコ・ハウマンの詳細な『東方ユダヤ人の歴史』(鳥影社)を交差させ、それでも足りないところはシーセル・ロスの『ユダヤ人の歴史』(みすず書房)やマックス・ディモントの『ユダヤ人』(朝日新聞社)などを下敷きにした。

ざっとおさらいをしておくと、今日のユダヤ人には大きく二種類あるいは三種類がある。日本人のわれわれはこの相違がよくわかっていない。

ひとつは「スファラディ」(Sephardi)のユダヤ人で、旧約聖書にアブラハム、イサク、ヤコブの子孫として歴史に登場する。いわゆる「モーセの民」である。スペインを意味するヘブライ語スファラッドを語源としている。これがふつうは本来のユダヤ人だとみなされてきた。かれらは数度にわたるディアスポラ(離散)にあって、一四九二年までは主としてイベリア半島に定住していた。ここでかれらはスペイン語を改竄《かいざん》したラディノ語をつくるのだが、イスパニアでカトリックの力が強くなると(いわゆるレコンキスタがおこって)、主要部族は北アフリカ、オランダ、フランス南部に移動した。

移動部隊の多くはキリスト教徒と融合しながら生き延びた。この部隊の隠れユダヤ人たちが「マラーノ」(Marrano) と呼ばれた。スピノザやベラスケスはポルトガル系のマラーノの直系だった。

もうひとつは「アシュケナージ」のユダヤ人である。多くは東ヨーロッパで幾多のコミュニティをつくっていたのだが、ロシアのポグロムやドイツのホロコーストで迫害され、西ヨーロッパやアメリカに移住した。アシュケナージの呼称はドイツを意味するヘブライ語のアシュケナズから派生した。しかしその出自はもともとはカザール人(ハザール人)と重なっていた(カザール＝ハザールについてはあとで説明する)。かれらはやがて東欧に動いてハンガリーなどに入り、ドイツ語を改竄してイディッシュ語をつくった。

いま、世界中のユダヤ人は一四〇〇万人ほどだが、その約九〇パーセントがアシュケナージだ。それにもかかわらず、アシュケナージは本来のユダヤ人なのかという議論がある。そこでケストラーが、いや、かれらは〝第十三支族〟なのだと仮説したのだった。

もっともユダヤ人には、もうひとつ「ミズラヒ」(Mizrachi) と呼ばれる一群がいた。しばしばスファラディに含まれて語られ、その一部がアジアに流れていった。今日のイスラエルにはスファラディとミズラヒがほぼ半分ずつ居住する。

ぼくのユダヤ人についての知識はずっと中途半端なものだった。最初は高校時代に読んだ石上玄一郎の『彷徨《さまよ》えるユダヤ人』(いまはレグルス文庫)だったろうか。その後、早稲田時代にマルクスの「ユダヤ人問題」やディアスポラのことを知って、ユダヤをめぐる書物を少しずつ齧《かじ》ってきたが、「さまよえるユダヤ人」が今日の世界の大多数を占めるユダヤ人ではなかったということは、ショックだった。

そうなのである。モーセの出エジプト以来、ダビデも預言者エレミヤもハスモン王朝も、タルムードもカバラ神秘主義もゾハールも、マホメットもマイモニデスらの地中界ユダヤ人も、これらはすべてセム系の「モーセの民」としての動向なのである。総じてユダヤ思想とかユダヤ主義とかユダヤ文明とよばれてきた範疇に属する。しかし、その黄金期はだいたい十一世紀までのことだった。

もともとの「さまよえるユダヤ人」はいったん歴史の表舞台から姿を消し、再登場したときはスファラディと呼ばれるようになったのだ。度重なる十字軍の動きとキリスト教社会の矛盾に満ちた波及とともに、ロシアを含む全ヨーロッパでユダヤ人に対する追放や弾圧が始まったからだ。やむなく多くのスファラディがスペインやポルトガルに逃げのびた(強制的に改宗させられた者も多く、そのため隠れユダヤとしてのマラーノが生まれた)。十五世紀にはその逃げのびたユダヤ人がイベリア半島からも、フランスからも追放された。

十七世紀、イタリア・ドイツ・中央ヨーロッパの各地に次々にゲットー(ユダヤ人居住地)ができ、それが許容できないユダヤ人は集団でイギリスやアメリカに渡った。なかで比較的寛容なオランダ移民派のマラーノが登場してくるのはまさにこの時期だ。マラーノをヨーロッパは冷たい沈黙で迎えた。スピノザはそのなかで「異端」とされた。

こうしてスファラディは、一方では改良主義に走り（モーゼス・メンデルスゾーンの改革派ユダヤ主義など）、他方ではゲットーを出て過激に走らざるをえなかった（ハシディズムの再燃など）。こういうことを、ぼくは長らく知らないままだったのだ。

近代に向かった「モーセの民」を待っていたのは、複雑きわまりない動向である。フランス革命がヨーロッパの精神を塗り替え、ナポレオンがヨーロッパの地図を塗り替えると、ユダヤ人を抱きこむ国があらわれて、いったんはユダヤ人の〝儚《はかな》い春〟がおとずれそうにもなったのだが、同時にユダヤ教など認めないという複雑骨折が次々におこっていったのだ。

この流れはとまらない。ナポレオンがロシアで決定的な敗北をすると、ヨーロッパ各国は「国民国家」の形成にむけて動き出して、ユダヤ人という人種問題などまったく顧みられなくなっていく。そういうときにロマノフ朝が支配を確立したロシアで、ユダヤ人の大量虐殺《ポグロム》が断行されたのである。

もはやスファラディの純血はこれを守るすべがないほどに掻き乱され、アシュケナージとの混じりあいもおこりはじめた。マルクスやバクーニンが登場してきた時代は、だいたいこういう時期だ。コミュニズムやアナキズムは資本制社会や国民国家や人種差別に対する総合的なアンチテーゼだったのである。

二十世紀はどのように現代社会に「ユダヤ」をあらためて定着させるかという政治行動と哲学思想の時代になる。シオニズムが吹き荒れ、マルティン・ブーバーのユダヤ実存主義が生まれ、フロイトやアインシュタインによる意識革命のプランや科学革命のプランが噴き出した。ここにいたって、スファラディによって創意されてきたユダヤ主義は大量のアシュケナージと混成していくことになった。

たとえば一九四八年にイスラエルが建国されたときは、その原動力になったのはほとんどアシュケナージだったのだが、建国後にはスファラディがイスラエルに入ってきた。スファラディとアシュケナージはここでも混交していったのである。

それでは、今日のユダヤ人の九〇パーセントを占めるというアシュケナージとは、そもそも何者だったのか。ケストラーによると、アシュケナージとカザール(ハザール)人の歴史がほぼ重なっている。そして、この歴史こそがヨーロッパの裏側のシナリオの解読にとって最も重要なものだという。

四世紀後半、フン族やゲルマン族による民族大移動がユーラシアを動きまわった。ビザンチン帝国の使節はフン王アッチラに親書を送り、戦士部族としてのカザール人の存在を報告した。歴史上、初のカザール人の登場である。

フンの王国が崩壊すると、カザール人はコーカサス北部を中心に勢力を拡大していった。首長はカガンと呼ばれた。ついで広大な草原にトルコ系の突厥《とっけつ》（チュルク）が出現し、カザールは突厥の支配下に入ってアバール・ハーン王国を名のった。そのうちビザンチン帝国の版図の拡大にともなって、ビザンチンとカザールとのあいだに軍事同盟ができた。コンスタンティヌス五世がカザールの王女を娶《めと》り、その息子レオン四世が〝カザールのレオン〟としてビザンチン帝国の皇帝の座についたのだ。

そのあいだの七四〇年ころ、カザールはユダヤ教に集団改宗した。カザールの民はいっせいにユダヤ化したのだ。ノアの三番目の息子のヤペテを始祖とする〝血の伝承〟に関する見方もこのころにつくられた。その血統は実際にはセム系ではなく、白色トルコ系であり、その気質はあきらかに遊牧民族系だった。

カール大帝（シャルルマーニュ）が西ローマ帝国を治めたのち、ロシア・トルコ地域にはキエフ公国とユダヤっぽいカザール王国（首都イティル）の二つの勢力が相並んでいた。こうしたカザール王国の盛衰に終止符が打たれたのは、一二三六年にモンゴル軍が侵攻し（いわゆる「タタールのくびき」）、七年後にキプチャク・ハーン国が成立したときである。カザール人はバトゥ・ハーンの支配下に入り、ここに王国は滅亡した。

カザール人はどうなったか。ロシアから東欧に移動して、アシュケナージと呼ばれる親ユダヤ的な中核をつくったとケストラーは推理した。そこにブルガール人、ブルタ人、マジャール（ハンガリー）人、ゴート人、それにスラブ人が交じっていったと判断した。交じりぐあいはいろいろだった。

たとえばカザール・ディアスポラは、東欧にかなり高密度な集落をつくっていった。たいていは自主的なコモンズでシュテトゥルと呼ばれた。シュテトゥルはロシアの力の拡張にともなってポーランドのほうに移動して、いつしかユーデンドルフ（ユダヤ村）と総称されるようになった。ユーデンドルフにはそれまで離散していたユダヤ人が少しずつ加わって、そのうちポーランドが東方ユダヤ人の原郷とされていった。これこそが、モーセ以来のセム系十二支族に、もうひとつが加わることになった第十三支族だったのである。このあたりのこと、ハイコ・ハウマンの記述のほうが詳しい。

近現代のポーランドがたえず分割される悲劇の舞台になったことはよく知られている。分割のたびに第十三支族が影のシナリオを担わされたことは、あまり知られていない。それはともかくも、このようにして地球上をしだいに占めるようになったアシュケナージの動向は「モーセの民」をも巻きこんで、今日にいたるまで、血統・勢力・宗旨・言語・風習をめぐる重大なキーをもったまま、国際政治の荒波での浮沈をくりかえす文明一族になったのだ。

ふりかえってみると、スピノザ、マルクス、カフカ、ブーバー、サルトルらが抱えたユダヤ人問題にはいくつもの難解な特徴があった。今夜は三点だけあげておく。

第一に、「モーセの民」と「タルムードの民」は必ずしも一致していないということだ。聖典の選び方もちがう。本来のユダヤ教は『旧約聖書』と『ゾハール』と『タルムード』が聖典であるが、アシュケナージは『タルムード』しか読まない。

第二に、言語の問題がある。「モーセの民」はヘブライ語の民である。ディアスポラのユダヤ人は各地でその地域の言語を編集して、新たなユダヤ風の言語をつくった。十世紀ごろに確立されたイディッシュ語だ。ドイツ語を基盤に『タルムード』の単語や句を交ぜたものである。大流行した。アシュケナージは主としてイディッシュ語をマメ・ロシュン（母語）とした。さきほどのユダヤ・コモンズ「シュテトゥル」でもイディッシュ語を交わしていた。

イディッシュには文学もある。イディッシュ文学だ。日本では森繁久彌がテヴィエに扮して当たったミュージカル『屋根の上のヴァイオリン弾き』の原作者ショーレム・アレイヘムがその担い手の一人だった。ウクライナ生まれのアシュケナージである。ちなみに『屋根の上のヴァイオリン弾き』の舞台写真を最初に見たとき、ぼくはマルク・シャガールの絵をふいに思い出していた。のちに知って驚いたのだが、シャガールは二十世紀で最も有名なアシュケナージの画家だったのだ。

第三にハシディズムやシオニズムの問題がある。近代ハシディズム（敬虔主義）は十八世紀半ばのポーランドのバアル・シェーム・トーヴ（略称ベシュト）によって提唱され、神との交流による恍惚を謳《うた》った。トーヴの活動はやがて南ポーランド全体に広がっていくのだが、ポーランド分割の悲劇がいったんこの活動に終止符を打たせた。

ところが、これがシオニズム（Zionism）として再燃した。聖書「ゼカリヤ書」に「わたしはシオン（Zion）に帰り、エルサレムの只中に住もう」と主が言ったことにもとづいている。

シオンやシオンの丘は聖地エルサレムの別名だが、その名を冠したシオニズムは選民思想だった。一八五三〜五五年にジョセフ・ゴビノーの『人種不平等論』が「ユダヤ人であること自体を悪とする」という人種差別思想をまきちらした。ついで一八七八年にキリスト教社会党を組織したアドルフ・シュテッカーが「ドイツのユダヤ化」を激しく非難したパンフレットを連打した。バーゼルで第一回シオニスト会議が開かれたのは一八九七年である。一九〇三年にはセルゲイ・ニールスが『シオン賢者の議定書』を書いて、ユダヤ人は世界支配の計画をもっているという陰謀論を組み立てた。

異常な反ユダヤ主義《アンチセミティズム》はヨーロッパを席巻した。そのウィルスのような感染力は想像を絶するもので、心あるユダヤ人たちにさえ「ユダヤ人の自己嫌悪」をもたらし、そのアンビバレンツな感情はハインリッヒ・ハイネを嚆矢《こうし》に、オットー・ヴァイニンガー、フロイト、フッサールらを冒していった。

反ユダヤ主義に対しては、レオン・ピンスケルが「アウト・エマンツィパツィオーン」（自力回復）を提唱した。ユダヤ人は同化されえず、自らも民族的ホームを求めるべきだというものだ。マルクスの盟友だったモーゼス・ヘスも『ローマとエルサレム』でユダヤ倫理にもとづいたユダヤ人国家をつくるしかないと説き、ヒルシェ・カーリッシュは『シオンを求む』でイスラエルの地での再民族化の機会をもつべきだと説いた。そこへドレフュス事件やエミール・ゾラの勇気ある活躍があって、「ユダヤ人を認めるべきだ」という気運がわずかに盛り上がってきた。

かくしてテオドール・ヘルツルがシオニスト会議を提案したわけである。結果だけ書けば、ヘルツルのシオニズム運動は挫折した。けれども、その感染的方針は受け継がれて結局はイスラエル建国に結びつく。それがどういうものであったか、どんな問題が積み残されたかについては、デイヴィッド・グロスマンの『ユダヤ国家のパレスチナ人』（晶文社）や、立山良司がポスト・シオニズムの動向をまとめた『揺れるユダヤ人国家』（文春新書）などが詳しい。

以上、わずか三点だけとりあげてみたが、これらはいずれもアシュケナージの奥にスファラディの歴史的宿命を窺《うかが》うという体《てい》の問題ばかりなのである。

ユダヤ人問題は、いまなお文明が積み残してきた巨きな謎である。ぼくにはとうてい律しきれない問題だ。しかし、ときどきはこの巨きな謎にくっついているガラス窓のいくつかから函の中を覗いてみると、日本という国家や日本人という民族についての意外なヒントが見えることがある。きっと山本七平（イザヤ・ベンダサン）もそんな感じで『日本人とユダヤ人』（角川ソフィア文庫）を書いたのだろう。しかし、いつまでも同じ覗き口ばかり見ていると、ガラスにヒビが入っていたことに気づかないということにもなりかねない。

たとえば数年前、WJC（世界ユダヤ人会議）の元議長ナフム・ゴールドマンが「ユダヤ人にとって良い時は、ユダヤ教にとって悪い時になる」と発言していた。その後、イスラエルの良心とされるヨッシ・ベイリン労働党議員がWJC六十周年記念シンポジウムで、「ユダヤ人が個人として活動が自由になっているとき、ユダヤという民族は縮んでいるのだ」と発言していた。何かものすごいことがメッセージされているとおもった。

どうやらユダヤ人の個人とユダヤ人という民族とユダヤという国家とは、別なのだ。そこにはホッブズのリヴァイアサンはあてはまらないようなのだ。いや、別なのではなく、それを一緒にしようとすると、歴史が必ずそこで逆巻くのである。アーサー・ケストラーはそのことを言いたかったのだろう。

第九四六夜　二〇〇四年三月十一日

**参照千夜**

八四二夜：スピノザ『エチカ』　六九三夜：ベルント・レック『歴史のアウトサイダー』　九四一夜：ダニエル・ゲラン編『神もなく主人もなく』　七八九夜：マルクス『経済学・哲学草稿』　五八八夜：ブーバー『我と汝・対話』　八九五夜：フロイト『モーセと一神教』　五七〇夜：アインシュタイン『わが相対性理論』　六四夜：カフカ『城』　八六〇夜：サルトル『方法の問題』　五九〇夜：森繁久彌『品格と色気と哀愁と』　二六八夜：ハイネ『歌の本』　七〇七夜：エミール・ゾラ『居酒屋』　三九八夜：デイヴィッド・グロスマン『ユダヤ国家のパレスチナ人』　七九六夜：山本七平『現人神の創作者たち』　九四四夜：ホッブズ『リヴァイアサン』

ヨハネの黙示録が
ミレニアムの罠を用意する

ノーマン・コーン

# 千年王国の追求

江河徹訳　紀伊國屋書店　一九七八

Norman Cohn: The Pursuit of the Millennium Revolutionary Millenarians and Mystical Anarchists of the Middle Ages 1957

自称ヨハネという預言者が小アジアの主要な七つの教会に宛てた書簡があった。それらがいつのまにか「ヨハネの黙示録」として新約聖書の最後に付け加わった。黙示(apocalypsis)の原義は「隠されたものの覆いがはずされて暴かれる」である。神が選んだ預言者に「秘密の暴露」が許され、その暴露を記した文書が黙示録である。それをヨハネが書いたという。けれどもヨハネが何者であるのか、いまもってわからない。

キリスト教社会とその社会に疎《うと》い者をともに悩ませ、ともに驚かせ、ともに深刻にさせた文書として、「ヨハネの黙示録」ほどあからさまなディスコースはあまり見当たらない。終末が語られたのである。キリストが再臨ののちに地上にメシア王国をつくり、「最後の審判」以前の都合一千年を統治するだろうという予告が書かれているのだが、それだけならたんなる幻想的な未来予告にすぎないはずなのに、心を乱すほど千々に解釈され、多くの人々の想像力の軛《くびき》を引きちぎって、途方もない妄想をかきたてた。

ミレニアム（millennium）とは千年王国のこと、地上最後の千年のことである。キリスト再臨後の一千年にわたるミレニアムは、終末に向かってサタンとの最後の戦闘がおこって「最後の審判」になる。だから「悔い改めよ」と説かれた。中世にはこの異様な千年突入の日々が「千年王国」と総称された。語られただけではなかった。十一世紀から十六世紀にかけて、千年王国は実際に地上に実現された。フランチェスコ派、自由心霊兄弟団、トマス・ミュンツァー、タボル派、ランターズなどがその実現をめざした。

本書はヨーロッパにおける千年王国の地上における歴史的痕跡をかなり克明に追ったもので、早くから名著の評判をほしいままにしてきた。著者のノーマン・コーンはサセックス大学の中世精神史の研究者で、現代人にとってはセンセーショナルに映るような話題をクールに歴史語りしてみせた。『魔女狩りの社会史』（岩波書店）、『ノアの大洪水』（大月書店）なども広く読まれてきた。

千年王国観（至福千年説）は「終末論」（eschatology）から生まれた。発端はそうとうに古い。古代バビロニア思想や古代ギリシア思想に新たなヘブライ思想が対抗したとき、その萌芽が見えていた。「神が歴史に介入して約束の共同体《イスラエル》を救う」という文明観にもとづいていたのだとおもう。

最初はエレミヤ、ホセア、アモスらの預言者たちが終末を予告した。出エジプトをはたしたモーセはシナイの地で異教バール信仰に出会ったのであるが、このときシナイ契約（旧約）によるユダヤの民の紐帯を脅かされた。この出来事を知った預言者たちは、いずれ終末がおとずれてシナイ契約に代わる「新しい契約」（新約）が実現されると言い放ったのである。これをユダヤの民たちはいずれ民族王がメシアとなってわれわれを救うというふうに解釈した。実際にもダビデやソロモンがユダヤ民族の王として登場し、ユダヤは王国として栄えた。

王国が割れて、バビロンの捕囚がおこると、今度はエゼキエルや第二イザヤがメシア王の登場を予告した。ついでダニエルやゼカリヤの時代となると、預言はしだいに黙示録的な色彩を強くする。歴史を超越する神の場面が神話的宇宙論的な様相をともなって、一種のリアル＝ヴァーチャルな幻視像が黙示されるようになったのである。

こうして終末論は栄華の滅亡を予告することと同義となって、ユダヤの民以外の民衆にも、途方もない影響をもたらしていった。

ユダヤ的終末観を先鋭化させたのは、おそらくクムラン宗団や原始キリスト教団や洗礼者ヨハネを代表とする洗礼派たちだったろう。ここにイエスが出現して、これらを「福音としての終末像」に仕立て上げた。

そのイエスが十字架にかかったことは、ペトロ、ヤコブ、ヨハネ（ヤコブの弟）をへてパウロらに新約思想を編集させた。どういうものだったのか。

イエスはその存在自身が終末的な出来事であって、それゆえイエスに従っていきさえすれば、そこから「神の国」があたかも種を蒔くように成長していくだろう、そのときのメシアはユダヤ的ダビデ的な民族王ではなくて、イザヤの苦難の僕《しもべ》に似た受難者であろう、それがつまりイエスなのであろう、そういう新約思想だ。それでも「神の国」はまだ到来したわけではなく、いままさに悪魔《サタン》が追放されつつあるので、われわれは受難者イエスとともに、この聖霊の力を確信して悔い改め、教会的共同体を強化していかなければならない、そういう思想だ。

これは復活のイエスに終末的現在を託した思想だった。ただし民衆には「終末が未来を約束している」という真意などわからない。「終わりが始まりだ」と言われているようなものだ。そんななか、この終末的現在性に始まる次の計画とでもいうべきを強調したのが「ヨハネの黙示録」だったのである。

黙示録は形式上は七つの教会（エフェソ、スミルナ、ペルガモン、ティアティラ、サルディス、フィラデルフィヤ、ラオディキア各教会）にあてられた書簡というふうになっている。二世紀のムラトリ正典目録でオーソライズされた。だから緒言で七教会への挨拶があり、著者ヨハネに「終末におこるであろう出来事」についての啓示があったことが述べられる。

次に、神の玉座が封印されているのだが、これを解けるのは子羊だけであると言い、その子羊が開封した「七つの封印」が示される。いずれもシンボリックな表現になっていて、第一の封印は白い馬、第二の封印は赤い馬（戦争をもたらす）、第三は黒い馬（飢饉をもたらす）、第四は青ざめた馬（死をもたらす）というふうに示され、第五を解くと殉教者が血の復讐を求めるさまが、第六で地震と天災がおこるさまが綴られ、そこに神の刻印を捺されたイスラエルの子らと子羊の血で洗った白衣の大群衆があらわれる。

第七の封印が解かれると、しばしの沈黙のあとに祈りが捧げられるのだが、そこへラッパが七度にわたって響く。ラッパのたびに草木が焼け、海が血で染まり、太陽と月と星が暗くなり、第六ラッパでは四人の天使がこの世の者の三分の一を殺してしまうように及ぶ。やっと第七ラッパでこの世がメシアのものとなると、天の神殿が出現して契約の箱が見えるのだが、一方では天地の大戦闘の場面が展開される。サタンが投げ落とされ、赤い龍が海中からあらわれ、獣が上ってきて獣の刻印が付く。鎌が投げ入れられると、ここで神の怒りが頂点に達し、七つの鉢にそれぞれ地獄のような光景が渦巻いて、ハルマゲドン（メギドの丘）に諸王が集って、島も山も消える。

これらはバビロンの消滅を想わせる顛末だったのである。かくして第一九章で、キリストによる千年王国の統治が始まっていくと、神とサタンの最後の戦いと裁きが叙述され、ついに場面が新しい天地に変わって、そこが新エルサレムであり、イエス・キリストの再臨が近づいたことが告げられる……。

想像を絶する天変地異がおこり、神も悪魔も獣も人もすべてが巻き込まれるのが黙示録なのである。呆れるほどに荒唐無稽であるが、克明に読むと、こけおどしばかりとは言えない。その後のヨーロッパ二〇〇〇年に暗示されるべきこと、恐懼《きょうく》されるべきこと、宿命として受けとるべきことが、列挙されている。

壮大なクロニクルの提示にもなっていた。そこには、旧来の時間たるアイオーンが終了する前に、メシアに対して悪魔（あるいは終わりの日のアンチキリスト）による最後の闘いが挑まれ、それが闘いの果てに滅ぼされたときにやっと「新たなアイオーン」を意味する千年王国」がくるのだという、まことに気を揉ませる黙示的図式が描かれたのである。だから千年王国は、悪の絶頂が極まった直後の戦闘ののちにしかやってこないと黙示したわけである。

あまりにも不安を募らせる「ヨハネの黙示録」の終末観を前にして、古代キリスト教会を代表する教父オリゲネスは新しい解釈を試みた。千年王国が絶対の時間や空間を伴うものではなく、信仰する者の心の中にあらわれるのだと説いたのである。アウグスティヌスも『神の国』において、メシア王国はすでにキリスト教とともに始まっているのであって、現在の教会の活動の裡《うち》に実現されているのだから、「ヨハネの黙示録」などはせいぜい心的な寓話としてのみ読むべきだと説いた。

　なんとか時間の混乱を訂正しようとしたのだが、しかるに、このような楽観論はほとんど浸透しなかった。とくに貧しき者たちには自分たちの苦難こそが日々のものであったので、教会ばかりが「神の国」であるなどとはとうてい信じられない。こうして数々の終末論的千年王国をめぐる議論がますます燃えさかっていったのである。

　ノーマン・コーンはこれらの狼煙《のろし》を一つずつ検証し、千年王国運動が十一世紀には二つの切羽つまった状況に達していたと書いている。

　切羽つまった事態のひとつは、メシア王国の聖地の中心となるべきエルサレム奪還のために組織された十字軍の活動だ。十字軍は「アンチキリストの軍勢」に立ち向かう第一弾ともくされた。長きにわたった十字軍運動は中世のメシア運動を刺激した。もうひとつは、コーンが「貧民のメシア主義」と名付けた貧しき民衆《パウペレース》の動向だった。かれらは「民衆十字軍」としてもしばしば隊列を組んだのだが、その一方で各地で新たな結社をおこし、教会にはその萌芽さえ見えない「神の国」を建設していこうとした。教会に満足しない修道士たちや各種の異端の活動家や農民や貧民がかかわった。

本書が主として検証しているのはこの後者のほうである。一二五一年、三人の男が自発した「羊飼いの十字軍」をもって、無政府主義的第一歩が踏み切られたとのべている。のちに「牧童連」とよばれた動向だ。


中世ヨーロッパでの千年王国運動はいろいろあった。アッシジのフランチェスコやオランダのカルヴァン派宣教師モンタヌスもその嚆矢に数えられている。

なかでも、フィオーレのヨアキムの終末論、ペスト流行とともに高まった鞭打ち苦行運動、パリ大学のベヌのアモリの提唱で動きはじめたアモリ派、カタリ派やワルド派などの異端運動、ベギン派異端の自由心霊兄弟団の活動、ハインリッヒ・ゾイゼの思想、ジョン・ボールの思想、さらにはヤン・フスやトマス・ミュンツァーの農民革命を掲げた黙示録的な「神の国」の構想などが特筆される。

これらの記述の歴史があったからこそ、ヨーロッパのキリスト教社会は宗教革命を迎えられたといってよいのだが、ここではかつてぼくが気になった二つの動向だけについてふれておく。タボル派とランターズの動向だ。


タボル派というのはフス処刑のあとに勃興したラディカルな運動で、ボヘミアを中心に広まった。ルシュニカ河畔のタボルを拠点にしたのでこの名があった。かつて歴史上になかったほどローマ教会に正面から批判を浴びせて、神聖ローマ帝国（ということはドイツ）に反旗を翻した。

いまならただちに異端アナキズムともよびたくなるようなタボル派は、最初はワルド派の思想行動に似ていたが、すぐに過激になっていった。ときにプラハ近郊の要害の地に城塞を築いて、フス派のプラハ大学を占拠しようとしたり、学長に賛同を求めたり、ドイツ人とマジャール人の連合隊がボヘミア鎮圧に乗り出したときは剣をとり、またしばしば山上の城塞都市タボルで「メシアの祝宴」を開いた。一四二〇年にはタボル派全域の共同金庫を設立し、経済支援も始めた。「我がもの」と「汝のもの」との区別をいっさいなくすための共同体づくりのためだった。

このタボル派から分岐してきた運動に、ピーター・カニスの指導下の、いわゆるボヘミア兄弟団こと「ボヘミアン・アダム」たちがいた。カニスはとても変わった思想の持ち主で、キリストが十字架でしか死ねなかったことを批判して、われわれは仲間のあいだでこそ受難すべきだと言いだした。協同受難を提唱したのだ。結局、かれらは火刑に処せられるのであるが、その多くが笑って十字架にかかっていったという。

ランターズは、ずっとのちのクロムウェル時代の自由心霊派の動向である。ランターズとは「狂躁派」(rantering power)の意味をもつのだが、その構成員たちは「高い知恵」(high attainers)と呼ばれた。

そもそもはジェラード・ウィンスタンリーが超自然的なめざめを得て、一六四九年にサリー州コバムに共同生活体を創設し、これを「真正水平派《ディガーズ》」と名付けたのが最初の目立った活動だった。イギリス全土に散っていたとも、ロンドンに集中していたともいわれるが、そのコンセプトは「イノセント」に徹していて、非私有をモットーとした。

ぼくがランターズに関心をもったのは、ウィリアム・ブレイクがランターズの思想運動に示唆をうけているからで、以来、どこかでランターズについて何かの研究を読みたいとおもっていた。そうしたら、ノーマン・コーンの本書の一九七〇年版で大幅な付録がつき、それがランターズに関する文献紹介だったのである。本書の訳者の江河徹もブレイクとランターズの関係から本書に興味を寄せたという。

実際にブレイクがランターズの何に接触したかはまだ明確にはなっていないのだが、ランターズの運動に触れたのがジョージ・フォックスやジェームズ・ネイラーであったこと、その動きが初代のクェーカー教徒となったこと、ジョン・ホーランドの『地獄の煙』がランターズの主義主張の紹介だったこと、メアリー・ミドルトン夫人らの女性たちによるきわめて瀆神《とくしん》的な詩が神秘的反知主義の趣に富んでいることなど、やはりブレイクとのつながりは隠せない。

千年王国のリアル＝ヴァーチャルな動向はざっと一〇〇〇年にわたった。東洋にも「弥勒《みろく》の世」の到来観や「太平天国の乱」などに見られるような千年王国っぽい幻想はあったけれど、ヨーロッパほどの終末的審判観はない。

日本にも末法観はあったものの、強烈な終末論はない。地獄に堕ちる不安はあったが、浄土教における末法思想には悪との対決はなかったし、受難の思想もなかった。日蓮とその後継者には受難思想がいささか顕著であるけれど、日蓮宗派が文明論的終末論をもっているかというと、あまり見られない。また日本にもフスやミュンツアーの農民革命思想に近いものがあるにはあるが、それが過激な宗教運動やユートピア思想に結びついたのは、昭和の橘孝三郎《たちばなこうざぶろう》らの農本主義や白土三平《しらとさんぺい》の漫画や松本健一の隠岐島《おきのしま》コミューン論にわずかに見られる程度で、やはり定着していない。

ぼく自身は、黙示録的終末論と千年王国運動との多岐にわたる捩れのような関係をまだ理解しているとはいいがたいのだが、最近は、この捩れがヨーロッパ全思想の背景屏風《びょうぶ》の下絵になっていると確信するようになった。

黙示文書とは、ユダヤの民に向けて書かれた民族主義の賜物だったのだ。そこからはパトリオティズムや郷土回復運動が垣間《かいま》見えてくる。それゆえ黙示録的文書の多くを下層民衆が貪《むさぼ》り読んだのだ。文明の逆上とは、つねにこのような亀裂線からも湧いてくるものである。

第八九七夜　二〇〇三年十一月二六日

**参照千夜**

三四五夜：オリゲネス『諸原理について』　七三三夜：アウグスティヌス『三位一体論』　七四二夜：ウィリアム・ブレイク『無心の歌・有心の歌』　一一三九夜：白土三平『カムイ伝』　一〇九二夜：松本健一『日本の失敗』

反キリスト者
「聖」と「悪」を裏返す

バーナード・マッギン

# アンチキリスト

松田直成訳　河出書房新社　一九九八
Bernard McGinn: Antichrist—Two Thousand Years of the Human Fascination with Evil 1994

ロマン・ポランスキーの《ローズマリーの赤ちゃん》は「アンチキリストの母親とは何者か」という、ヨーロッパ二〇〇〇年の解説不能問題を継承した。原作はアイラ・レヴィン、主演はミア・ファローで、脚本はポランスキー自身がいじった。ニューヨークに越してきた夫婦のまわりが悪魔教にとりつかれていて、ローズマリーが出産に向けて次々に異常に見舞われていくという話だ。

リチャード・ドナーの《オーメン》は、駐英大使が死産した子の代わりに妻に内緒で引き取って育てた孤児ダミアンが、悪魔の申し子だったという話である。ダミアン五歳の誕生日に、乳母が「あなたのためよ」と言って首を吊るあたりから、だんだん不気味になっていく。アンチキリスト思想が二十世紀末の世にはびこっていることを訴えるにはもってこいの映画だったものの、ダミアンの頭皮の666の数字といい、犬狼的獣性の暗示といい、いささか執念深かった。

ウィリアム・フリードキンの《エクソシスト》は、悪霊パズズが宿った少女リーガンの暗示的な異常と急激な変貌を描いて、少女を救おうとする神父や母親の焦燥と無力がホラー仕立てになっていた。一九七三年の作品で、これを観ておかしくなったという青年が何人も「遊」編集部を訪ねてきたものだ。

現代においてアンチキリストの存在を公然と信じているのは、世界中に数百万人はいるといわれるキリスト教根本主義派《ファンダメンタリスト》たちである。かれらはちょっと信じがたい推理によって、現代においてもなおアンチキリストがいると指摘する。たとえばヘンリー・キッシンジャー、たとえばミハイル・ゴルバチョフ、たとえばテレビ伝道師のパット・ロバートソン、たとえばサダム・フセイン……。

アンチキリストが現代社会のどこかにひそんでいるという考えは、いろいろ露出している。T・S・エリオットが「本当の世界にわれわれを導くために綴られた超常的な作品」と絶賛したチャールズ・ウィリアムズの『万霊節の夜』は、大戦がやっと終わった一九四五年に発表された作品だが、主人公のクラーク・サイモンを魔術師シモンの再来として描いた。この作品はロンドンの日常性に隣接するらしい「シティ」という分身都市に迷いこんだ二人の男女をサイモンが支配するという筋書きで、ウィリアムズはこうした奇怪なアナザーワールドを設定して、現代社会に巣くう「悪の本質」をアンチキリストとして象徴化した。

こういう主題はウィリアムズの友人のC・S・ルイスも得意とした。ルイスはアイルランド国教会を信仰していたのだが、愛犬ジャクシーの死のあとは無神論に傾き、新たな神学論や宗教論にとりくむと、意を決してファンタジックな『ナルニア国物語』（岩波書店）や『別世界物語』全三巻（原書房）や『天国と地獄の離婚』（新教出版社）などを書いた。そのルイスの友人だったジョン・トールキンの『指輪物語』三部作（評論社）にも、「聖」と「悪」の対比をめぐるさまざまなヨーロッパ神話が援用されて、「中《なか》つ国」の徹底記述に及んでいた。これらはその後、コリン・ウィルソンから荒俣宏におよぶ多くの文人を虜にしていった。

これより前の作品ではウラジーミル・ソロヴィヨフの『戦争・平和・終末：三つの会話』の中の「反キリストに関する短篇物語」が目立つほか、それに影響をうけたアンドレイ・ベールイの『ペテルブルグ』、メレシコフスキーの『キリストとアンチキリスト』、ロバート・ヒュー・ベンソンの『世界の主』が際立った。アンチキリストは二十世紀文学の流行主題のひとつでもあったのだ。いまではそれがハリウッド映画にも日本のマンガやアニメにも顕著になった。

現代文学が「聖」と「悪」の対立や葛藤を描こうとすると、その作家やその作家が育った風土にキリスト教やギリシア正教があるばあい、その主題はしばしばアンチキリスト観念と交差する。

アンチキリストを描くようになった文学上の源泉は、おそらくはドストエフスキーの『作家の日記』、とりわけ『カラマーゾフの兄弟』のなかの「大審問官」に起因している。ドストエフスキーをはじめとするロシア文学がなぜに黙示的な傾向をもっていたかということは、すこぶる興味深い問題ではあるが、ここでは省いておきたい。

そういう近現代文学における扱い方はともかく、それではいったいアンチキリストとは何者のことなのかということだ。どこでどのように、何のために発生したキャラクターだったのか。

アンチキリストをめぐる異様な歴史は、しつこいほどにヨーロッパを襲ってきた。おそらくは「得体のしれない恐怖」が原因である。その恐怖は「あらゆる神性に刃向かう最終的人間の登場」をめぐる恐怖だ。それは究極の人間悪というものへの憎悪によっていた。神ももちろん畏怖の対象である。神こそは全知全能であり、最大の力の持ち主だったのだが、その神に救われるべき魂に「悪」が宿っていたらどうするか。神の善は人間の悪を必ず打倒してくれるのか。そのことを考えようとすること自体も恐怖だったのである。

古代このかた、悪が誇ってきた例は枚挙にいとまがない。文明史上、暴君や暴帝はいくらでもいたし、家族や共同体を破壊する悪人は数かぎりなく輩出していた。むしろ悪こそが力の象徴だった。そうだとすれば、そのような人間悪は憎悪の対象ではありながら、ひょっとすると神をも凌《しの》ぐ力をもちかねない。アンチキリストの恐怖というのは、そういう恐怖である。悪が神を超えてしまう恐怖なのだ。ミルチャ・エリアーデが「歴史の恐怖」とさえよんだ恐怖であった。

このような恐怖あるいは憎悪が歴史的にどこから生まれたかというと、紀元前三世紀以前のユダヤ教第二神殿時代にまでさかのぼる。そこに黙示的なメシアの思想が芽生えたとき、そのメシアの存在こそが、同時に反旗をひるがえす集団にとっての憎悪の対象となった。ということは、アンチキリスト像の真の登場はメシアがナザレのイエスとして登場したときだったということになる。

イエスそのものの存在がアンチキリストの存在の原型なのだ。イエスはメシアとして待望されたのであるが、イエス像が絶対化されたとたん、そのような絶対像に対極する絶対像が想定されたのだ。

キリストとアンチキリストの関係は当初から二重化されていた。こういう認識の先駆的な温床となったのが、いわゆる黙示文学である。

黙示文学は神の啓示を伝える内容をもつのだが、大別すると二つの流れに分かれている。ひとつは天上界の秘密の解明を語るもので、これは各種の天界の物語となっていった。もうひとつは、啓示の内容に時の神秘や時の流れが含まれるもので、世界年代記《クロニクル》やその終焉《しゅうえん》が語られ、歴史の終わりと新たな神の時代の始まりが予告された。「ダニエル書」「ヨハネの黙示録」で、悪の軍勢に対して「神の裁き」が下されるという内容になっている。「ダニエル書」七章から一二章におよぶ黙示録は文明の終末の年代を暗示した。

こうして黙示的終末論がはびこった。不安と恐怖は募るばかり。民衆はむろんのこと、高位のキリスト者たちも考えれば考えるほどに落ち着かない。

ひとつには、いったい終末はいつくるのか、「神の裁き」はいつ下されるのかということだ。この算定は長期間にわたってキリスト教徒を悩ませた。三世紀にはローマの教父ヒッポリュトスが紀元五〇〇年が終末の日だとしたし、他の者たちは一〇〇〇年とか一〇五〇年代を算定した。一〇五〇年のほうはかなり信じられることになる。この算定合戦はひきもきらず、かのアイザック・ニュートンさえもがアンチキリストの出現の日時を「ダニエル書」と「ヨハネの黙示録」によって計算しようとしていたほどだ。

もうひとつには、おぞましくも強烈な新しいキャラクターが登場してきたことである。「悪魔《サタン》」の登場だ。最初から悪魔がいたのではない。最初は実在のリーダーが悪魔に擬せられた。神が変形した「もどき」であった。その原型は第二神殿時代のユダヤ教や「ダニエル書」に「小さな角」と揶揄《やゆ》されたアンティオコス四世エピファネスに託され、エッセネ派の分派クムラン宗団の〝義の教師〟に対する〝偽りの教師〟や〝邪悪な司祭〟や、ユダヤ教徒を迫害したヘロデ王にも託された。それがしだいに目に見えない悪の存在と結びつき、ついには悪魔《サタン》の形象化をもたらした。

かくて終末がいつかくるはずだという恐怖と、悪魔が神に対抗するかもしれないという恐怖とが車の両輪となってまぜこぜになり、以降、アンチキリスト像は加速的に強化されていったのである。

本書は読むのにちょっと疲れる大著だった。著者はシカゴ大学神学部の研究者だが、黙示的信仰論と至福千年論の権威であるせいで、真面目すぎるし、詳しすぎる。とはいえこういう詳細な研究だけがアンチキリスト像を正確に浮上させるのだろう。

なにしろアンチキリストについてはあまりにもオカルト趣味が蔓延《はびこ》っている。ついつい《オーメン》や《エクソシスト》や、そうでなければメフィストフェレスやダース・ベイダーが話題になりかねない。少年少女マンガは幻想と妄想のなかのアンチキリストのオンパレードだ。いいかげんな議論もそうとうに多い。それがまことしやかな宗教がらみの解説になっているときは、とくに怪しいものになる。

マッギンによれば、アンチキリストには六つの特性がある。①ユダヤ人の血統をもっている、②使徒を派遣する、③世界中から信奉者を集める、④追随者に徴《しるし》をつけたがる、⑤人の姿をとってあらわれる、⑥神殿をつくる、というものだ。

この特性をもちつつ、歴史的なアンチキリスト像はたいてい「二重のアンチキリスト」としてあらわれてきた。奇蹟と滅亡の両方の力をもつ二重性だ。

こうしたアンチキリスト像がほぼ確立したのは中世であるが、その背景にはアンチキリストを、異教徒たちを改宗させる反面教師としてつかったことが大きかった。大グレゴリウスがその筆頭に立っている。そのため背教者をアンチキリストに仕立てることが流行した。四世紀のローマ皇帝ユリアヌスや東ローマ帝国のユスティニアヌス帝はその犠牲者の一人である。辻邦生の『背教者ユリアヌス』(中公文庫)が痛ましかった。

しかし、民衆にとってのアンチキリスト像は、もっぱら六世紀前後に登場した「ヨハネの黙示録」の挿絵や図版に大きく依存していた。悪魔と同一の姿をしていた。これで民衆は心底ふるえあがったのだ。

まことしやかな噂も飛んだ。教皇こそがアンチキリストという言葉を普及させた張本

獣角や有尾や多頭などの異形の姿で描かれるアンチキリストのイメージは、さまざまな非キリスト教的伝承を習合しながら生みだされ、ホラー映画やコンピュータゲームの「闇のキャラクター」たちに受け継がれてきた。

人だったという噂だ。十字軍の派遣のために教皇がアンチキリスト概念を拡張してしまったからだというのである。それが昂じて教皇権力の反対者からは、教皇こそがアンチキリストであるというさかしまの発想が出てきた。

それでもここまでは迷信深い中世までの出来事である。どんな説が出ようともおかしくはない。問題はそのようなアンチキリスト像がその後も生きのびて、近代社会にも二十世紀の社会にも容赦なくかぶさってきたということだ。理由はいくつかある。なかで宗教改革とプロテスタンティズムがカトリック批判や教皇批判のためにアンチキリストのレッテルを活用したことが大きい。後世、教皇をアンチキリストとして弾劾した最も有名な男はマルティン・ルターだった。このレッテルの威力はエリザベス女王以降のイングランドでは決定的なものとなっている。ついで、ロシアがアンチキリスト・イメージの舞台になった。

もともとロシアは十七世紀に自分たちの国が〝第三のローマ〟であろうという自覚をもとうとしていた。モスクワ大公国に実現された教会＝国家こそは「ダニエル書」第二章の〝第四の帝国〟を任ずる最後の国であるという思想だ。これがピョートル大帝の時期に潜在的に拡張し、ピョートル大帝の人格と悪政こそがアンチキリストの象徴であるというふうにみなされた。悪政とは、私生活の乱脈とロシア社会の西欧化ということをさす（メレシコフスキーの『キリストとアンチキリスト』はピョートル大帝をアンチキリストとして徹底的に描いている）。ドストエフスキーやソロヴィヨフがロシア的黙示文学ともいうべきを深化させた背景には、以上のような事情があった。

さらにナポレオンやナポレオン三世がアンチキリストに見立てられたことも大きな寓意力をもった。このデマゴーグには新大陸アメリカにわたったピューリタンたちの喧伝も手伝った。この風潮はアナキストをアンチキリスト呼ばわりする傾向にまで流れこんでいる。アナキストが「神を恐れぬ者」と映ったからだった。こういうぐあいで、アンチキリストは宗教の問題から社会の問題に横すべりしていったのだ。

こうした社会化したアンチキリストに対して、むしろ「心理化したアンチキリスト」の存在の重要性を指摘した者もあらわれた。カール・ユングだ。ユングはキリスト教にはそもそもキリストとアンチキリストという二重性があると分析して、そのような二重性は「自我の影」としての人間の心の暗部を象徴する必然性なのだと説いた。いかにもユングなら言いそうなことだったけれど、ただし、そうなるとキリスト者の誰の心にもアンチキリストが棲んでいるということになる。

本書の著者はユングの見方には反対している。神学者であるマッギンはあくまで信仰における偏向の役割としてのアンチキリストを捉えたいのだ。ぼくが本書を読んだかぎりの感想では、アンチキリストの力はそもそもの歴史の当初から信仰の問題よりも心理の問題よりも、社会の問題として浮上してきたのではないかとおもわれる。

最後に付け加えることになってしまったが、意外なことにアンチキリストという用語は「ヨハネの第一の手紙」と「ヨハネの第二の手紙」の文面だけにしか出てこない。イエスがキリストであることを認めない者たちを反キリスト（AntiChrist）と呼んでいる。

それにもかかわらずアンチキリストという言葉が流布してしまったのは、さまざまな文書に「キリストに代わる者」とか「偽のキリスト」とか「キリストに対立する者」という言葉が頻繁にみられ、それらがやがて〝一人のアンチキリスト〟に集約されていったからだった。とくに「ダニエル書」、パウロがテサロニケ人に送った二つの手紙、「ヨハネの黙示録」などは、アンチキリストの原典として何百回、何千回と読み替えられてきた。そこにエドム人ドエグ、ゴグとマゴグ、レビヤタン（リヴァイアサン）とベヘモート、魔術師シモン、七頭の龍の伝説、淫婦バビロンなどの「闇のキャラクター」が、次から次へとアンチキリスト像に習合されたのだ。

これらはさまざまな偶像《イコン》として、クラナッハやデューラーをはじめとする絵画や版画に描かれ、ニーチェの『偶像の黄昏・反キリスト者』（ちくま学芸文庫）やエルネスト・ルナンの『反・キリスト』（人文書院）などを通して、幾度となく論述されてきた。ルシファーやバフォメットもたえず偶像化されてきた。アメコミやバンドデシネや日本マンガに、またホラー映画やコンピュータ・ゲームに、かれらが出てこない日はほとんどない。いまやアンチキリストは〝サブカルの王〟にすらなっている。

こうして当時も今も、世の中にはいくらでもアンチキリストがいるという見方がとられてきたのである。「あいつは世界の平和の敵だから、あいつを殺せ」と言うために、何度でもくりかえされたのであろう。

第三三三夜　二〇〇一年七月十一日

**参照千夜**

三七二夜：コリン・ウィルソン『アウトサイダー』　九八二夜：荒俣宏『世界大博物図鑑』　九五〇夜：ドストエフスキー『カラマーゾフの兄弟』　一〇〇二夜：エリアーデ『聖なる空間と時間』　八三〇夜：ユング『心理学と錬金術』　一〇二三夜：ニーチェ『ツァラトストラかく語りき』

この世界聖都に慟哭する
ダビデ・キリスト・十字軍・中東戦争

# エルサレム

アモス・エロン

記憶の戦場

村田靖子訳　法政大学出版局　一九九八

Amos Elon: JERUSALEM—City of Mirrors 1989

ドナルド・トランプは大統領になる前からアメリカ大使館のエルサレム移転を吹聴していた。就任してすぐにイスラエルのネタニヤフ首相と密談をした。狡猾をもって鳴るネタニヤフはむろん歓迎したはずだが、当然のことにパレスチナ暫定政府のアッバス議長は苦い反応だ。

エルサレムにはどの国の大使館もない。アメリカ大使館もたいていの大使館もテルアビブにある（日本の大使館もテルアビブだ）。テルアビブはイスラエルの首都のようだが、仮の首都である（こういうことはめずらしい）。エルサレムを首都とすることを、国際社会が認めていないからだ。そこへアメリカ大使館を移せばどうなるか。

こういうことを主張するとすぐ吠え猿のようになるトランプが、はたしてイスラエルの外交政策に業を煮やしたのか、中東にアメリカの力を見せつけようとしたいのか、パレスチナ暫定自治政府を潰そうというのか、その意図はいつもトランプがツイッターで吠えている思いつき同様、はっきりしない。

エルサレムのニール・バラカト市長はトランプの声明ににんまりとしてフェイスブックに動画を上げ、アメリカ大使館移転賛成の署名運動を呼びかけた。これがエルサレムの市長なのかとがっかりさせられる。ヨルダンとパレスチナは当然の反応だが、こうした計画を阻止しようとしている。中東諸国やＩＳはまだ何も表明していない。

トランプの軽挙妄動には、国連事務総長のグテーレスも困っている。多くの良識派がそうであるように、グテーレスはパレスチナ国家とイスラエルとの共生共存をめざすべきだと考えているからだ。ヴァチカンのフランシスコ法王も控えめだが、同じ懸念を洩《も》らした。

もっとも戦後アメリカの歴代大統領候補たちは、建前としてはイスラエルの首都がエルサレムであるべきこと、アメリカはいつでも大使館をエルサレムに移す用意があるということを、たいてい選挙中に言ってきた。けれども就任後、本気でエルサレムに手をつける大統領は一人もいなかったのだ。おっちょこちょいのトランプは、そこが素頓狂である。

ここに戦火が生じたらどうなるか。二一世紀最大の「危険」が世界中に撒《ま》き散らされることになる。一九九一年の湾岸戦争で、イラクはイスラエルに四三発のスカッドミサイルを打ち込んだけれど、すべてはテルアビブ周辺に狙いを限定していて、さすがにサダム・フセインもエルサレムには手を出さなかった。

なぜ、エルサレムはこんなにも危険なのか。いや、エルサレムが危険なのではなく、エルサレムを安易に動かそうとすることが危険なのである。それはヨーロッパや中東にとって「永遠の変更」に手をつけることになるからだ。

ぼくは中東情勢に詳しい者ではないけれど、今夜はアモス・エロンが「エルサレムは記憶の戦場」だと言ってすばらしいエッセイに仕立てた本書を机の脇においてページを繰りつつ、エルサレムがどのような「世界」と「永遠」と「記憶」をもってきたのか、しばし振り返りたい。

エルサレムはユダヤ教とキリスト教とイスラム教という世界三大宗教の聖地だ。のみならず僅《わず》か一キロ四方の城壁に囲まれた旧市街地（中心はオフェルの丘）は、いまもってユダヤ人地区、キリスト教徒地区、イスラム教徒（ムスリム）地区、アルメニア人地区などに分かれている。それらを縫って、ユダヤの「嘆きの壁」やイエスが十字架を背負ってよろめきながら歩いた「ヴィア・ドロローサ（苦難の道）」やイスラムの「岩のドーム」が所狭しと競い合い、寄生しあっている。こんなところは世界のどこにもない。

エルサレムとは何なのか。

ウィリアム・ブレイクは「エルサレムには内なる天国の門がある」と綴り、ハーマン・メルヴィルは八日間にわたってエルサレムに滞在して、「ここは石の世界だ。神が石にいる」と感嘆した。石についてはボルヘスも不思議なことを言っている。盲目になっていたボルヘスはエルサレムの町のそこかしこを手で触れて、「エルサレムの感触はピンク色に染まっている」と呟《つぶや》いた。イスラエルの現代詩人で、ずっとエルサレムで暮らしてきたイェフダ・アミハイは「何か忘れたと誰もが思っているところ」、「地上で唯一、死者にも投票権のある都市」だと書いた。まことに言い得て妙である。

西洋と中洋がつくりあげた「世界」に中心があるとすれば、それはエルサレムなのである。エルサレムは三〇〇〇年前から「世界の臍《へそ》」だった。

そこはモーセが求めた「約束の地」であり、「ダビデの町」であって「ソロモンの宮殿」の聖地なのである。またイエスの弟子たちが集った「シオンの丘」であって、イエスが処刑された「ゴルゴタ」でもあった。ムスリムたちにとってはメッカ、メディナに次ぐ「第三の聖都」である。これらはいずれであれ輝かしい栄華であって、ユダヤ教の記憶であり、「世界の臍」としての矜持であったろう。その一方で、エルサレムは再三にわたって蹂躙《じゅうりん》され、破壊され、占拠され、そして放置されてきた。ローマ帝国はエルサレムを燃やし、十字軍はエルサレム奪還を合言葉にして異教徒を根絶やしにした。

エルサレムには「守るもの」と「失うもの」とが、「往くべきもの」と「帰ってくるべきもの」とが等量にある。タキトゥスは「ユダヤ人のエルサレムは永遠に人類すべてを敵にまわして生きるつもりだ」と皮肉った。エルサレムの歴史は世界史上最も奇妙な「同質と異質が共存と反目を成立させてきたトポス」の物語なのだ。

宗教都市だったというだけではない。エルサレムは政治都市であり呪術都市であり、多民族都市であって天国都市だった。「世界それ自体」「文明それ自体」をあらわすリアル＝ヴァーチャル・シティでもあった。かつまた西方の人類の想像力の原郷だった。だからこういう町の栄枯盛衰を詳しく書けば書くほど、西洋と中洋が組み上げた「西の中心をめぐる秘密」がいかに異様なものであったかが微細に見えてくるのだが、おおざっぱな概観からもそれは充分に窺《うかが》える。

エルサレムの歴史にはエルサレムなりの順番がある。当初はなんといってもユダヤの民の「憧憬」だった。

ユダヤの民の歴史はアブラハムに始まる。ヘブライ語ではアブラムで、「群衆の父」の意味になる。「創世記」には、神がアブラハムに私が示す「約束の地」を求めて行きなさいと告げると、アブラハムとその一族が故郷カルデア（メソポタミア）のウル（イラク南）を旅立って、ハラン（トルコ南東）をへてカナーンに向かう経緯が述べられている。

カナーンは「乳と蜜が流れるところ」と想像されてきた。実際は現在のパレスチナ（つまりは約束共同体イスラエル）のことをいう。

あるときアブラハムに、神の声が聞こえた。神は「私を子々孫々にいたるまで唯一の神として崇めれば、カナーンのすべての地を得られるだろう」と告げた。これが聖書が記すアブラハムの「神との契約」だ。この契約を結んだ者のみがユダヤの民であり（つまりユダヤ人であり）、約束の地カナーンの民で、イスラエルの民なのである。

ところがアブラハムの曾孫《そうそん》のヨセフの時代、この一族はエジプトに移住した。時期はエジプト十八王朝にあたる。そこではかなり意外なことがおこっていた。

アメンホテプ四世が登場していて（のちにイクナートンと名のった若いファラオーだ）、それまで雑多きわまりない多神を信仰していた宗教風土を劇的に一新していた。イクナートンは世界史上初の一神教をつくっていた。アートン教である。初期エジプト以来のエジプト人の信仰対象は二〇〇〇近くあったのだから、それらを統一したくなってもおかしくない。統一のコンセプトは「マート」というもので、マートは「世界の本質」と「文明の中核」をあらわしていた。イクナートンはマートこそ一つの神として象徴できると考え、「アートン」という全知と王権を合わせたような神を想定して、一神教としてのアートン教を国の内外に知らしめた。歴史上初の唯一絶対神の誕生だった。

そこにやってきたのがアブラハムの後裔《こうえい》たちだ。かれらはしばらくは厚遇されたようなのだが、やがて乱暴に扱われるようになった（奴隷のように扱われていた）。これを見かねたのがモーセである。奴隷集団のリーダーだったかもしれない。エジプト王妃に寵愛されたという説もある。

紀元前十三世紀半ば、モーセは一族の現状を見かね、ついに決起してイスラエルの民をエジプトから脱出させる（この経緯が「出エジプト記」になった）。脱出して、アートンに代わるヤハウェ（エホヴァ）による一神教を奉じた。その証しは「十戒」となった。

エジプト脱出は成功したが、モーセらはシナイ半島で約四十年近く流浪した。シナイに入った当時はその地に流行していたいささか異様なバール信仰（きっと性的解放感をともなう信仰だったとおもわれる）との闘いに苦労もしたようだが、モーセ自身はその後のことをヨシュアに委ねて倒れた。あるいは殺されたのかもしれない。フロイトがこの「モーセ殺害」を主題に最晩年に『モーセと一神教』（ちくま学芸文庫）を書いたことは、ジャック・ラカンによってよく知られている。

かくてヨシュアを大番頭にして、一族はシナイ半島をあとにするとようやくカナーンの地に入った（まだエルサレムにまでは届いていない）。こののち二〇〇年ほどのあいだにイスラエルの民はユダヤの民として十二支族たちを整え、新たにダビデを王として戴くことになる。

ダビデがしたことはエルサレムの地の獲得である。なぜエルサレムをほしくなったのか、正確なことはわかっていないが、アモス・エロンはその地に「呪術の力」が漲《みなぎ》っていたからではないか、そうした文化と風土があったからではないかと言っている。トポフィリアを引き出す魅力があったのでもあろう。ぼくはエルサレムが地政学的な要衝で、南北イスラエルの境目を衝《つ》いていたからだったとおもう。

ともかくもダビデは先王のサウルの暴政を退け、先住民のエプス人や海から侵入してきたペリシテ人を撃退して、エルサレムを手に入れた。石をもって巨人ゴリアテを倒した青年ダビデの勇敢な逸話はこのときのものだ。のちにミケランジェロらによって彫塑や絵画になった。三三年間のダビデ王の支配によって、エルサレムはいったん「ダビデの町」となった。

エルサレムの中心はオフェルの丘だ。「十戒」を刻んだ「契約の箱」が幕屋の中に置かれ、「いと高き神ヤハウェ」がイスラエルの神の座を占めた。ちなみに籠目型六角形の六《ろく》芒星《ぼうせい》として知られる「ダビデの星」は、正式にはマゲン・ダヴィッド（ダビデの楯）というもので、ダビデの力を象徴したエンブレムになっている。「ダビデの楯」は第二次世界大戦後、国家となったイスラエルの国旗のど真ん中にデザインされた。

ダビデのあとを子のソロモンが継いだ。「ソロモンの知恵」という常套句があるほど聡明だったというが、エジプトに臣下の礼をとってファラオーの娘を降嫁させるといった安全保障に長けていたので、外交的インテリジェンスの知恵に富んでいたのだろう。ソロモン王は「契約の箱」を安置する神殿（三〇×一〇×三〇メートル）や、十三年をかけたというもっと大きな宮殿を建造した。その場所は「モリヤ」（聖域、神の丘）と呼ばれた。エルサレムを訪れたシバの女王はこれらの威容を見て「すっかり気を奪われた」。

アブラハム、モーセ、ヨシュアまでのユダヤの民は、天幕とともに移動するノーマッドな一族だった。ソロモンはこれを変えたのである。エルサレムに「常設の神殿」を設定した。これによってヤハウェに対する宗教儀礼がコンスタントになって、かつ民族一同の参画によっておこなわれるようになり、ユダヤ・カレンダーが確立した。ユダヤ的民族精神が初めて芽生えただろう。

こうしてエルサレムに「永遠の杭《くい》」が打ち込まれたのだ。モーセの契約の根拠がエルサレムになったのだ。

どんな組織的共同力もどこかで綻《ほころ》びがくる。分裂がおこるか、解体がすすむ。紀元前九二三年ごろ、ソロモンが没すると王国は北の十支族による北イスラエル王国と、エルサレムを拠点とするユダ族たちのユダ王国に分かれた。北王国は前七二二年、アッシリアのサルゴン王によって滅ぼされた。北の十支族は「失われた民」となり、アーサー・ケストラーの探索をもってしても、いまもってその消息はあきらかではない。

エルサレムはどうなったのか。前五八六年、新バビロニアの王ネブカドネザルの軍勢によって落とされた。ユダ王国は滅亡し、エルサレムは蹂躙され、神殿は破壊され、ユダヤの民の多くがバビロン（新バビロニアの首都）に強制移住させられた。いわゆる「バビロンの捕囚」だ。

けれども、この捕囚こそはユダヤ教の現在につながるユダヤ人の「再帰と再起の魂」を植え付けた。実際にも、新バビロニアが前五三九年にペルシア帝国に滅ぼされると、バビロンのユダヤ人（およそ一五万人）の四分の一がエルサレムに帰還した。

帰還したユダヤの民はさっそく神殿を再建した。「第二神殿」と呼ばれる。第一神殿とのちがいは、第二神殿には「契約の箱」が入っていなかったことである。行方不明のままだったのだ。このことはのちのちなんと多くの憶測と、でたらめな冒険譚やファンタジーやトンデモ本を生んだことか。ぼくはこの第二神殿のカラッポこそ、ヨーロッパの想像力の源泉になったのだとおもっている。エルサレムの「永遠」と「危険」をカラッポが封印してしまったのだ。

このあとエルサレムのユダヤ人は自治を許されるのだが、統轄者はペルシア帝国やアレクサンダー大王後のプトレマイオス朝やセレウコス朝であって、エルサレムに根拠めいたものなど感じなかった。あげく、前六三年にローマ帝国によって属領化させられた。ローマ将軍ポンペイウスが、続いてはヘロデ王が君臨した。

エルサレムの管轄者がくるくる代わっているとき、ユダヤの民のほうにも結束と分裂がおこっていた。

新たな指導力を発揮したのはハスモン家である。前一六八年、ハスモン家の三男マカバイオス（イェフダともいう）がシリアを拠点とするセレウコス朝の支配を撥《は》ねのけ、エルサレムに進軍して神殿管理を試みた。やはりユダヤの民しかエルサレムに根拠を見いだせないのである。

が、ここにも分裂がおこる。ハスモン家は内紛状態となり、サドカイ派、パリサイ派、エッセネ派に分かれ、ほかに熱心党《ゼロータイ》やクムラン宗団などが動き出した。サドカイ派は祭司階級をかため、パリサイ派は律法を重視して政教分離をはかった。その後のユダヤ教の骨格をつくりあげた「ラビのユダヤ教」のルーツはパリサイ派にあった。

エッセネ派とクムラン宗団についてはいまだ歴史研究が解明しきれていないのだが、おそらくはここから原始キリスト教団のプロトタイプが生まれ、クムランが想定した「メシア」（救世主）の思想と「義の教師」のモデルをへてナザレのイエスが登場してきたのではないかとおもわれる。これらのことはクムランが秘守していた「死海文書」の解読とともに、しだいに謎が解かれつつある。エリオット・アベカシスの『クムラン』(角川書店)がそこそこ詳しい。

ハスモン家が分裂している渦中、ローマ帝国のリーチコントロールがユダヤ一族とエルサレムに及んだ。とくにヘロデ王(とその父)のほぼ半世紀におよぶ支配は常軌を逸しているほどに暴虐的で残忍だった。

ヘロデ王はユダヤにばかり残忍だったのではなく、自分の妻とその母親、二人の息子も処刑して、その悪名をクラナッハやゴヤやオスカー・ワイルドやクリムトやビアズリーの『サロメ』として残している。実際には、ヘロデの息子でガリラヤ地方の領主だったアンティパスが、妻の連れ子のサロメとの約束をはたすために預言者ヨハネ(ヨカナーン)の首を斬ったというのが初期の伝承なのだが、いつしかアンティパスもヘロデのことと解釈され、アンチキリストとみなされた。

ヘロデは旧都エルサレムについては拡充建設にいそしんだ。ヒトラーの例を持ち出すのはおおげさだが、ヘロデには古代ファシズムが芽生えていて、自身が支配したい土地は新たなストラクチャー(建造物)で荘厳《しょうごん》されるべきだと構想したのだろう。

さて、ここからがユダヤの民の離散《ディアスポラ》とイエス・キリストの登場という二重の出来事が重なってきて、けっこう微妙な話になっていく。

かんたんな流れしか書かないが、まずは紀元前四年にヘロデが死んだ。ローマ帝国はエルサレムを含むユダヤ地方を直轄領にし、ヘロデが築いたローマ風都市カエサリアに総督府を置いた。ユダヤはこれに抵抗し、六六年から七年間におよぶ第一次ユダヤ戦争をおこすのだが、ローマから派遣されたティトゥスの軍隊によって蹴散らされ、第二神殿は炎上してしまう。

ユダヤの民の抵抗は紀元二世紀にもバル・コクバやラビ・アキバの指揮と奮闘によって第二次ユダヤ戦争になったものの、結末は壊滅的だった。ハドリアヌス帝時代のことだ。このとき以来、ユダヤの地は「パレスチナ」と呼ばれ、ダビデ＝ソロモンの栄華を示すべきエルサレムに残ったのは、瓦礫《がれき》の片割れたる「嘆きの壁」だけとなった（いわば原爆ドームのようなものだと見ればいいのだが、日本人はあのドームを「嘆きのドーム」にしなかった）。それよりなによりエルサレムの決定的荒廃は、神殿を失ったユダヤの民にこれ以降「ディアスポラ」（離散民）として各地を流浪することを強いたのである。

こうしたなか、イエスが誕生する。ヘロデとは相前後してナザレに生まれ育ったイエスは、おそらくエッセネ派やクムラン宗団と深く交わり（あるいはその一員の誰かの子として生まれ育ち）、メシア思想をもってエルサレムにやってきた。一二〇名ほどの者たちがシオンの丘などに集まって（のちのシオニズムのルーツ）、イエスの言葉に耳を傾けた。イエスは自分がユダヤ人のラビであると公言していた。

イエスがエルサレムに入ったのは過越《すぎこし》の祭（ペサハ）の直前である。早々に人気が出ていた若いイエスは、何の警戒もなく第二神殿のあたりで祭司長や律法学者と議論をする。クムラン宗団のディベートで鍛えられていたイエスの言説の前に、かれらはあきらかに劣勢になった。

このままでは正統ユダヤの面子《メンツ》が台なしだった。祭司長たちはユダをこっそり買収して、イエスを貶《おとし》める計画を練る。過越の祭の最初の夜、イエスは一二人の弟子たちとともにセデル（祭の夜の食事）をするものの、これが「最後の晩餐」になった。

事態の進捗を予感したイエスは、オリーブ山の麓にあったゲッセマネの園で長い祈りに入った。そこにユダに先導された祭司長らがやってきてイエスを捕らえ、祭司長の家に連れて行く。「神の子」であることを認めたイエスはただちに死刑となり、ローマ総督ピラトに引き渡された。ピラトは少し迷ったようだが、祭司長らが煽った群衆が「イエスを十字架にかけよ」と騒ぐ。イエスは刺のある茨の冠をかぶせられ、ゴルゴタの丘まで十字架を背負って歩いた。いま「ヴィア・ドロローサ」としてその道がのこる。

処刑は二人の罪人とともにおこなわれた。イエスの四肢は十字架に打ち付けられ、鈍い槍で突き刺されて絶命した（これでセイント・クロスがアレゴリカルな象徴になった）。遺体はその日のうちに埋葬されたはずだったのに、二日後にイエスを慕っていたマグダラのマリアらが墓に詣でたときは、なぜか忽然と消えていた。

このときが「キリスト復活」が信じられていく瞬間である。またこのとき、それまでは同根だったはずのユダヤ教とキリスト教が決定的に分かれていったのである。とくにローマ帝国が三一三年にキリスト教を公認してからは、あるいはパウロらによって新約聖書が編集されてからは、ディアスポラ状態のユダヤ教に代わってキリスト教がヨーロッパに染み出していった。

蹂躙されたエルサレムはどうなったのか。一人の貴婦人によってキリスト教の聖地になったのだ。この貴婦人はローマ皇帝コンスタンティヌスの母后のヘレナである。ヘレナはイエス・キリストの足跡が荒れほうだいになっていることに心を痛め、せめてゴルゴタの丘の場所を特定したいと思い、三二六年にエルサレムを訪れると三本の十字架の跡、埋葬された墓の跡があることを確かめた。

ゴルゴタに当たる聖墳墓教会、ゲッセマネに当たる万国民の教会、イエスが鞭打たれた場所に建てられた鞭打ち教会、復活後四十日で昇天した事跡に当たる昇天教会などが、いまもエルサレムを飾っている。

しかし歴史の中のエルサレムは、第二次ユダヤ戦争がおわった一三五年にすっかり様相を変えていた。皇帝ハドリアヌスが廃墟のようなエルサレムの上に、新しいローマ風の都市「アエリア・カピトリーナ」をかぶせるようにつくってしまったからだ（第十四代皇帝ハドリアヌスの建築構想は、ブリタニアの長城や別荘ティヴォリの「ヴィッラ・アドリアーナ」とともにきわめて大胆なものだ。ローマ式パンテオンを夢想したのであったろう）。ヘレナはそういうエルサレムを訪れたのである。よくぞイエスの遺物を探し出したものだとおもう。

この先、エルサレムはさらに強烈に変容する。イスラム勢力とキリスト教勢力がエルサレムをめぐって激突した。

ざっとおさらいをするだけにとどめるが、第一には、イスラム社会がメッカ、メディナに次いでエルサレムを「聖なる都」とみなした。これはそうとう大きな認定である。ユダヤの民でもキリスト教徒でもない異教徒がエルサレムに「永遠の根拠」を見いだしたのだ。見いだしただけではない。六三八年にイスラム軍が入り、その後にウマイヤ朝の第五代カリフのアブドゥル・マリクが壮麗な「岩のドーム」を建設した。「ウマル・モスク」ともいわれる。

その後のカリフたちもマドラサ（大学のようなもの）やハンマーム（スチーム風呂）をつくっていったため、エルサレムはすっかりイスラミック・モードで賑わった。十世紀の地理学者ムカダシは当時のエルサレムを「外国人を見かけない日はない」と書いた。

第二に、十字軍がエルサレムをめちゃくちゃにした。一〇九五年、ローマ教皇ウルバヌス二世は「聖地エルサレムの奪還」を期して十字軍への参画を呼びかけ、各地からの軍団をコンスタンティノープルに集結させた。そこから小アジア半島を通ってレバノンの海岸地帯をへてパレスチナに入ろうというのだ。十字軍の目的はイスラム勢力からエルサレムを奪還しようというものだったが、このイスラム勢力とはセルジュク朝のことである。

しかし、一〇九九年にエルサレムを包囲した十字軍が四十日間でやったことは、ただの暴虐だ。ムスリムは手あたりしだい殺され、ユダヤ人はシナゴーグ（教会）ごと焼かれた。カトリック派以外のキリスト教徒も、ギリシア教会・アルメニア教会・グルジア教会・コプト教会の司祭すべてが追放された。

こうした十字軍が一一八七年までの八八年間、エルサレムを我がもの顔で牛耳ったのである。キリスト教社会からは鬼の首をとったかのように「エルサレム王国」と言われるが、歴史的にみれば「エルサレム擬国」だった。「岩のドーム」もてっぺんに十字架が立ち、中身はすっかりキリスト教の祭壇に入れ替えられた。

十字軍は第九次にわたって執拗《しつよう》に組織化されたが、エルサレム以外のイスラム拠点を攻略することも多く、アルビジョア十字軍のようにキリスト教の異端を攻撃することもあった。叩きたいものを叩くこと、それが十字軍の使命だったのである。

第三に、第三回十字軍のとき、アイユーブ朝の英雄サラディン（サラーフアッディーン）が登場して十字軍を撃退すると、またまた「イスラム化したエルサレム」が誕生した。「第二次エルサレム王国」だ。十五年間続いた（サラディンはもともとはクルド人だった）。

サラディンは兵隊たちに虐殺と破壊を禁止して「啓典の民」としてふるまった。キリスト教徒もルールを守れば寛容に扱われたのだ。ぼくは高校時代にサラディンにちょっぴりあこがれたことがあるのだが（なんだか島原の乱の天草四郎時貞のように感じたのだ）、そのとき以来、本来はイスラムこそは寛容な宗教で、キリスト教がたえず異常な苛烈をかかえているのだというふうに感じるようになっている。

第四に、十六世紀になるとオスマン朝（オスマントルコ帝国）のセリム一世とその子のスレイマン大帝によるエルサレム経営が始まった。オスマントルコはヨーロッパに進出したかったのだが、ウィーン攻略のところでいつも失敗していた。押し戻されていた。そこで方向を転じて、シリアやパレスチナを領有することにした。城壁を再建造営し、「岩のドーム」を修復した。

このあと、オスマンの消長とともに、残念ながらエルサレムはしだいにたんなる地方都市に成り下がっていく。たとえばナポレオンは一七九九年にエジプト遠征の帰りにエ

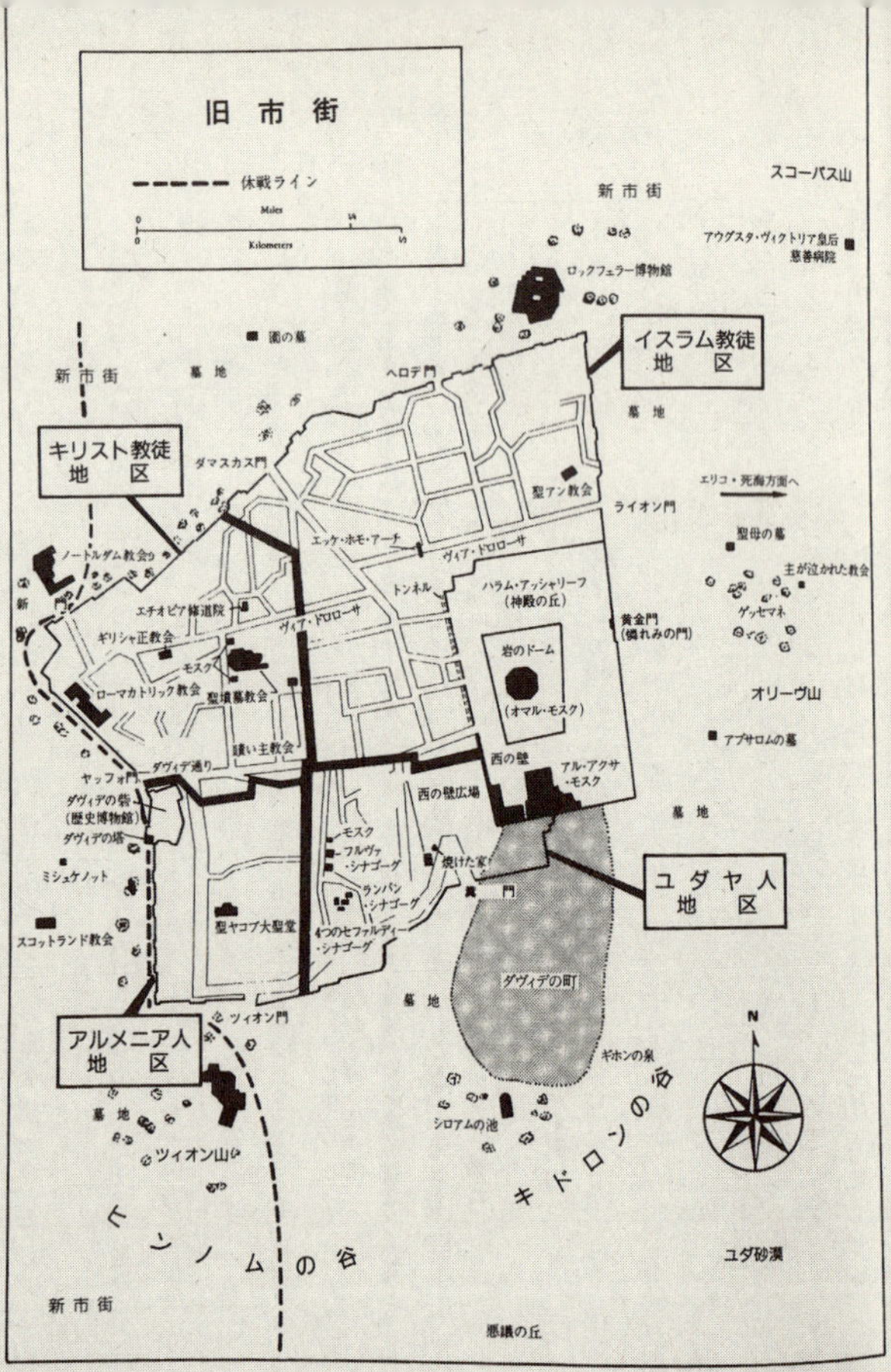


本書口絵のエルサレム旧市街地地図。いかにも人工的な直線の境界線によってキリスト教徒地区、イスラム教徒地区、ユダヤ人地区、アルメニア人地区に区画されている。これが西中洋世界の「中心をめぐる秘密と葛藤」が詰まった臍だ。

ルサレムを通過するのだが、そこは何でもほしがるナポレオンさえ手に入れたくなるような町ではなく、目もくれなかった。それから半世紀ほどのち、マーク・トウェインがエルサレム巡礼の旅に訪れた。しかし、こんなふうに旅日記に書いている。「ぼろ、みじめさ、汚れ。これらこそ三日月の旗よりはっきりとイスラムの支配を示している。（中略）エルサレムは痛ましく、陰気で、生命の躍動が感じられない。私はこんなところに住みたくない」。

本書はエルサレムをめぐる数ある本のなかでも、かなり知的で、鋭い香りのする一冊だ。エルサレムの歴史を書いているのではなく、歴史をナマスのように切り刻んで、独特の視点でエルサレムをガラスの破片の組み合わせのようにして、そのうえでユダヤとイスラエルとパレスチナとエルサレムの光と闇を、コヒーレントなクリスタルビームのように照射した。

とくに第二章「聖なる都」、第三章「諍《いさか》いの都」、第四章「憑《つ》かれた者の都」は、どぎまぎするような抉られたアフォーダンスをもって綴られていた。著者のエルサレムについての記述はたいていアイロニーに富んでいる。そのすべてを受けての第八章「現在のない都」は、読む者の胸を衝く。翻訳の村田靖子の日本語も凝結力があって、美しい。索引も充実している。彼女はかつて工作舎に出入りしていた。

著者のアモス・エロンは一九二六年にウィーンに生まれ、シオニストの両親とともにイギリスが委任統治していたパレスチナに移住した。移民になったのだ。エルサレムのヘブライ大学で法律を学ぶと、ケンブリッジに行って歴史を専攻し、イスラエルの大手新聞社の記者をへて論説委員になった。

エロンはたちまちイスラエルを代表する現代知識人となり、数々の論説とともに『敵意の狭間で』『ヘルツェル伝記』『血塗られた潮流』『イスラエル人』などを執筆した（いずれも未訳）。その筆鋒はかなり鋭く、しばしばイスラエル政府や親米派に刃をつきつけた。日本語に翻訳されたものとしては、本書のほかに『ドイツに生きたユダヤ人の歴史』（明石書店）がある。晩年はイタリアのトスカーナに居宅を移して、全ヨーロッパ史をユダヤの視点で総点検していたようだ。エドワード・ギボンに傾倒した著者の「歴史の語り部」としての才能が大いに生きたにちがいない。

アモス・エロンの両親がシオニストであったように、近現代のエルサレム＝パレスチナ＝イスラエルを語るには、シオニズムの役割を見抜いておく必要がある。しかしシオニズムが見えたとしても、今日のエルサレム＝パレスチナ＝イスラエル問題は容易には解けない。ここには「世界中の問題」が集参しているからだ。つまりこの問題は「世界」あるいは「文明の奥と底」を解くことであるからだ。

シオニズムとは「ユダヤ人の国家をユダヤ人のためにユダヤ人がつくる」という運動のことをいう（シオニズムというネーミングはエルサレムの別名になっていた「シオンの丘」に因んだ）。テオドール・ヘルツルがこの構想をもったときは、ユダヤ国家を実現する場所はウガンダのような暮らしやすいところも計画に上がっていたのだが、ヘルツルの著書『ユダヤ人国家』を受けた賛同者たちは「ユダヤ人の国家をユダヤ人のためにユダヤ人の土地にユダヤ人がつくる」というふうに決断した。シオニズムはエルサレム＝パレスチナ＝イスラエルの地をめざしたのである。

しかし、そこは何重もの勝手な鍵がかかっているところなのである。とくにオスマントルコが領土にしてからは、むりやり鍵をこじあけねばならなくなっていた。どうすればいいか。列強は第一次世界大戦をおこしてオスマンを叩くことにした。

二十世紀初頭、ヨーロッパの前近代の「世界史」を代表していたのはハプスブルク家のオーストリア・ハンガリー帝国である。中東で前近代の力をもって世界大になっていたのはオスマントルコ帝国である。欧米列強にとっての二十世紀が現代になるために、この二つの前近代の「世界」の解体が必要だった。ヨーロッパの現代史がここに始まった。もうひとつの解体はアフリカ分割だ。このへんの事情については、ぼくなりの見方を『国家と「私」の行方』（春秋社）に詳しく書いておいた。

第一次世界大戦は、知ってのようにドイツとオーストリアを軸とする同盟国と、フランス・ロシア・イギリスを軸とする連合国の対決となった。

列強のシナリオ通りというわけではなかったが（ロシアの介入などが事態を複雑にした）、ヨーロッパの勢力地図は変わりそうだった。問題はオスマン帝国をどうするかということで、すぐにイギリスが攻略に乗り出した。その作戦は密約と陰謀と欺瞞《ぎまん》に満ちていた。主に三つの作戦を発動する。

作戦Aでは、強力な軍事力をもつオスマン帝国を牽制《けんせい》するために、アラブ人を扇動する。イギリスはメッカの太守フサイン・イブン・アリーをそそのかし、戦争後のアラブ人の独立を条件にオスマン帝国に反乱をおこすように仕向けた。カイロの高等弁務官ヘンリー・マクマホンはこの件に関する一〇通の書簡を送り、その中で反乱のお礼としてフサインが当主であるハシム家がアラブ王国をつくれるようにすると約束した。「フサイン・マクマホン協定」である。アラブの反乱にあたっては、「アラビアのロレンス」ことトマス・エドワード・ロレンスが太守フサインの三男ファイサルと示し合わせアラブの砂漠の民と共闘したことになっているが（ロレンスの自著『知恵の七柱』）、細部にわたる真相はまだわかっていない。

作戦Bとして、イギリスはフランスと組んで戦争後のオスマン帝国の領土を両国で分割統治する密約を結んだ。トルコ南部、レバノン、シリアにまたがる地域をフランスが統治して、パレスチナ、ヨルダン、イラク、ペルシア湾岸の地域をイギリスが統治しようというものだ。二人の外交官、イギリスのマーク・サイクスとフランスのジョルジュ・ピコの秘密協定だったので「サイクス・ピコ協定」という。これでイギリスはパレスチナ方面の戦後シナリオを確保した。

作戦Cでは、イギリスは「ユダヤ人国家の建設をわれわれは大いに支持します」という意志を、外務大臣アーサー・バルフォアが第二代ロスチャイルド男爵への書簡にして示した。実際の書面では「ユダヤ国家」ではなくユダヤ人の居住地としての「ナショナルホーム」づくりに尽力するとなってはいるものの、これはシオニズム運動をイギリスが応援し、そこにロスチャイルドの資金が供与されるという計画をあらわしていた。身勝手きわまりない「バルフォア宣言」として知られる。

三つの作戦はイギリスの三枚舌だったが、この相互に矛盾するような密約の絡み具合こそが、第一次世界大戦が連合国側の勝利におわったと同時に次々に帝国主義的な野望の果実をもたらした。オスマントルコは見る影もなく解体して共和制に移行した。分捕り作戦のほうは、イギリスがシリアの南半分をトランスヨルダン王国とパレスチナに分けて統治し、イラクを委任統治するようにした。フランスはシリアの北半分をシリアとレバノンに分けて統治した。

かくてエルサレムにイギリスのアレンビー将軍が入場し、三十年にわたる委任統治が始まったのである。そこはもう「ダビデの町」でも「シオンの丘」でもなかった。

アモス・エロンは、第二次世界大戦がユダヤ社会に恐怖をもたらしたこと、すなわちナチス・ドイツによる反ユダヤ主義が席巻したことについては、あまり触れていない。ナチスの反ユダヤ主義はエルサレムやパレスチナに特有のものではなかったからだ。エロンが重視しているのは、大戦中および大戦後を通してユダヤ人とアラブ人が、またユダヤ人の中の二つのコミュニティが深刻な対立関係に入っていったことだ。

パレスチナにつくられたユダヤ人社会は、ディアスポラ型のユダヤ人社会と区別してイシューブと呼ばれていた。イシューブは「イスラエルの地に住みついているユダヤ人たちの社会」といった意味で、シオニズムが強調していたディアスポラ型の拠点の拡張ではない。このちがいがやがてパレスチナのユダヤ人に二つのコミュニティをもたらし、その宥和を困難にさせた。

ユダヤ人とアラブ人が対立するのは、もとより予想されていたことだ。とくにユダヤ人がイシューブによって住居地域を確実にユダヤ・コミュニティにしていくと、アラブ人は自分たちの生活の土地が奪われていくと思い始めた。シオニズムの波及もアラブ人に警戒感を抱かせた。

こうして一九三六年から三年におよんだ「アラブの大蜂起」は、シオニズムに対する徹底抗戦となった。エルサレムのムフティ（イスラム教大法官）で、最高イスラム評議会議長のハッジ・アミン・アル・フセイニーの指導によって大規模なゼネストが敢行されたのである。調停にのりだした調査委員会（通称ピール委員会）はさまざまな調査と斡旋のうえ、これはパレスチナを二つに分割してアラブ人地区とユダヤ人地区をつくるしかないと踏んだ。しかし、この対立がイギリスを巻き込んでその無能ぶりを露呈させたことこそ、文明をあざ嗤《わら》うかのような現代史の皮肉なのである。

終戦後、ユダヤ人過激組織に「民族軍事機構」が生まれ、イギリスをパレスチナから追い出そうというテロ活動が始まると、ついにイギリスはお手上げ状態となり、委任統治を放棄するしかなくなっていった（このときの煽動者がリクード党の党首で、のちにイスラエル首相となったメナヘム・ベギンだ。こういうところが中東が凄いところなのである）。

一九四七年十一月、万策尽きたイギリスが逃げるように撤退し、国連がパレスチナの解決を引き受け、悪名高い「国連パレスチナ分割決議」が国連総会で採択された。ユダヤ人国家とアラブ人国家に分割しようというものだ。

当時、パレスチナの全人口は約一九〇万人で、そのうちの七〇パーセントがアラブ人、残り三〇パーセントがユダヤ人だった。しかし決議はパレスチナ全土の五五パーセントをユダヤ人国家の領土とし、アラブ人国家には四五パーセントを割り当てた。

　この決議案を押しまくったのはアメリカである。大統領選挙を控えていたこともあって、アメリカ国内のユダヤ人の歓心を買うためだった。ブッシュやトランプだけではない、アメリカ大統領選挙というもの、たいていはこの手の票田の駆け引きを国際舞台のディールに悪用してきた。一方、国連決議の演出をつくりだしたのは国際シオニストたちのロビー活動のなせるところだった。

　何はともあれ、イスラエルは独立国家としてのスタートを切ったわけである。モーセ以来の「約束の地イスラエル」の宿願は一九四八年五月十四日をもって世界承認され、ユダヤ人のための国家が国際法のもと実現したのだ（アメリカとソ連がすぐに承認をした）。

　だが、こんなことをアラブ側が受け入れるはずはない。イスラエル独立の直後、レバノン、シリア、ヨルダン、イラク、エジプトなどの周辺アラブ諸国がパレスチナに侵攻した。激突は避けられない。第一次中東戦争が勃発した。この戦争をアラブ側は「パレスチナ戦争」と呼び、ユダヤ側は「イスラエル独立戦争」と名付けた。この呼称のちがいに現代中東文明の亀裂があらわれている。

　戦況はイスラエル優勢に進み、第一次中東戦争は国連の停戦決議によって終結した。イスラエルは国連分割決議をはるかに上回る領土を獲得した。エルサレムは旧市街地を含む東地区がヨルダン領に、西地区がイスラエル領になった。地理が分割されただけでなく、住民も隔絶された。戦火から避難した七〇万人に近いパレスチナ人はイスラエルが帰還を拒否したため、すべて難民になった。

このあとパレスチナ難民問題はその救済措置および人権問題とともに、つねに国際社会の盲点をあらわしていく。


第二次中東戦争以降のエルサレムの現代史は「世界」の核心的な超難問ばかりだ。何重にもネステッドにもなったパンドラの箱から（いや、契約の箱なのだろう）、予想のつかない事態が次々に起爆していった。アモス・エロンは「エルサレムには破壊力を秘めた記憶が充満しすぎている」と書いている。「エルサレムに関する妥協はあちこちで境界線を動かすだけではすまず、どんな抗争もその全体にかかわるものになっていく」とも書いた。きっとそうなのだろうと、つくづく感じる。

一九五六年のエジプトの首相ナセルによるスエズ運河国有化宣言を発端とした第二次中東戦争は、イギリスとフランスがイスラエルを巻き込んでエジプトと激戦状態になり、結果、エルサレムは分断されて北・東・南をアラブが支配した。ユダヤ人は「嘆きの壁」に行けず、パレスチナ人は「神殿の丘」に行けない。それでもイスラエルはこのときエルサレムを首都とした。

エルサレム問題とスエズ運河の利権が絡んでいったのだ。こんなふうに中東の新たなエースとしてエジプトが登場してきたのは、国際社会には意外な挙動だった。どこの外交官も予想もつかないことだった。しかもナセルは巧みにソ連を引き込んだ。ぼくに数ヵ月に一度は政情の御宣託をたれる父が「ナセルはおもろいなあ。これからの世界はナセルと毛沢東やな」と言っていたことが、いまだに耳にのこっている。

一九六七年、イスラエル軍が超低空飛行によってエジプト・シリア・ヨルダンの空軍基地を一斉攻撃した。第三次中東戦争の勃発である。聞きしにまさる奇襲作戦で、たった六日間でシナイ半島、パレスチナ・ガザ地区、東エルサレム、ヨルダン川西岸、ゴラン高原を制した。

イスラエルという国はなんという国なのか、この圧倒的な軍事力はいつ組み上がったのか。異様なユダヤ人国家がいつのまにかモーセとイエスの国で怪物化してしまっているんだという印象が拭《ぬぐ》えず、以来、ぼくは現代イスラエルのすべてをどこかで疑うようになった。

他方、六〇年代後半はＰＬＯ（パレスチナ解放機構）がゲリラ部隊ファタハを呑んで暗躍した。ファタハはエジプトでパレスチナ出身の青年たちが結成した反イスラエルの武闘組織だが、のちのちの中東テロの原型になっている。

ＰＬＯが現代史上で果たした役割を言い当てるのはけっこうな難問だ。第二代議長となったヤーセル・アラファトのめざましい活動力や政治手腕も、ゲリラとテロを内側に秘めた言動がなぜ国際社会で話題を集められるようになったかという問題に出処している。そのへんを見究めたい。

ＰＬＯの理念は「パレスチナ人の民族自決」と「離散パレスチナ人の帰還の権利」を獲得することにある。その後にパレスチナ国家の確立をめざす。粗筋はそういうものだが、そのためのアラファトの作戦は独特のものだった。ＰＬＯをパレスチナ亡命政府とし、拠点をヨルダンのアンマンに置いた。

七〇年代に入ると、長すぎたベトナム戦争とニクソン政治の疲労によってアメリカは新たなストラテジーをたてることになった。ひとつは変動相場制に移行してドルを防衛すること（ドルショック）、もうひとつは石油価格を有利に誘導することだったのだが（オイルショック）、こちらは中東の産油国が連動して先手を打った。

これで米ソの冷戦の様相ががらりと変わってきた。中東介入の度合いによって両国が鎬《しのぎ》を削るようになったのだ（この方針がのちのソ連のアフガニスタン介入とビンラディン、またアメリカのサウジ介入とビンラディンという、あの図式にまで続いた）。

こうしたなか、ファタハを含むパレスチナ・ゲリラのテロ活動が国際社会とアラブ社会の不興を買うようになり、ヨルダンのフセイン国王がＰＬＯの退去を命じた。パレスチナ・ゲリラのテロ行為は一九六七年では一四五件だったが、三年後に七八九件に、その二年後には二三九〇件にまでなったのだ（この大量連打が中東テロリズムの本質である）。

しかしこうした事情の張本人であって、どんな犯罪行為も委細知っていたはずのアラファトはさっさとレバノンのベイルートに拠点を移すと、一転して好感度増育作戦を見せていったのだ。作戦は功を奏してアラファトの国連演説にまで化けた。そのころぼくは工作舎で雑誌「遊」を編集しながら、国際同時通訳のチーム（フォーラム・インターナショナル）とも毎日仕事をしていたのだが、当時のリーダー木幡和枝にはのべつまくなくPLO関連の相談がきていたので、何度も何度もアラファトをめぐる議論をしたものだった。木幡はアラファトの魅力は欧米の価値観では説明できないと言っていた。

アラファトはエルサレムきっての名門フセイン家の御曹司である。カイロ大学で土木工学を専攻し、卒業後はエジプト軍隊の予備将校をしていた。クウェートでは技師にもなっている。同じく土木工学を専攻した下河辺淳さんが「中東のゲリラには土木が、イスラエルに対抗するには工学が必要でしょうね」と言っていたのを思い出す。

もう少しだけエルサレムの現代史をかいつまんでおくが、一九七三年からの第四次中東戦争が勃発すると米ソ代理戦争の様相が強くなり、担い手もガラリと変わっていく。とくにエジプトではナセルが没してアンワル・サダトが大統領として登場し、ナセルのソ連寄りの外交をアメリカ寄りに変える。

サダトは長らくナセルの黒子《くろこ》として活動をしていたのだが、ようやく政治リーダーとなると、少年のころから読書や文章を書くのが好きだった文人肌が前に出てきたのか、アラブの社会文化的の平衡力をつくりだしたくなって、イスラエルとの和平に乗り出したように見える。イスラエルが占領しているシナイ半島から撤退し、パレスチナ人の自治を認めればエジプトもそれなりの対応をすると申し出た。

イスラエルはこれを一蹴した。サダトはやむなくスエズ東岸のシナイ半島に数キロにわたる橋頭堡《きょうとうほ》をつくって対戦車ミサイルを打ち込み、表向きは一戦を交えるのだが、他方でかねて準備の停戦交渉を走らせ、その仲人をアメリカに一任した（アメリカがこの手柄を我がもののした）。動きまわったのは天下の間諜ヘンリー・キッシンジャーである。エジプトとイスラエルを往復して交渉をまとめた。ついで一九七七年、サダトは電撃的にエルサレムを訪問し、イスラエル国会で演説、アル・アクサ・モスク（神殿の丘の銀のドーム）にも礼拝をする。この機運のまま翌年にはカーター大統領がキャンプデービッドにサダトとイスラエルのベギン首相を招いて、和平合意文書の調印にこぎつけた。

大ニュースになったキャンプデービッドの合意だが、これは甚《はなは》だ双務性に乏しいもので、エジプトが単独でイスラエルと和するという、かなり奇妙なものだった。イスラエルはシナイ半島から撤退してみせただけなのである。これでエジプトは国際ゲームから失墜した。サダトもやがて暗殺された。サダトの悲劇はパレスチナ問題がいかに深部において統治矛盾をかかえているかということを示していた。

八〇年代になると、イスラエルに「大イスラエル主義」を掲げる右派のアリエル・シャロンが台頭した。シャロンは八二年には国防相としてレバノン侵攻の指揮をとり、あからさまなPLO壊滅作戦を発動させた。ベイルートが爆撃されて二万人が死に、三万人以上の負傷者が出た。

こんな暴挙を平気でやってのけるのがシャロンだが、アラファトはアラファトで一万五〇〇〇人のゲリラを引き連れてチュニジアへ脱出し、ここで組織の再建をやりとげた。これで予想がつくように、その後、イスラム過激派や民衆蜂起がおこっていく中東各地には初期にPLOを中心にしたパレスチナ・ゲリラが拠点活動をしたところがそうとうにあったわけなのである。

シャロン・イスラエルの狙いはシリア軍をレバノンから追い出し、親イスラエル政権を促成してしまうことにあった。狙い通り次期大統領にジェマイエルが選出されたのだが、何者かが仕掛けた爆弾によって殺されてしまった。怒ったシャロンは治安維持を名目に西ベイルートに侵攻、南レバノンに駐留しつづけるという挙に出た。このとき、近郊の難民キャンプでキリスト教右派の民兵による難民虐殺がおこっている。

こうした事態に二つの新たな動きが立ち上がっていった。ひとつはイスラム・シーア派のテロ活動である。なかでも「ヒズボラ」(神の党)の活動はトラックに爆弾を積んだままイスラエル軍の施設に突っ込むという、その後の自爆テロの前哨にあたるような過激力を見せた。

もうひとつは「インティファーダ」(民衆蜂起)の動きだったろう。一九八七年の暮、ガザ地区でイスラエルの軍用車両がパレスチナ人のバンと衝突し四人のパレスチナ人を轢《ひ》き殺したのをきっかけに、抗議の波がうねっていった。イスラエル政府が容赦なく弾圧したため、このうねりは国際世論を巻き込み、政府も西岸をヨルダン行政から切り離さざるをえなくなった。アラファトがこれに呼応して武装闘争の蜂起とパレスチナ国家の独立を宣言した。

インティファーダは二〇〇〇年九月にもシャロンが武装チーム一〇〇〇名を引き連れてアル・アクサ・モスクに入場したときにもおこっている。二一世紀のSNS時代になって、「アラブの春」をはじめとする民衆蜂起が連続していったのは、これらインティファーダの再燃だった。

本書は一九八九年の刊行なので湾岸戦争以降のことにはふれていないけれど、やはりこの戦争がもたらしたことについても一言カバーしておきたい。

湾岸戦争は図式的にいえば、八年に及んだ泥沼のようなイラン・イラク戦争に消耗したサダム・フセインがその代償を求めてクウェートに侵攻し、アメリカとNATO型多国籍軍の過剰な介入を招いた「読みちがえた戦乱」である。

しかし、この戦争の意味はむろんその程度のものではなかった。その後のフセインの失脚とバース党の凋落が中東全体とエルサレムの二一世紀にもたらした影響が大きかっただけでなく、マフディ・エルマンジュラがただちに「第一次文明戦争」だと名付けたように、これはアラブ・イスラム世界と欧米世界との「文明」を賭けた戦いの端緒が開かれたというべきものだった。

イラン・イラク戦争は、ホメイニ（シーア派）のイラン革命でパーレビ国王による親米政権を失ったアメリカとフセインのイラクを近づけた。アメリカはイスラム革命（つまりはシャリーア・コンプライアンス）が湾岸諸国に広がるのを惧《おそ》れて、武器貸与をはじめとした硬軟の援助をフセインに惜しまなかったのだが、イ・イ戦争の負担を帳消しにするためにフセインがクウェートを併合しようとしたことは、アメリカ優位の石油保有バランスを狂わせると見たアメリカを危惧させた。

すこし穿《うが》っていえば、フセインが湾岸戦争を受けて立つことに積極的だったのは、イスラエルを巻き込めると読んだからだ。そうなればイラクを盟主としたアラブ・イスラム文明（イラクはもともとオスマントルコ帝国の孫）と、ユダヤの価値観を統括するイスラエルを盟主としたユダヤ・欧米文明との総力戦になると予想したのだが、これが読みちがえだった。イラクは軍事力の桁外れの相違によってあっけなく崩れ、あまつさえアメリカがイスラエルの参戦を封じたことが大いなる誤算となった。

誤算はそれだけではなかった。フセインはパレスチナ問題の解決力がイラクにあることを示そうとしてPLOを認め、PLOもヨルダン・スーダン・イエメンとともにイラクを支持してしまっていた。これも失策だった。湾岸戦争の結果、イラクは中東の盟主としての可能性をもがれ、PLOは国際的信用を失って資金源を断たれた。民衆もハマス（イスラム原理主義組織）などを支持するようになっていった。

湾岸戦争後の中東は欺瞞と陰謀とテロリズムに満ちていく。ブッシュ・アメリカの中東政策も歴史上最悪のものになった。パレスチナについては一九九三年にオスロ合意によって今後の自治問題の解決案が示されたのだが、そこで示された「暫定自治」は空しいものだった。

『ユダヤ国家のパレスチナ人』や『ヨルダン川西岸』を書いたデイヴィッド・グロスマンは、こうしたパレスチナにひそむ空しさを「プレゼント・アブセンティーズ」（present absentees）と呼んだ。文字通りは「存在する不在者」のことだが、パレスチナにおいては「国内に居住する不在者」という意味だ。オスロ合意はプレゼント・アブセンティーズだったのである。

このことについては、エドワード・サイードも早くから適確な指摘をしていた。サイードはアモス・エロンよりも少し若く、一九三五年にパレスチナ人としてエルサレムに生まれた。アラビア語・英語・フランス語の入り交じる町で育ったので、三つの言語に堪能になった。アメリカに移住してからはプリンストン大学、ハーバード大学に学んで、ジョセフ・コンラッドの研究を足場にかなり知的エリートとして活躍をした。このあたりはエロンとはかなり異なる経歴だが、イスラエルについての見方やパレスチナ問題の見方は、さすがに一日の長がある。

サイードは長年にわたってパレスチナ民族評議会の一員だったのだが、オスロ合意に断固反対して、アラファトと決裂した。サイードの予想はほぼ当たっていた。これ以降、イスラエルとパレスチナの関係は合意どころか、さらに激越な殺戮《さつりく》をくりかえすようになる。

ちなみにサイードはかなりのピアニストでもあって、一貫してグレン・グールドの熱烈な支持者でもあった。親友のダニエル・バレンボイムとともに「ウェスト＝イースタン・ディヴァン管弦楽団」をつくって、イエラエルとアラブ諸国の双方から音楽家たちを集めて音楽会を開くという試みを続けた。バレンボイムも一九五二年からイスラエルに移住していたピアニストだった。

このくらいにしておこう。エルサレムをめぐる歴史はあまりに過剰なのである。とうてい追いきれないし、論議しきれない。そこには目眩《めくるめ》くほどの「聖なる集中」がありそうで、どんな時代のエルサレムも「俗悪な対立」に苛《さいな》まれてきた。ユダヤ人の歴史（アシュケナージとスファラディの歴史）の解明にも深い洞察を示したアーサー・ケストラーは、ずばり「エルサレムはカタルシスがない悲劇に見舞われている」と書いている。

本書を読んでいると、エルサレムではいつ何どきタイムマシンが作動してもおかしくない、予想もつかない時と場所があらわれ、「文明」と「世界」の真の様相は諸君が想像していたようなものとはまるっきり違うんだよと囁《ささや》かれているような気に、しょっちゅうさせられる。アモス・エロンはその「触れなば落ちむ」という感覚を、しばしば詩的な表現を駆使してまことに微妙に描き切った。

最初にも書いたように、こんな本はほかにはない。しかし、本書はいっさいの歴史的記述をしていない。ぼくとしてはエロンとともにエルサレム・ブルースの合奏に加わるような感想だけを綴っていてもよかったのだが、ついついそうしなかった。だからいろいろな本の記述も参考にした。なかでマーティン・ギルバート『ユダヤ人の歴史地図』（明石書店）、同『エルサレムの20世紀』（草思社）、立山良司『エルサレム』（新潮選書）、高橋和夫『アメリカとパレスチナ問題』（角川書店）、ウリ・ラーナン『イスラエル現代史』（明石書店）、田中宇『イラクとパレスチナ』（光文社）などが参考になった。歴史地図は月本昭男監修の『聖地エルサレム』（青春出版社）がわかりやすい。

（追記＝その後、二〇一八年五月十四日に、結局トランプはアメリカ大使館をエルサレムに移転させた。嗚呼。）

第一六三〇夜　二〇一七年一月三一日

**参照千夜**

七四二夜：ウィリアム・ブレイク『無心の歌・有心の歌』　第三〇〇夜：メルヴィル『白鯨』　五五二夜：ボルヘス『伝奇集』　八九五夜：フロイト『モーセと一神教』　九一一夜：ジャック・ラカン『テレヴィジオン』　九四六夜：アーサー・ケストラー『ユダヤ人とは誰か』　一七四夜：エリエット・アベカシス『クムラン』　四〇夜：ワイルド『ドリアン・グレイの肖像』　一二九五夜：岡田温司『マグダラのマリア』　六一一夜：マーク・トウェイン『ハックルベリイ・フィンの冒険』　一一六〇夜：トマス・エドワード・ロレンス『知恵の七柱』　七二〇夜：マフディ・エルマンジュラ『第一次文明戦争』　三九八夜：デイヴィッド・グロスマン『ユダヤ国家のパレスチナ人』　九〇二夜：エドワード・サイード『戦争とプロパガンダ』　一〇七〇夜：コンラッド『闇の奥』　九八〇夜：グレン・グールド『グレン・グールド著作集』　六六七夜：田中宇『タリバン』

## 文明問題としてのプレゼント・アブセンティーズ

デイヴィッド・グロスマン
# ユダヤ国家のパレスチナ人
千本健一郎訳　晶文社　一九九七
David Grossman: Sleeping on a Wire—Conversations with Palestinians in Israel 1992

世界中にはその土地やその国に独得の居住民をあらわす言葉がある。たとえば日本には「公家」「供御人《くごにん》」「坂の者」「非人」「やくざ」「部落民」「在日」といった言葉がある。これらをそのまま英語やフランス語に訳しても、その意味は伝わらない。

中東の英語圏には「プレゼント・アブセンティーズ」(present absentees)という言葉がある。二十世紀後半になって生まれた。よほど民族と政治の事情に詳しくないかぎりは聞きなれない言葉だろう。文字どおりは「存在する不在者」という意味だが、「国内に居住する不在者」という意味でつかわれることが多い。

プレゼント・アブセンティーズは社会学者や政治学者がつくった言葉ではない。イスラエルの現代史とパレスチナ人の現実の渦中から生まれた。では、誰がプレゼント・アブセンティーズかというと、これがわかりにくい。イスラエル政府による〝規定〟をもってすると、一九四七年十一月に国連が決めたパレスチナ分割決定以降に、敵国国民であった者、敵の領土内に移り住んだ者、もともとはイギリス委任統治領の市民で一九四八年九月以前に居住地を離れてパレスチナ外に向かった者、また、イスラエル国家樹立を阻もうとしてイスラエル内に向かった者などのことをさす。

これでは何だかわからない。中東事情やイスラエル現代史やパレスチナ問題をあまり知らない者には実感がつかめない。けれども、まさにそういう実感がつかめない人々がプレゼント・アブセンティーズなのである。

ちなみに企業社会にはアブセンティーイズム（absenteeism）とプレゼンティーイズム（presenteeism）という言葉がある。病気や体調不良で従業員がたびたび無断欠勤するのがアブセンティーイズム、出社していながら何らかの不調でパフォーマンスが低下しているのがプレゼンティーイズムだ。「疾病就業」などと訳される。「働きぐあい」の算定からプレゼンティーイズムのほうが周囲の影響からみて深刻だとされるのだ。

本書の原題は『鎖の上の眠り』というもので象徴的なのだが、副題は「イスラエルのパレスチナ人との対話」だ。それを邦題で『ユダヤ国家のパレスチナ人』とした。邦題が「ユダヤ国家の」となったのは、イスラエルがユダヤ人の〝約束の地カナーン〟のために建設された人為的で政略的な国家であるからだろうが、今日のイスラエルをそのように定義をしたところで、これまた何も説明したことにはならない。

というのも、「イスラエルのパレスチナ人」はどんな同一性をもってはいない群像なのである。まさにプレゼント・アブセンティーズなのだ。そこには、ひとつにはモーセの出エジプトから十字軍のエルサレム奪還をへて、度重なる中東戦争に至る時間と空間の錯綜の流れ、すなわち島国のわれわれには想像を絶する多くの変節と矛盾がひそむ。もうひとつにはアシュケナージの民の歴史がかぶさっている。さらにひとつには、エルサレムを重視するムスリムの動向がイスラエルで交差する。

それゆえそこには、とてつもなく複雑な国家と民族と宗教の、またその背後に動くユダヤ教とキリスト教とイスラム教が絡みあう。加えて二十世紀にあってはアメリカやイギリスや旧ソ連が介入しつづけた現代史がまとわりつく。それこそ何重もの〝鎖〟が絡んでいるのである。

今日につづくイスラエルという国家が建国されたのは、テオドール・ヘルツルが提唱したシオニズム運動がパレスチナにユダヤ人の国家をつくろうとした動きに始まる。

当時、パレスチナはオスマントルコが領有支配していたのだが、第一次世界大戦にトルコが参戦したのを機に、イギリスは中東の石油資源を吸い上げようとして、さまざまな画策をする。フサイン・マクマホン書簡とサイクス・ピコ協定の〝欺瞞〟、バルフォア宣言とアラビアのロレンスの〝犠牲〟などは、このときのイギリスの三枚舌を象徴する隠れた一ページである。

大戦はイギリスにとっては都合のよいことだった。案の定、トルコが敗退してイギリスがパレスチナを統治することに成功するが、結局イギリスは自分の画策に溺れ、第二次世界大戦後にパレスチナの将来の決定を国連に返上する。これで建国のチャンスがやってきた。

国際世論が第二次世界大戦中のナチスによるユダヤ人ホロコーストを知ったことも、大きな後ろ盾になった。二〇〇〇年以上にわたるディアスポラ（民族離散）をくりかえしてきたユダヤ人になんとか〝約束の地〟を、すなわちユダヤ共同体国家をつくらせたいという気運が盛り上がったからだった。

こうして一九四八年五月に誕生したのが「イスラエルという人為国家」である。ところが国連は、前年十一月にパレスチナをユダヤ人領とアラブ領と国連統治領に三分して分割統治すると決議した。

ここで国連の三分割案の決議を認めないアラブ人たちが動いた。元エジプト国防相サル・ハルブ・パシャがカイロの寺院前を埋めつくした二万人の聴衆の前で、「われわれに残されたものは、この銃とコーランだけだ」と聖戦《ジハード》を訴えた。パシャは右手にピストル、左手にコーラン、そして目には涙を浮かべていた。アラブ人約三三〇〇万人が立ち上がった。

アラブとイスラエルとのあいだで第一次中東戦争がおこり、「アラブ対ユダヤ」(すなわちイスラム対イスラエル)の全面対決が始まった。アラブ連盟の事務総長アサム・カンは「われわれの攻撃はモンゴル人や十字軍の蛮行と並び称されるような徹底的な虐殺と根絶の戦いになるだろう」と宣言した。が、最初の中東戦争はイスラエルの勝利に終わり、パレスチナの七五パーセントがイスラエルの支配下に入った。しかし、これが予想のつかない悲劇の始まりだったのである。

悲劇は大がかりな複雑骨折を見せていく。その連続レントゲン写真の特徴をとうてい摘まんで説明できないけれど、ごくおおざっぱにいえば、まずはアラブ・イスラム側の反撃である。ついでスエズ運河の所有を宣言したエジプト大統領ナセルによって、アラブ・ナショナリズムの高揚が中東にも波及すると、第二次中東戦争になる。この時期のナセルの指導力には目を見張るものがあったが、ここでは省略する。さらにアラファトに指導されたゲリラ組織「ファタハ」がパレスチナ解放を掲げて立ち上がり、イスラエルに度重なるゲリラ攻撃を仕掛けた。のちにPLO議長となるアラファトは一九六五年だけでも三五件の破壊活動を仕掛けたテロ戦士であった。

また、このときからのことだが、ファタハがヨルダンを拠点にしてイスラエルを攻撃したため、ヨルダンも中東の嵐に巻きこまれた。一九七一年、カイロに訪問中のヨルダン首相のワシフィ・アル・タルはPLO傘下のテロ組織「ブラック・セプテンバー」によって暗殺された。「ブラック・セプテンバー」はミュンヘン・オリンピックでもイスラエル代表団十一人を人質に二〇〇人の〝革命戦士〟の解放を要求し、これが断られると、全員を殺した。

たちまちテロの国際化が一挙に広まった。もしアメリカが「テロに対する戦争」をしたいなら、このときから宣言すべきだったのである。しかし、アメリカはこのあと各地のテロリストを巧みに活用するほうにまわっていった。アメリカこそテロを助長した。

ナセルのあとをついだアンワル・サダトはアラブ世界の代表として初めて欧米社会に認められた人物だったが、それは裏返せば、ソ連の中東コントロールに対するアメリカの中東コントロールが浸透しつつあったことを意味していた。

そのことを如実に示したのが第四次中東戦争で、イスラエルはアメリカからの武器空輸作戦によってエジプトと対抗、ここに両者は均衡状態に入っていく。保守派のサダトはよくいえば中東和平を望み、あけすけにいえばアメリカが背中に見え隠れするイスラエルを怖れて右顧左眄《うこさべん》する。カーター大統領がサダトとイスラエル首相ベギンとの仲介に入り、一九七八年九月にキャンプデービッド合意を成立させた。イスラエル軍はシナイ半島から撤退、代わって国連軍がシナイ半島に駐留することになったのだが、これはアラブ世界から見れば、あきらかにサダトの裏切りだった。大半のアラブ諸国はエジプトと国交を断絶、一九八一年にはイスラム急進派「ジハード」のテロリストがサダトに数発の銃弾を打ちこみ、暗殺する。

となると、今度はイスラエルの精鋭部隊がパレスチナ・ゲリラPLOに報復する番である。そのころPLOは南レバノンに拠点をおいていたため、レバノンも巻きこまれていった。レバノン戦争だ。二〇〇〇人以上のパレスチナ人が難民キャンプで虐殺された。一九八二年九月十六日からの、たった三日間のことだ。

中東事情はパレスチナ人を苦悩させた。アメリカがテコ入れするイスラエルとの正面対決では力の差がありすぎる。ヨルダン西岸やガザ地区あたりに自分たちの〝パレスチナの国〟を建設すべきだという転向の計画もあったが、その地区もまたイスラエルの占領下に入っている。そこに「インティファーダ」（民衆蜂起）が勃発した。

一九八七年末、パレスチナの民衆が自身の力だけで、つまりは投石や商店閉鎖や交通ストだけで立ち上がったのだが、イスラエル兵は街を走る青少年たちを容赦なく撃ち殺していった。民衆蜂起ではうまくいかないのだ。一部のムスリムたちはついに「ハマス」

を組織化し、PLOはイスラエルとの共存を謳う政策に対立して、過激化していった。

今日、アフガニスタン南部に拠点をもつイスラム過激派「タリバン」やオサマ・ビンラディンの「アルカイダ」などのイスラムゲリラ組織のルーツは（アメリカは邪悪なテロ組織と決めつけているが）、このときの「ハマス」にルーツをもっている。

ヨーロッパと中東の文明史のすべての事情に、パレスチナ問題は何十本もの錐《きり》のように突き刺さっていたのである。こうした事情を背景にして登場してくるのがイラクのサダム・フセインだった。

フセインは、世界で二番目に不安定だといわれていたイラクで最初に自立を求めて成りあがったバース党の党首で、石油と核を背景に中東の盟主たらんとしていた。そのフセインをアメリカは中東コントロールのために巧みに利用した。フセインも乗った。原油価格の規約を破ったクウェートを制圧し、そのうえでイスラエルがパレスチナ占領地から撤退すればイラク軍もクウェートから撤退するという条件を出した。これは半分はアメリカのシナリオで、半分はフセインの暴走だった。

フセインが持ち出したのは、「イラクのクウェート侵攻はイスラエルのパレスチナ支配とまったく同種の行動だ」という理屈だ。こんな理屈が国際政治に通用するわけはなかったが、フセインはイスラエルに七基のミサイルを撃ちこみ、理屈を押し通す。

フセインの突然の暴挙は、父ブッシュ政権に中東和平の必要性（利得性）を感じさせた。ブッシュは慌ててイスラエルのシャミル首相に電話をかけ、「たとえイラクの攻撃が続いても、イスラエルは報復を自重してほしい」という虫のいい申し入れをした。シャミルが「いったいどれほどイスラエルの国民が命を落とせば、あなたは手を打ってくれるのか」と冷たく問いただしたため、慌てたブッシュは迎撃ミサイル・パトリオットをイスラエルに供給することを約束した。

これが湾岸戦争の発端だ。ブッシュが多国籍軍を組んでミサイルを雨あられとバグダッドに落とし、フセインを完膚なきまでに打ちのめそうとしたことは、まるで実況放送のようにCNNによって世界にばらまかれた。イラクはイスラエルとではなく、アメリカと戦うことになる。ここで言いたいことは、湾岸戦争はパレスチナ問題だったということなのである。

かくて一九九一年十月にマドリード和平会議になり、これでアメリカ主導の和平がタイムテーブルにのるかとおもわれたのだが、どっこい今度はシャミルがこの会議へのPLOの参加を拒んだため、またまたこじれていった（このころのアラファトは湾岸戦争直前にバグダッドを訪問したりして、方向感覚を狂わせていた）。焦ったクリントンが仲介に入り、ようやくイスラエルとPLOの相互承認が進み、いわゆる「暫定自治合意」がスタートした。一九九三年九月のオスロ合意である。けれども、この合意のプランにはまたしても肝心のパレスチナの未来図が入っていなかった。またまたプレゼント・アブセンティーズが生まれるばかりだったのである。

パレスチナ問題は、三重の構造になっている。イスラエルの一部にパレスチナが含まれていて、そのパレスチナに聖都エルサレムが含まれる。

そのエルサレムは四つの地区に分かれ、異なる宗旨が分割して日々をおくっている。イスラム、ユダヤ人、キリスト教徒、アルメニア人である。ユダヤ人地区には「嘆きの壁」があり、それとまさに背中合わせにイスラムの「岩のドーム」（ハラム・アッシャリーフ）がある。本書の標題にあるパレスチナ人はこのいずれをもさしている。

そういうパレスチナ人の現実を生きる人々を、本書はルポルタージュした。著者はエルサレムに生まれ、エルサレムにいまも在住する作家で、代表作に『子羊の微笑』（未訳）がある。一九五四年生まれだ。グロスマンはふつうはイスラエルを代表する作家というふうに言われるが、この言いかた自体に、この作家と本書が告示する複雑な暗雲がかかっている。その暗雲をグロスマンは最初は『ヨルダン川西岸』（晶文社）で、続いてイスラエルをめぐった『死を生きながら』（みすず書房）で描いた。グロスマンの描写もさることながら、それがわれわれが見たことのない暗雲だったことのほうが衝撃的だった。

本書はそれらの前著よりずっと静かな口調になっているけれど、それだけに民族や国家や宗旨の「深さ」を語りかけてくる。その語りかけはエドワード・サイードの『パレスチナとは何か』(岩波書店)からも聞こえてきた。

われわれはパレスチナ問題も、パレスチナ人のことも、まだ何も知っちゃいないのだろう。そうであるとすれば、中東のテロリズムについて当事者たち以外の誰ひとりとして〝正義〟などをえらそうに唱えるべきではないということになる。文明からは〝正義〟は決められない。

第三九八夜　二〇〇一年十月十五日

**参照千夜**

一一六〇夜：トマス・エドワード・ロレンス『知恵の七柱』　九〇二夜：エドワード・サイード『戦争とプロパガンダ』

# 第二章
# 聖書とアーリア主義

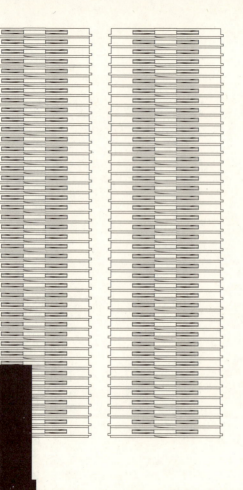

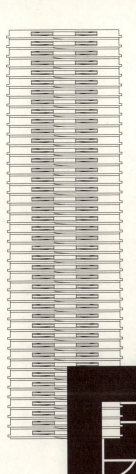

旧約聖書『ヨブ記』

ルネ・ジラール『世の初めから隠されていること』

レオン・ポリアコフ『アーリア神話』

ハインツ・ゴルヴィッツァー『黄禍論とは何か』

マフディ・エルマンジュラ『第一次文明戦争』

エドワード・W・サイード『戦争とプロパガンダ』

神よ、あなたはなぜ
ここまで私を苦しめるのか

# 旧約聖書 ヨブ記

関根正雄訳　岩波文庫　一九七一

幼稚園と小学校は日曜教会だった。中学生のときはＹＭＣＡだ。高校時代、飯田橋の富士見町教会に通っていたとき、初めて聖書を手にした。新約だった。イエスの奇蹟と教えが書いてあった。少し読んでみたが、すぐには入っていけない。牧師さんに何を尋ねてみても、天上界に誘導されるばかり。それならというので旧約を入手してパラパラ拾ってみると、こちらは歴史物語のように摘まめる。

旧約聖書は小説ではない。かなり特別な歴史の吐露である。けれども「モーセのエジプト脱出」や「ノアの洪水」や「ソロモンの伝説」のように、歴史と虚構はかぎりなくまぜまぜされている。一人や数人によって著作されたものでもない。万巻すべてが時と所をまたいだグループ編集であって、クロニクル編集なのである。「イザヤ書」「エレミヤ書」「エゼキエル書」は預言記録であって、かつまた地域と集団に共有された記憶のまとめでもあった。

総じて旧約には、約束の地カナーンを誓った民族共同体イスラエルという理念が、どのように集団としてのユダヤ民族のなかに定着していったのか、そのプロセスが書いてある。モーセが出会った発音できない神ヤハウェとバール神の対立が与えた影響や、古代バビロニアの意外なほどに熟成していた社会意識も書いてある。それらを通して古代ヘブライ社会やヘブル語(ヘブライ語)がどんな表現レベルをもっていたのかということを見るのは、とてもスリリングな作業になる。

しかし文学的にも哲学的にも、また神学的にも心理学的にも「神の関与」を鋭く提示しているテキストというと、ぼくにとってはなんといっても旧約は「ヨブ記」なのである。ゲーテはこれをもとに『ファウスト』を発想し、ドストエフスキーはここから『カラマーゾフの兄弟』を構想した。

現行の旧約聖書は「律法」「預言書」「諸書」の三部構成になっている。だから「モーセ五書」とか「律法《トーラー》」とよばれてきた「創世記」「出エジプト記」「レビ記」「民数記」「申命記」を読むだけでは入口しかわからない。それ以外の「諸書」と「外典」が異様なのである。異様なだけではなく、広くヨーロッパ文明史における人間と精神のありかたの基層を突き刺している。

たとえば「混沌から勝利する」というイメージといえば、それは必ず諸書「エステル記」の物語をさすわけだし（ラシーヌの悲劇はここから派生する）、ユディトといえばその名を聞いただけで、これは外典「ユデト書」の勇敢な寡婦のことなのだ。

そういう意味で、「ヨブ記」の主人公ヨブ（Job）は旧約聖書のなかではカイン（Cain）の問題とともに哲学上の重要課題を投げかける人物ととらえられてきた。ぼくのようなクリスチャンではない者にとっても、カインとヨブの名はいまだに背中のどこかに引っかかっている。

「ヨブ記」は「諸書」のなかの「詩篇」「箴言」の前に収録されていて、全体は四二章で構成されている。そのうち一、二章と最終章の一部が散文になっているほかは、すべてが韻文（詩文）である。だから暗示力がすこぶる高い。

散文部分は聖書研究者のあいだでは「枠」とか「民間本」とよばれる。おそらくは民間伝承そのままを編集した箇所だろう。ここではヨブは「敬虔な忍従の人」として描かれる。イスラエルの地でこの物語を記録した編集者の意志が反映したにちがいない。ところが韻文の部分では、ヨブは三人の友人と果敢に論争し、神の反応に疑問をもち、ついには「神に反抗する姿勢」すら見せる。

この互いに矛盾するようなヨブの二つの立場を描いているところが「ヨブ記」をはな

はだ魅力的にも幻惑的にもした。「ヨブ記」は智慧文学の原典ともいわれてきたが、智慧などというものよりずっとヤバイ問題を扱っていた。

主人公がヨブである。

裕福で正直な名士で、「ウツ」の地（おそらく死海の南のエドム）に住んでいた。家族も土地も家畜も充分だった。聖書は「無垢な正しい人で、神を畏れ、悪を避けて生きてきた」と書いている。そのヨブの信仰を神がさまざまな試練によって試した。ヨブだけが試されたのだ。ヨブはそれに対して信仰の堅固なところを証明してみせた。

神はヨブの信仰がどこまで深いのかを試すため、悪魔《サタン》を呼んで、ヨブの財産を傷つけたらどうか、体を傷つけたらどうかなどと言う。悪魔がたくみにヨブの体に悪腫をつけると、ヨブは体中を掻きむしって苦しむのだが、けっして神を恨まない。見かねた妻が「いつまで無垢でいるのですか。神を呪って死ぬほうがましでしょう」と自死を促すのだが、ヨブは「愚かな女だ」と悲しむ。

そのうちヨブが苦しんでいるという噂が広まり、三人の友がやってくる。友人たちはヨブが本人と見分けがつかないほど苛酷な姿になっているのに衝撃をうけ七昼夜を一緒にするものの、うまく会話が交わせない。

ここまでが「序」にあたる序曲で、ここにヨブの詩が入る。「わたしの生まれた日は消えうせよ」という有名な呪歌だ。呪歌からは壮絶なヨブの疑念が燃え上がる。

次に「破」に入る。友人たちはヨブを慰めるために、「神は絶対に善人を苦しめることはないはずだ」「罰せられるのは悪人だけだ」などと説く。これは当時のユダヤ教の古典的な教訓である。きっとそのような教えが流布していたのであろう。けれどもヨブは、そのような教えを納得できなくなっている。

友人たちは、たしかに善人でも苦難にあうことがあるだろうが、そもそも完全に潔白で汚れがない者なんているはずもなく、おそらく天使だって完全ではないのだから、それに人間はついつい悪に染まりやすいのだから、神を信頼しつづけて謙虚に神に祈ればいいのではないかと勧める。

ヨブは自分がまったく悪行をはたらいていないのに、神がなぜ試練を与えたのかが理解できない。だから友人の言葉には同意できない。そういうヨブの態度を見て、じりじりしてきた三人のうちのビルダドが「いつまでそんなことを言っているのか。お前の口は嵐のようだ。神が裁きを曲げられるか、全能者が正義を曲げられるか」と罵《ののし》る。

他の友人もヨブを批判する。友人たちはヨブが苦難にあっているのは、何らかの罪を犯したにちがいないからだと言った。しかしヨブにはその罪の自覚がない。そこで友人の一人エリファズはいくつもの無慈悲な行為をあげ、ヨブに濡れ衣を着せる。ヨブが小さな罪を認めないのなら、もっと大きな罪を付加させたくなったのだ。

ヨブはこれらの暴言に耐えられない。「君たちは慰めのふりをして苦しめている」「役にたたない医者だ」と、友人たちを詰《なじ》る。「黙ってくれ、私に話をさせてくれ。たとえどんなことがふりかかってもいい」という絶叫だ。驚いた友人たちは、ヨブにともかく黙って試練に耐え、毅然《きぜん》としていればいいではないかと、あわてて懐柔策にきりかえる。ここでヨブの断固とした一撃が出る。「私が話しかけたいのは全能者なのである。私は神に向かって申し立てたいのだ」。

この「神への申し立て」が可能なのかどうかという一点が、「ヨブ記」の最初の神学的分岐線になる。ヨブはすでに何度も神に跪《ひざまず》き、もし自分がまちがっているのならそのことをわからせてほしいと懇願してきたのだ。ヨブには自分が公平に裁かれているのなら、その報いをうける覚悟があったわけである。けれども神は沈黙したままにいる。なぜ神は、主は、何も言おうとしないのか。

この疑問はものすごい。それどころか、ここからが古代文明社会の成立の仕方そのものに対してのさらに重大な問題提起になる。もし神が告発者であって、かつ裁判者であるとしたなら、いったいこの世の誰がヨブを裁けるのかという「大疑」が生じてくる。ここには「上訴のない社会」という問題が立ちはだかってくるわけなのだ。

こうして「序・破」をおえた物語はいよいよ「急」にさしかかる。問題はさらに困難な段階に突入する。ヨブは「神はどこにいるのか」「遠いところにいないのなら、自分とともにここに来てほしい」、そして「自分は神とともに裁きの場に出たい」とさえ言う。それでも神は沈黙したままだ。

悪魔のしわざなのだろうか。ヨブはしだいに絶望の淵に立つ。悪魔を非難するのではない。神に絶望するのだ。そして、自分を放っておいてほしいと願う。この場面はまさに絶望の精神の行方の暗示というものにあたっている。

けれども、こういうところがユダヤ教的なところでもあるのだが、ヨブは絶望しきれなかったのである。自害もならず、遁世《とんせい》もない。そしてついには、それならせめて「自分に対する告訴状」を神が出してくれることを一縷《いちる》の望みに託すことになる。

ここでエリファズ、ビルダド、ツォファルらの会話を聞いていた新たな登場人物である青年エリフが出てきて、ヨブの独白を聞く。けっこう長い。その直後に意外な声が降りてくる。嵐の奥から主ヤハウェの大音声が降り聞こえてくるのである。

これは何者か。

知識もないのに、言葉を重ねて、

神の経綸《けいりん》を暗くするとは。
男らしく腰に帯せよ。
わたしはおまえに尋ねる、わたしに答えてみよ。
わたしが大地を据えたとき、
おまえはどこにいたのか。

壮烈で遠大な神の声だった。いわゆる神の第一弁論の開始だ。ヨブは必死に答えようとするのだが、とても答えはまとまらない。よくぞこんなにも追いつめられた場面を入れたものである。シェイクスピアの『マクベス』もここまでではない。鷗外の『阿部一族』もここまで激越ではなかった。

ヨブの試錬はこれで済んだわけではなかった。つづいて神の第二弁論が雷鳴のごとく降り落とされる。

全能者と言い争う者よ、引き下がるのか。
神を責めたてる者よ、答えるがよい。

ヨブは神の臨在に圧倒され打ちのめされる。そしてそのとたん、「急」はあっけなく幕を閉じ、「終」になる。ヨブは天に向かって言う、「私はあなたのことを耳で聞いていましたが、今や私の眼があなたを見たのです。それゆえ私は自分を否定し、塵芥の中で悔い改めます」。

終曲はふたたび散文に戻って、三人の友人には神の訓戒がくだされ、ヨブはふたたび健康をとりもどし、財産が二倍になって復活し、友人知人たちは贈り物をもってひっきりなしに訪れるようになるというエピローグを迎える。ヨブは七人の息子と三人の娘をもうけ、四代にわたる子孫にも愛され、なんと百四十歳まで生きながらえた。

これで終わりである。このほかのことは何も書いてはいない。

なんと面妖な物語だろうか。あれほどの煩悶《はんもん》と苦悩がありながら、あれほど神を追いつめておきながら、ヨブがハッピーエンドになるなんて、これは答えのないレーゼドラマなのだろうか。

そもそもヨブとは何者なのか。実在者なのか。タルムードによる解釈では、ヨブの生きた時代は族長時代とも士師の時代ともクセルクセスの時代とも言われる。しかしながら「ヨブ記」を書いた編集者の名も出自も年代も地域も、これまであらゆる聖書研究者が調査をかけながらも、いまだ見当がつかないままなのである。ただただヨブの物語だけが二〇〇〇年以上をまたいで残されたのだ。ひょっとするとヨブなんて人物はなく、どこかの集団が体験した物語だったのかとさえ、おもわれてくる。

かくして「ヨブ記」の悪魔はメフィストフェレスとなり、神と悪魔の両者を含む超越者はスタヴローギンとなり、ヨブは馬鹿なイワンとも、ゴッホの向日葵とも、ユダヤ・キリスト教社会の未解決の象徴ともなっていったのだ。

長期にわたって編集されたのだろうとはいえ、「ヨブ記」の物語はまことに巧妙に構成されている。冒頭に、高潔な信仰者ヨブを試すにあたって神（主）が悪魔（サタン）の奸計を容認しているところが、すでに絶妙だ。このことによって「無償の信仰」に対する疑義がはさまれ、物語の全体にその証明性と証明不可能性の両方がまぶされるというマジックがかかる。たいへんな効果だ。

ヨブが皮膚を冒された難病にかかるという設定も、その後の文明社会が捺《お》したがる烙印を象徴していて、暗示的である。これが旧約聖書の数カ所に言及される「ツァーラアト」だとしたら（長らくハンセン病のこととされていた）、当時は不治を宣告されたようなものだから、ヨブのかきむしるような焦燥は「神が試したスティグマ」だったとも言える。

これらをめぐって友人たちが介入してくる具合も、絶妙だ。神学的問答だけなら高踏すぎるままにおわったところを、徹底的にカジュアルにした。日常会話に近い言葉を駆使した。「ヨブ記」がいつまでも読めるのはこの友人たちとの会話のせいだろう。あまりにうますぎるので、多くの知識人たちが読みこんだ。

知識人の反応はいろいろだ。トマス・カーライルは「高貴なる一書、万人の書」と言った。読み終われないところを絶賛した。ユングの『ヨブへの答え』（みすず書房）は穿《うが》っていた。ヨブは神自身が気づいていない神の暗黒面を見いだし、神は人間のヨブが神を追い越したのではないかと感じただろうと言うのだ。「ヨブ記」によってユダヤ教の神は「人間」の至高水準に向かうべきだ（降りるべきだ）というふうになったのではないか、それがイエス・キリストの誕生になったのではないかと穿ったのである。

ユングの推量はラカンやレヴィナスに影響を与えた。ラカンは象徴界にあるものも言語界同様に、いったん「それは私だ」と思い当たる必要があるとみなしていたのだが、そのことが「ヨブ記」にも見えるとして、ヨブが神の回答を希求したことが神にさえ「私」を問わせたと解釈した。レヴィナスは神とヨブの微妙な関係に着目して、神とヨブとがほぼ同時に「待つ」という状況に入っていることには、神と人とのユダヤ教的ステージに転換期が来ていたことを示すと指摘した。

知識人たちの感想はさまざまだが、多くの者を悩ましく思索させてきたわりに、どの感想も何かにめりこんでいくような感じがしなかった。タフではないのだ。もっとビリビリさせてくれるタフな感想はないのだろうかと左見右見《とみこうみ》しているころ、内村鑑三の『ヨブ記講演』（岩波文庫）を読んだ。内村は、これはユダヤの一人の民が到達した心霊経験を再現したものだと書いていた。

内村が「ヨブ記」を講述したのは大正四年のことである。五回にわたったようで、坂田祐《たすく》によって「聖書之研究」一八一号に『約百《ヨブ》記の研究』としてまとめられた。途中、病状が悪くなって少し急いだところはあるが（「余は自ら真理を発見したためではないが、ヨブ記十九章までに含まるる真理の余りに大なるに接して病を得た」と述べている）、「ヨブ記」全章を追いつつかなりタフに論じた。

総じて内村は「ヨブ記」が、人間とユダヤの民にとっての「艱難《かんなん》」の本質に言及しようとしたことを強調した。世界文学史上最高の叙事詩や劇詩とも読めるけれども、それは舞台上に演じられるはずもないものなのだから、各自は魂の追体験として読まなければならないとも語気を強めた。そう読むべきなのは、「ヨブ記」が聖書中最深の「哀哭《あいこく》」を描写していることに証されているとも説いて、結論として「見神《けんしん》」が問われているのだとみなした。

見神とは人が神と一体化したと感じることをいうのだが、内村は「ヨブ記」三八章の「エホバとヨブ」の対話に至ってヨブが見神を極上に体感したのだと言う。ヨブは神の真の下僕であることを、そのことを疑わなくともよいことを確信したのだと言う。

内村の見方が知識人の反応として深かったとか真相を抉《えぐ》っていたとかいうのではない。内村は「ヨブ記」を自分で引き取ったのだ。やはり「ヨブ記」はそういう一書なのである。かつてノヴァーリスが「人は生涯に一度は聖書を書くために生まれてきている」

と言って聖書を引き取ったように、「ヨブ記」は全知識人にその引き取りを迫ったのである。そうだとしたら、それは「誰が文明を引き取るのか」ということでもあったとおもわれてくる。

第四八七夜　二〇〇二年二月二八日

**参照千夜**

九七〇夜：ゲーテ『ヴィルヘルム・マイスター』　九五〇夜：ドストエフスキー『カラマーゾフの兄弟』　六〇〇夜：シェイクスピア『リア王』　七五八夜：森鷗外『阿部一族』　八三〇夜：ユング『心理学と錬金術』　九一一夜：ジャック・ラカン『テレヴィジオン』　二五〇夜：内村鑑三『代表的日本人』　一三二夜：ノヴァーリス『青い花』

歴史は最初の最初から
「犠牲」と「横取り」で始まっていた

ルネ・ジラール
# 世の初めから隠されていること

小池健男訳　法政大学出版局　一九八四
René Girard: Des Choses Cachées depuis la Fondation du Monde 1978

文明は歴史の函数である。その歴史は「くりかえす」という。何がくりかえすというのだろうか。ヒストリーはもともとストーリーを抱えもっているから、物語《ストーリー》の骨組みがくりかえされるのか。それなら因果関係らしきものが反復しているのである。そうだとすると、文明は循環しているか、あるいは悪循環のままにある。

半年前、イスラム過激派による9・11同時多発テロがおこり、その後もパレスチナで自爆テロが連打されていった。世間は騒然としたし、溜飲を下げた輩《やから》も少なくなかったが、論壇は静まりかえっていた。知識人たちはアメリカ叩きが用意周到な大規模テロに依《よ》っていたことに唖然とし、過激なムスリムが引っきりなしの自爆テロに徹していることに、何の解釈もできなくなってしまったようなのだ。そんなとき、何度かルネ・ジラールの言葉が耳もとで囁いていた。「殺さないために命を投げ出すこと、そうすることによって殺しと死との悪循環から抜け出すために、自分の命を投げ出すことをためらってはいけない」。

半ばは自爆テロを勧めているのかと感じられるような言葉づかいだが、そうではない。「世の初めから隠されていること」は暴力の正体だということを言いたくて、こんなふうに書いていた。論壇の体たらくをよそに、ぼくはあらためてジラールを読んでみる気になっていた。

ジラールは一九七二年に記念碑的な『暴力と聖なるもの』（法政大学出版局）を発表して、暴力が民族学あるいは民族心理学の課題に所属すべき問題であること、共同体の維持と成長に不可避なものであること、暴力は暴力を防止するために対向的に発生しつづけるものであることなどをつきとめていた。

その奥でジラールが考察したことは、「供犠《くぎ》」と「復讐」には必然的な、もっとはっきりいえばどうしようもないような相互関係があるというものだった。

文明と社会をつくってきたのは共同体である。共同体は、なんらかの意味での供犠をどこかでとりいれて、犠牲をつくってきた。神々に捧げる人身御供《ひとみごくう》も「みせしめ」もあった。古代社会や古い伝統をもつ共同体では、このことはごく当然の慣習だ。

ということは、供犠には必ず犠牲者がともなっているのだから、その社会ではなんらかのかたちで殺害や殺害に匹敵する行為が正当化されているということになる。殺害に匹敵する行為には、たとえば排除・放逐・左遷・弾劾・捕縛・禁錮・拷問などがある。いずれもパワーハラスメントという意味で「暴力」である。きっかけや理由はなんであれ、その暴力は大は国家や民族による戦争から、小は仲間うちの「いじめ」やリンチまで、多種さまざまだ。

制裁する側はパワハラによって相手を排除したことを、その社会や仲間のために必要な供儀であったと正当化する。ジラールは、共同体がそういうことをするのは「危機を解消し、共同体を自己破壊から救う手段」だとみなすからだと説明した。湾岸戦争やアフガニスタン空爆は、そのようにしておこった。

それなら、やられたほうはどうなるか。攻撃された側も同様のルールにもとづいた復讐や反撃をおもいつく。当然の報復だ。自分たちの仲間が殺されて、相手方がそれを供儀の正当性だと強弁するなら、本当の供儀のルールを教えてみせてやるという反撃だ。これまた暴力を伴うことになる。

攻撃した側もパワハラの理屈をふやす。たとえば、相手にはちゃんと事前に警告や経済制裁などをしたではないか、その警告を聞かなかったからあなたがたに犠牲が出たなどという理屈を持ち出すのだが、問題は理屈などではなく、どんな犠牲が出たかなのである。だから必ず互いが互いを制裁するための暴力の行使に向かう。こうして、暴力は暴力を生み、暴力の連鎖はとまらない。ときに暴力の手段も選ばれなくなっていく。テロもそのひとつである。

そしてそのたびに「犠牲」と「復讐」の道徳と意思が、つまりは正義と憎悪が、その社会や共同体のなかで強化されていく。暴力がなければ正義もつくれなくなっていく。

ルネ・ジラールはこのようなことを『暴力と聖なるもの』で説いた。しかし、それはまだ半分の主張だった。もう半分の考察のほうが大事だ。このような暴力を必然化する起源がそもそもは「文明の初動」や「神との関係」から生じていたのではないかという議論だ。本書『世の初めから隠されていること』は、この、もう半分の議論を徹底してみようという企図だった。

もう半分の議論を進めるには、われわれもいくつかの思索のハードルを越えていかなければならない。ハードルは少なくとも三つ、ある。

一つ目のハードルは、歴史の当初におこったこと(おこしたこと)の何を隠さなければならなかったのかという謎を解くことにある。強大な権力者が出現したり、特定の民族が支配力をもったりした、その当初のことである。おそらく当初にこそ重大な迫害と犠牲と、その隠蔽《いんぺい》があったはずだ。

二つ目のハードルは、そのことが歴史展開のどんな役得や権利になったのかということだ。莫大な利益を得たはずだし、金庫には金銀財宝を隠しただろうし、なによりも敵対者を殺したり封印したりしたはずだ。それによって手に入れた権利は何だったのか。そこを解かなければならない。

三つ目のハードルは、そうした隠蔽や権利がどのように正当化されたのか、その正当化の手段として戦争やテロなどの暴力が公認されていったことを、どう説明するかということだ。そのくせ小さな暴力をパワハラとみなし、その犠牲になった者に対する「憐み」にしたはずだが、その救済の感覚や制度を、一方では暴力装置の拡充をはかりつづける当事者は、どう帳尻をとっているのか、そこに言及してみることだ。

いずれも難題のハードルだが、本書を読むということは、このハードルを行ったり来たりすることなのだ。ポイントだけを順に説明しておく。

最初に「迫害」についてだが、迫害はどういうものかということを正確に説明するのは容易ではない。たんに相手に傷害をもたらしたとか、追放したとか、排除したというだけではないことが、そこにおこったはずなのだ。それは何か。ぼくが本書から読みとったのは、迫害とは実は「横取り《アプロプリエーション》」なのではないかということだ。

何を横取りしたのかというと、横取りしなければ得られないものを迫害によって手に入れたのである。ただ、その手法はバレてはいけない。別の力の持ち主が同じようなことをしてもまずい。そこで「横取り」はどのようにごまかされるかといえば、「模倣の禁止」になっていく。ぼくのようにどんどん模倣を奨励し、ミメーシスをこそ創造性の契機と考える編集的世界観の持ち主には信じがたいことなのだが、実は多くの社会で「模倣の禁止」は正当なことだとおもわれている。すなわち、「模倣はいけません。でもみなさんは自由な競争をしていいのです。それが権利というものです」というロジックで押し通すのである。資本主義の自由市場はこれでできている。しかし、これは資本主義ができるずっと前の、権力や権益が生じた当初から行われていたことだった。文明はその初めから横取りという迫害をおこなってきたのだ。

次のハードルは、どんな社会においても内々《うちうち》の暴力が兄弟や仲間のあいだで生ずるのはなぜかという問題である。日本でも織田信長の一族から西武グループの堤兄弟まで、内々こそが最初に割れてきた。これはおそらく「分身」と「暴力」がどこで結びついているかという謎を解くハードルになる。

この問題の西洋的ルーツを端的にあらわしているのは、おそらくカインとアベルの物語であろう。なぜ兄のカインが弟のアベルを殺し、神はそんなことをしでかしたカインが他の者に殺されないための印をつけたのか。そのくせ神はそのようなレッテル分けをした神自身の行為をなぜ恥としなかったのか。そういう問題だ。これはつきつめれば、神こそがどこかで分身と引きかえに暴力を肯定したにちがいないという議論に迷いこむほどの、「世の初めから隠されていること」になる。

三つ目の問題はさらに難解なもので、近現代人がこのような歴史の当初から継承されている「模倣の禁止」や「分身と暴力のトレードオフ」を、いったいどのように近代的なロジックにおきかえて、すまし顔になっているかという事情を解くことになっていく。近現代人はこの辻褄《つじつま》のあわない事情を「欲望の自由」や「市場の競争」の問題にすりかえてきた。このことについては、ジラールは一九六一年の『欲望の現象学』(法政大学出版局)でちょっとだけ話題にしていたので、ジラールにとっては出発点に帰るような問題にあたるのだが、『欲望の現象学』でも本書でも、あまりうまくは説明しきれていない。

世の初めから隠されたこと、それは暴力の正体と欲望の本質だったわけである。暴力と欲望そのものを隠したのではない。その疾《やま》しい野性を隠して新たな正当性をかぶせ、そこに市場と国家を、制覇と戦争を組みあげた。こうして歴史が始まったのだった。歴史とはそういうものだったのだ。

けれどもこの「隠されたこと」は隠されてはいなかったのだ。まる<ruby>み</ruby>えだった。のみならず、正当性はいくつもに分化して、市場にはたとえば文芸が、制覇にはたとえば学校が、戦争にはたとえば一揆が対抗していった。これらのことは、その後も何度もくりかえされてきた。それなのに文明は性懲《しょうこ》りもなく辻褄あわせを反復しながら当初の犯行を隠してきたつもりだったのである。

ダフネ・デュ・モーリアに『レベッカ』(新潮文庫)がある。奇妙な小説だ。

レベッカは富豪の夫人の名なのだが、この主人公は小説が始まるときにはすでに死んでいる。埋葬もすんでいるから死体もない。そこで物語の展開は後妻としてこの屋敷にやってきた「わたし」によって語られる。ところが話は背筋がぞくぞくするほど、すでに死んでいるはずのレベッカの〝関与〟によって怖くなっていく。そういう小説だ。いわば「世の初めから隠されていること」が暗に物語を支配しているという仕立てなのである。ヒッチコックがみごとなサスペンス映画に仕上げたので、観た者ならそのぞくぞく感がわかるだろうが、しかし、ほんとうに怖いのはレベッカの文明史的正体なのである。

旧約聖書「創世記」では、レベッカはアブラハムの子のイサクの妻のことをいう。ユダヤの父祖はアブラハムが第一代の族長で、第二代がイサクである。イサクとレベッカは長らく子に恵まれなかったが、イサクが主《しゅ》に祈るうちに双子を授かった。兄のエサウは全身が赤い毛でおおわれていて、長じて狩りの名人になった。弟のヤコブは弱い子だったけれど、知恵があった。レベッカはヤコブをかわいがった。

老いて目も見えなくなったイサクが第三代の族長を選ぶ時がきた。兄のエサウに継がせる気になっていたのだが、それを知ったレベッカは一計を案じて、父が子に祝福を与えるその場に、エサウの代わりにヤコブを変装させて送りこむことにした。声を真似させ、服装もそっくりにし、体中に赤毛に似た子ヤギの毛を巻き付けた。目が見えない父はエサウだと思って、いっさいの権限をヤコブに譲る決心をした。

ユダヤ社会は長子相続である。最初に生まれた子(長子)が家産を相続する。ヤコブはニセの長子として財産と家督を継承した。すべてはレベッカの奸計だったのである。レベッカはユダヤの当初の「始原の資産」を「横取り」したのだ。

この話には、ルネ・ジラールのいう世界は当初の「犠牲」と「横取り」を隠しているという話が暗示されている。ぼくはいつしか、これを「レベッカの資本主義」と名付けたものだ。

後続する文明の覇者が先行した文明の原初の犯行を隠してきた(つもりになる)という事情を、今日の言葉で説明するのはたいへん難しい。なぜ難しいかというと、説明のために使う概念がそもそもの歴史的背景をもって成立してしまっているからで、厳密な説明をしようとすればするほど、説明概念のルーツによる巻き返しがおこる。

たとえば「神」(God) に大文字が付いていることや、主君に対する「しもべ」を「僕」とあらわすということを、われわれは歴史的には訂正できない。history に story が入っていること、「ものがたり」に「もの」が入っていることも拒否できない。まして歴史の覇者が先行文明のすべてを破棄することは不可能だ。せいぜい服装を変えること、宮都を変じること、焚書《ふんしょ》をすること、法を改訂することくらいである。それよりも先行文明の最も狡猾で利得に富んでいただろうことを継承者が横取りし、隠蔽して、それを新時代では正当化するほうがいい。

かくて、文明の奥底でおこなわれてきたことは、この「くりかえし」だった。何かが借りられ、何かが盗まれ、何かが模倣されたのだ。そうだとすれば歴史観とは、この借りものや盗んだものや模倣されたものに目を凝らし、そこから再構成され再編集されるべきなのである。ジラールは、そう言いたかったのだ。

第四九二夜　二〇〇二年三月七日

**参照千夜**

四八七夜：旧約聖書「ヨブ記」　二六五夜：デュ・モーリア『レベッカ』

西洋二〇〇〇年を支配する
擬似アーリア主義の妖怪たち

レオン・ポリアコフ

# アーリア神話

ヨーロッパにおける人種主義と民族主義の源泉

アーリア主義研究会訳　法政大学出版局　一九八五
Léon Poliakov: The Aryan Myth—A History of Racist and Nationalist Ideas in Europe. 1971

戦前までのヨーロッパでは、大陸の人種はもっぱらアーリア人かセム人かというふうに区分されていた。ヒトラー・ナチスはこのセム人に属するユダヤ人の撲滅を謳《うた》い、アーリア主義すなわちゲルマン主義を喧伝した。『わが闘争』には「アーリア人は人類のプロメテウスである」と書いた。しかし、ヒトラー・ナチスがこのように断言できたのは長い偏見の前史があったからだった。

キリスト教は長きにわたって、人間がアダムという共通の父から生まれ、族長ノアとその息子たち、セム、ハム、ヤペテによって大きく三流に分岐したと説明してきた。ところがここにいつのまにかヤペテの子孫がヨーロッパ人になり、セムの子孫がアジア人となり、ハムの子孫がアフリカ人になっていったという俗説、あるいはまたハムは農奴の祖先で、セムは聖職者の祖先、ヤペテは貴族の祖先だという鼻持ちならない俗説が、次から次へと加わっていった。

これがアーリア神話だ。あるいはアーリア主義だ。その後この文明的俗説がどのように変遷していったかはこのあと少々案内するけれど、結論を先にいうとヒトラー以前に、アーリア神話はとっくに、しかも多様に確立していたのだった。

本書は、ぼくがこれを読んだ時点ではこの手の議論に分け入った唯一の成果だった。著者のレオン・ポリアコフは一九六六年にサセックス大学のコロンバスセンターで、かのノーマン・コーンの主導による「なぜ人種主義や民族主義は大量虐殺の歴史を演じてきたか」をめぐる研究に参加した。

コーンが提示した研究対象は、魔女裁判から人種差別まで、スペインにおける白人と黒人の分離からナチスによるユダヤ人虐殺にまでおよぶもので、人種が犠牲の対象になった背景にどんな言説が交わされてきたのかを浮き彫りにするものだった。本書はその討議と研究の説得力のある結実になっている。

それまでの歴史学では、どのようにアーリア主義が謳歌され、いつどこでアーリア神話がでっちあげられ、それがヒトラーのアーリア・ゲルマン賛歌になったのか。そこにどれほど多様な前史があったのか、ほとんど全容を摑めないでいた。そこに本書が登場した。ポリアコフの記述と解説はかなりまわりくどく、けっこう文脈がとりにくいのだが、そのぶん驚くほどのエビデンス（証拠）をちりばめていて、この難題に大きな方向性を与えた。

ぼくはこの多国籍にまたがる文脈をあらかた理解するのに、ざっと十年を要した。ヨーロッパにおける民族主義と人種主義がネステッド（入れ子）になりすぎていて、なかなかその核心が見えなかったからだ。だからうまく案内できるかどうかはわからないが、今夜は本書の記述にあらかたしたがってその前史をかいつまみ、そのうえでアーリア神話がどのように異様な超シナリオになり、それがどうしてヒトラーの言説にまでなっていったのか、あらあらの概略をマッピングしてみたい。

まず、スペインから始めるのがよさそうなのでそうするが、スペインの歴史は七一一年のイスラム侵入とその後のレコンキスタによってその前の歴史が忘れられがちである。もともとはローマ帝国が土着文化を消し去ろうとし、そこへ西ゴート族とヴァンダル族が侵入したことによって変質していた。スペインは早くに〝ゲルマン化〟していった国土だったのだ。

カロリング朝以前のヨーロッパで最も学殖があったとされるセビリアのイシドルス大司教は、西ゴート王朝のすぐれて奉仕的な理論家でもあったから、スペインを「ゲルマン的歴史の人種文化」として正当化した。すると、ここからゴート人をどのようにみなすかという歴史が躍如した。スペインのアカデミーでは、いまでも「ゴド」(Godo) といえば「古くからの貴族」のことだとみなしている。

ルネサンスではゴート的なることは（すなわちゴシックっぽいとは）、自由であって、かつ野蛮でもありうる両義性をもっていた。それゆえセルバンテスは『ドン・キホーテ』の冒頭に「高名で光輝あるゴート人ドン・キホーテ」と示したものだった。こうしたゴート認識を媒介にして、十八世紀には古代スペイン人をゲルマン人あるいはドイツ人と呼ぶという見方が広がった。そこにはイスラムの席巻を撃退しなければならなかったイベリア半島独特の「レコンキスタ的なイデオロギー」も関与した。

次にフランスが、けっこうあやしい歴史をつくってきた。フランスにとって「ゴート」に匹敵するのは「フランク」である。十字軍は「フランク人の手になる神の行為」であり、解放された奴隷は「アフランシ」で、自由にされた者の意味をもった。

フランスからすれば、フランスの地に侵入したゲルマン人とガロ・ロマン人が混交してフランク人になったのである。それがカロリング朝以降はフランク人の王が大陸の主人公となり、それにつれてオットー・フォン・フライジングの有名な『年代記』のなかで、ドイツ人はフランク人の分枝とみなされた。なんともフランスらしい矜持《きょうじ》だ。これでシャルルマーニュ（カール大帝）は「フランク人およびチュートン人の皇帝」たることを自信をもって公称できた。吹聴できた。シャルルマーニュは親しい近臣には自分のことをダビデと称《よ》ばせていた。

しかしドイツ人からすれば、ゲルマンの魂、すなわちアーリアの血をみんなフランク人がもっていくのは許せない。ドイツ人はタキトゥスの『ゲルマニア』を論拠に、シャルルマーニュをフランス化したことを詰り、ライン河のこちらにこそアーリアの起源があることを主張した。

かくしてルネサンス期にはフランスとドイツ両者の言い分が早くも大いに食い違ってくるのだが、ここにフランソワ・ド・ベルフォレの『わが祖先ガリア人』が刊行されて、ガリア人こそがフレンチ・アーリアの起源であるとの評判がたった。ギヨーム・ポステルなどもゲルマン人に対するガリア人の優越を強調した。

が、そうした論争を尻目に太陽王ルイ十四世が登場すると、フランスは強引にもゲルマンの系統樹もフランクの系統樹もおしなべて配下にしてしまったのである。十七世紀のジャン・ラブルール神父以降は、「元来、フランス人は完全に自由で、完全に平等なのである」というふうになり、この見方がサン・シモンにもモンテスキューにも伝染していった。モンテスキューは古代ゲルマン人を「われわれの父」とさえ呼んでいる。

　こういう手放しのガリア主義・ゲルマン主義をこっぴどくやっつけたのは、皮肉な歴史家ヴォルテールだった。ヴォルテールはフランスにはフランクの家系を引くものなどひとつもないと言ってのけた。一方、同じ啓蒙派でもディドロのほうはこれを緩め、あえて語源を持ち出して「フランク、フラン（自由）、リーブル（自由な）、ノーブル（貴族）」などが同じ語源であることを仄《ほの》めかした。

　しかしフランス革命は、これらの議論をいったんご破算にした。フランス革命は「抑圧者ローマ人、被抑圧者ガリア人、解放者ゲルマン人」という三つ巴《どもえ》の構図を現出させ、これをさかんにふりまいたのである。ギゾーは集約して、「フランス革命は結局はフランク人とガリア人の対立だった。それが領主と農民の、貴族と平民の対立で、そこに勝利と敗北があらわれたのだ」と述べた。

　フランスのアーリア神話はかなり混乱していたわけだ。フランス革命とフランスの歴史を最も公平に記述したジュール・ミシュレさえ（ぼくが好きなあのミシュレさえ）、「人種は重なり合っていく。ガリア人、ウェールズ人、ボルグ人（古代ベルギー人）、イベリア人というふうに。そのたびにガリアの地が肥沃になっていって、ケルト人の上にローマ人が重なり、ゲルマン人がそこへ最後にやってきたのだ」と書いた。

イギリスとは何か。

十一世紀以前のイギリスは多数の民族の到来によって錯綜していた。ブリトン人、アングル人、サクソン人が先住していたうえに、そこへケルト人、ローマ人、ゲルマン人、スカンディナヴィア人、イベリア人などがやってきて、最後にノルマン人が加わった。大陸の主要な民族や部族は、みんなイギリス島に来ていたのだ。

この混交が進むにつれて、本来は区別されるべきだったろう「ブリティッシュ」と「イングリッシュ」の境い目が曖昧になっていった。今日、キラー言語として世界を侵蝕している「英語」とは、こうした混成交差する民族たちの曖昧な言語混合が生み出した人為言語なのである。それゆえOED（オックスフォード英語辞典）後の英語は、これらの混合がめちゃくちゃにならないようにその用法と語彙を慎重に発達させて、「公正《フェアネス》」や「組織的な妥協力」や「失敗しても逃げられるユーモア」を巧みにあらわす必要があったわけである。

こうした調整をするにあたってイギリス人は、自分たちの起源神話をギリシア・ローマ神話にもケルト神話にも、ゲルマン神話にも聖書にも求めることにした。こんなちゃっかりした民族はない。もっとちゃっかりしているのは、このイギリスから派生したアメリカ人だったろう。そのことはトマス・ジェファーソンらがアメリカ合衆国の起源神話として、ひとつにはサクソン人の首領ヘンギストとホルサによる海洋横断をあげ、もうひとつにメイフラワー号の渡航をもってユダヤ人による砂漠横断につなげたことにあらわれている。

ブリトン人は自分たちの「最初の横断」のことなどすっかり忘れていた連中だった。そこでやむなく、セビリアのイシドルスの記述に従って、自分たちの名の由来になる祖先として「ブリットないしはブルタス」という名を選び出し、これをせっせとヤペテの系譜につなげた。イギリス史学の父と呼ばれたベーダは「ジュート、アングル、サクソンがゲルマニアの地からやってきた」と書いた。

この系譜はのちに書き換えられた。アルフレッド征服王の史実を正統化するための変更だ。そのうちゲルマン部族のなかで、アングル族とサクソン族のみが（つまりはアングロ・サクソンのみが）、最高神オーディンにまでさかのぼりうる系譜をもっているとともに、セムの系譜に直結しているというふうになったのである。

イギリス人はヤペテの系譜ではなく、ノアの長子のセムの系譜のほうに位置づけられたのだ。これでうまくいった。アーサー王伝説や獅子王リチャードの伝説がその線でかたまり、その後のイングランド王たちは自分たちがセムの末裔であって、「モーセの民」であることを誇るようになったのだ。ヘンリー八世も、クロムウェルやジョン・ミルトンのようなピューリタン派も、さらにはウィリアム・ブレイクでさえ、イギリス人をモーセの民に帰属させることに賛意を抱いたことには、驚かざるをえない。

さっそくイギリス人とユダヤ人を積極的に結びつける理屈がいろいろ試みられた。ジョン・トーランドの『大ブリテン島およびアイルランドにユダヤ人を帰化させる理由』は、そういう一冊だ。逆に、そんな安易な選択に反対するウィリアム・プリンの『イングランドへのユダヤ人の召還に反対する小論』なども出回った。

しかし近代に向かってイギリス人の血を沸き立たせたのは、ウォルター・スコットの『アイヴァンホー』（岩波文庫）と『ウェイヴァリー』（万葉舎）のほうだ。『アイヴァンホー』は十二世紀のイングランドを舞台にした熱血小説で、『ウェイヴァリー』は一七四五年のジャコバイトの反乱を素材に若い草莽《そうもう》の血を描いたもので、それぞれ英国浪漫を滾《たぎ》らせた。イングランドの血統はスコットランドの血統に対峙し、イギリスの血潮はフランスの血潮を凌駕《りょうが》してしまったのである。

話をイタリアに進めるが、イタリアをフランスやイギリスやスペインと同断の視点でみるのはやめたほうがいい。むろんイタリアの地でも多くの部族や民族が通過していった。ギリシア人、ガリア人、ゴート人、ロンバルディア人、ビザンチン人、ノルマン人、フランス人、ドイツ人、スペイン人などだ。

さまざまな民族が通過したが、イタリアはフランスやイギリスとちがって、これらの民を決して自分たちの歴史の中心に組みこんではこなかった。イタリアはつねにウェルギリウスが描いた「アエネーイスの物語伝統」と、そこから国が築かれた「古代ローマの遺産」と、そして「歴代のローマ教皇」の上に成立し、いかなるイタリア性も別の国々から援用してはこなかった。

強調しておいていいだろうが、イタリアにはフランク神話やゴート神話に類したもの、たとえばロンバルディア神話といったものは一度も現出しなかったのだ。ロンバルディアは「ロング・バルブ」(長い髭) という以上の意味をもってはいなかった。中世都市国家群すら、イタリアの民族主義に何の装飾も加えなかった。

こうした純血イタリア主義ともいうべきを、ルネサンスに向かって派手に確立させたのは、やはりのことイタリア起源神話の流れに最も貢献したダンテである。そのことは『神曲』(岩波文庫ほか) がウェルギリウスの案内による世界めぐりになっているということでも、シーザー (カエサル) を殺したブルータスとカッシウスが地獄の第九獄に配下されていることでも、よくわかる。いいかえれば、ダンテはイタリアを通過した数々の族長には決して関心を示さなかったということだ。ダンテだけではない。ルネサンスのユマニスムを謳歌したペトラルカやボッカチオだって、その代表作『著名男子列伝』や『異教神系譜』に一人の古代ギリシア人すらとりあげなかったのだ。

以来、イタリアはマッツィーニが「第三のローマ」を謳い、ガリバルディが「ローマか死か」と訴えたように、みんなが〝ロムルスの子孫〟というアーリア人になりたがったのである。

では、いよいよドイツである。

ふつう、イタリアが「個人主義と懐疑主義」に片寄るのなら、ドイツは「群衆心理と熱狂」に加担してきたと言われてきたはずだ。しかしニーチェが言ってのけたように「ドイツ人を定義することなど不可能なのである」。

ドイツ人には「ゲルマンの初期」と「大ドイツの初期」とのあいだに断絶を見る傾向がある。初期ドイツ人がゲルマン系の言葉を喋《しゃべ》っていたというなら、すでにクローヴィスとシルペリクの時代がゲルマン的であったのだし、新たにドイツ的なるものがどこから芽生えたのかというのなら、ドイツ（Deutsche）という語そのものの語源が示しているように、多様な部族間の言語的共同体のあいだから生まれてきたものだった。

この部族間の言語的共同体のあいだこそが、ドイツ・ナショナリズムの原郷である。このことを真っ先に称揚したのは、誰あろうマルティン・ルターだった。ルターの『ドイツ国民のキリスト教貴族に与う』に明白だ。

一七八〇年、プロシアの政治家フリードリッヒ・フォン・ヘルツベルクは、ゲルマン民族（アーリア民族）の発祥地はブランデンブルクであって、そここそが「新しいマケドニア」であると言ってみせた。これが何を意味するかといえば、ロマン派の巨人ジャン・

パウルがそれをドラスティックに示唆したのだが、「ヨーロッパにおけるどんな戦争も、つまりはドイツ人のあいだの市民戦争にすぎない」ということなのである。

もうひとつドイツを象徴していることは、あらゆるローマ的なるものを軽蔑してきたということだ。オットー大帝が即位した九六二年にすでに、大帝の信頼を一身に浴びたクレモナのリウトプランド神父が次のように断言したことにあらわれていた。「われわれ、ロンバルディア人、サクソン人、フランク人、ロートリンゲン人、バヴァリア人、ズエーヴェン人、ブルクントセ人は、ローマ人に対してきわめて大きな軽蔑の念を抱いているので、われわれが怒りを表現しようとするとき、敵を罵るときに、ローマ人という言葉を使うのである」。

ドイツはその歴史の当初から、民族の秩序としての「ドイツ的な魂の共同的原理」をかこってきた。そう、言える。しかしながら、こんな「ドイツ的な魂の共同的原理」などというものがそうそう現実にあるわけがない。それは〝理想のドイツ〟という共同幻想の上に咲かざるをえないものだった。しかしその程度の共同幻想では、日本の「八紘《はっこう》一宇《いちう》」や「大東亜共栄圏」がそうであったように、ふつうならどこかで歪《ゆが》む。

ところがドイツにあっては、宿敵フランスとの対立対比が歴史上たくみに作動して（三十年戦争など）、たえず崩れることが避けられてきた。その最も顕著な例が、ナポレオン戦争によってクラウゼヴィッツのドイツ・ストラテジー（戦争論）が確立し、フィヒテの『ドイツ国民に告ぐ』（岩波文庫・玉川大学出版部）が熱狂的に受け入れられていったことなどにあらわれた。

もうひとつ、ある。「ドイツ語がヘブライ語に先んじていた」という勝手な共同幻想が、大ドイツ主義の形成にあずかった。このことは「ドイツ人の世界精神」という観念をいつのまにか肥大させ、疾風怒濤時代のシラーがまさにそうであったけれど、「ドイツの世界精神が人間の教育を永遠におこなうための資源である」という妄想にまでふくらませていったのである。これらがやがてワーグナーやヒトラーのアーリア神話に行き届いていったのだ。

ロシアはどうか。ロシアには長らく五つの伝承が組み合わさってきた。ロシアという名称の起源となった「ルーシ」の伝承、スラブ族としての伝承、キエフの年代記がもたらすネストルの伝承、各種の民俗習慣やロシア正教の伝承、そしてビザンチウムやロマノフ王朝の伝承である。

これらの伝承はしばしば「ウラジミール公たちの伝説」というふうに束ねられていたけれど、実際にいくつもの伝承が一つに向かっていく結節点となったのは、一四七二年にイヴァン三世がギリシアの王女ソフィア・パレオログと結婚したことだった。こうして国民的紋章がビザンチンの双頭の鷲になり、それにふさわしいモノマクの王冠や白い三重宝冠が用意され、モスクワが〝第三のローマ〟とみなされた。

そこに加わったのが、ロマノフ家のアナスターシャと結婚したイヴァン四世（雷帝）による「私はロシア人ではない。私の祖先はドイツ人だった」という宣言だ。雷帝はロマノフの王家がアーリア化し、ゲルマンの矜持をもてることを示したのだ。

この路線を拡大したのはピョートル大帝である。大帝は一七〇〇年前後の北方戦争で領土を著しく広域化すると西欧主義を積極的にとりいれ、ロシア官僚主義とロシア絶対主義を築いた。しかしいくらピョートル大帝が夜郎自大なことをヨーロッパに向けて喧伝しても、ドイツ人からすると、ロシア人とはアジア起原の民族か、もしくはアッティラに率いられてヨーロッパに侵入したフン一族の末裔にしか見えなかったのである。

こんなひどい侮辱は吹き飛ばさなければならない。それに着手したのはピョートル三世に嫁いでこの愚鈍な夫を放逐したうえ殺害し、ロシア全土に農奴制を強化していったエカテリーナ女帝だった。三度のポーランド分割、再度の露土戦争を押し切り、フランス革命を憎んだ稀代の女帝は、スラブ人の人種的優越を鼓吹し、晩年にはスラヴォニア語が人類最初の言語だと自分で執筆するほどになっていた。

こうして、さしもの不毛の地を多くかかえるロシアにも、カラムジンの『ロシア国家の歴史』や国民詩人プーシキンの歴史観などが出回るようになっていく。実際には、プーシキンの友人だったチャーダーエフが『哲学書簡』に述べたように、ロシアの唯一の特異性は「無」の中にひそんでいたのかもしれない。ロシア革命前のナロードニキの運動、ロシア革命のボルシェヴィズムの運動、ロシア革命後のユーラシア運動などを見ると、チャーダーエフの暗示は当たっていたようにもおもわれる。

以上が、各国に用意されていたアーリア神話の、それぞれの〝正当化〟のためのプレ言説である。各国でてんでんばらばらに出入りしてきた言説ではあるが、それが奇っ怪にもしだいに「一つのアーリア神話」に向かって超シナリオ化されていったのだ。

なぜそんな驚くべき超シナリオがつくられることになったかといえば、冒頭にも書いたように、ヨーロッパ各国に〝人類の単一性〟についての「聖書に代わる新たな神話」が必要になっていったからだった。

人類をアダムの末裔として提示したはずの聖書については、早くから疑義がもたらされていた。十世紀のアル・マスウーディーは「すべての人間が一人の父のもとから派生した」という考えのおかしさを指摘して、アダムの前にざっと二八種ほどの民族が先行していたことを主張した。以来、このような勝手な仮説はさまざまなヴァージョンとなって歴史思想をかいくぐってきた。とくにこの手の仮説がまことしやかに立案されていったのは、なんと〝人間復興〟に耽ったはずのルネサンスに入ってからのことである。それも世界思想の駆動エンジンに大きな寄与をもたらしてきた人物たちの手で立案された。

たとえばパラケルススはアメリカの土着民は〝別のアダム〟の系譜に属するだろうと問い、ジョルダーノ・ブルーノは「人類はエノク、レビヤタン（リヴァイアサン）、アダムという三つの祖先をもっていた」と説いた。イギリスでは詩人のクリストファー・マーローや数学者のトマス・ハリオットが「ヨーロッパのどんな外国でもアダム以前の人間たちの末裔がひしめいているはずだ」と述べている。

こうした言説がアーリーモダンおいて最初の異様なセンセーションに達したのは、ボルドー地方のマラーノだったイザク・ド・ラ・ペレールが『ユダヤ人の召還』（一六四三）や『前アダム仮説に関する神学体系』（一六五五）を発表したときである。ラ・ペレールは聖書の年代記をいったんご破算にして、フランス王たちは「かつての選ばれた民」を国内に召還したほうがいい、そうすればユダヤ人以外の祖先によるダビデの王国を復活することも可能になると強調した。

これは、アダムがユダヤ人のみの生みの親であって、それ以外の選民がもっといるはずで、そこには「われわれのルーツ」もあるはずだという主張でもあった。いささかおっちょこちょいだったデカルトやメルセンヌはこの主張にけっこう心を動かした。さすがにパスカルは一笑に付している。

このような新しい人類起源論の流行を、いまではまとめて「複数創世説」ということができる。人類複数起原説だ。思想家のお歴々たちに人気があった。

異説が好きなホッブズやスピノザ、後期ヴォルテールや後期ゲーテも加担した。しかし、いざこの仮説を現実社会にあてはめようとすると、けっこうな難題が待ちかまえていた。その難題に最初に出会ったのがスペイン人だった。南米を侵略したスペインが原住民に布教することになったとき、インディオをアダムの末裔と見るか、それとも異民族と見るかで布教方法が論争になったからだ。

ドミニコ会の修道士バルトロメ・ラス・カサスはインディオをアダムの末裔とみなした。その解釈にローマ教皇庁もフェリペ二世も同意した。ここでは「複数創生説」は破れたのだ。他方、スペインから奴隷労働力として南米に連れていくことになったアフリカの黒人たちについては複数説をとり、「白いインディオ」と「黒いエチオピア人」(黒いアビシニア)を区別した。むろんインディオをアダムの民と見ることと、黒いエチオピア人を白いインディオと対比させることには、あきらかに矛盾があった。

そこで何らかの工夫が必要になった。その工夫に貢献したのが『ノアの方舟あるいは諸王国の歴史』(一六六六)を書いたドイツ人のゲオルギウス・ホルニウスである。ホルニウスはノアの末裔に分岐をもうけ、ヤペテ系が白人になり、セム系が黄色人種になり、ハム系が黒人になったとしたのだ。

やがてスペインの時代がオランダに移り、それがイギリスに移っていくと、こうした人種論に〝科学の目〟をからめることが流行した。ラ・フォンテーヌはそうしたイギリス人の趣味を、「いたるところで科学の王国を広げているイギリスのキツネたち」と呼んだ。アーリア人種は「科学の王国の住民」にもなったのだ。

近代科学のプロトタイプとなった数々の科学論や哲学論が、人種についてそうとうにめちゃくちゃな議論を正当化しようとしていたことについては、もっと知っておいたほうがいい。

ジョン・ロックは「猫とネズミをかけあわせた動物」がいるだろうように世界の人種を見ていたし、レオミュールは「ニワトリとウサギのかけあわせに類する実験」のあれこれに成功したとフランスでは信じられていた。「最小作用の原理」を確立した数学者で、ベルリン科学アカデミーの会長だったモーペルテュイでさえ、皮膚の白さと黒さを比較することがきっと人種の優劣を決める科学になりうると考えていた。

なかで最も有名な過誤を犯したのは、かの分類学の泰斗のカール・リンネだ。その『自然の体系』にこっそり〝人間〟の項目を入れたリンネは、大胆にも次のように人種分類をしてみせたのだ。

◎エウロパエウス・アルブス（白いヨーロッパ人）＝白くて多血質。創意性に富み、発明力をもつ。法律にもとづいて統治される。

◎アフリカヌス・ルベスケウス（赤いアメリカ人）＝赤銅色、短気。自己の運命に満足し、自由を愛する。習慣に従って自身を統治する。
◎アジアティクス・ルリドゥス（蒼いアジア人）＝黄色っぽい、憂鬱質。高慢、貪欲。世論によって統治されている。
◎アフェル・ニゲル（黒いアフリカ人）＝黒くて、無気力質。狡猾、なまけもの、ぞんざい。主人の恣意にもとづいて統治されている。

リンネの〝理論〟はビュフォンの「退化の理論」に受け継がれ、やがてはルソーの『人間不平等起原論』の中で想定された〝自然人〟のカテゴリーにまで突っ込んでいく。こうして事態は十八世紀末のクリストフ・マイナースの「人種理論」の創成に向かっていったのだ。マイナースはのちにナチスが評価した〝早すぎた人類学の父〟となった過誤の先駆者だった。

近代思想の流れのなかで、ダーウィンの進化論ほど誕生したその日から勝手に歪曲されていったものはなかった。なかにはスペンサーのように、まっとうに社会進化論に適用されたものもあったけれど、おおかたは度しがたい進歩思想と優生思想がさまざまに組み立てられ、捏造《ねつぞう》され、流布していった。

その頂点にいたのがフランスの外交官で歴史家で、また東洋史の研究者であって、かつ人種的社会学の創始者ともなったジョセフ・ゴビノーだ。悪名高い『人種不平等論』

を書いた。

ゴビノーは聖書の読み直しから出発し、「創世記」が「美と知と力をひとりじめ」にしている白い人類を強調していることに着目すると、その白い人類は北方アジアから出てきたと推理した。ウクライナ平原を遊牧していたキンメリア人やスキタイ人を含む「アーリア人」に、白い人類の源流を見いだしたのだ。このアーリア人はそれまでの聖書学の慣習に従って「ヤペテの民」と呼ばれた。ゴビノーは、ヤペテとハムとセムが最初の白人となりながらも、それが分岐していったとみなしたのだ。

ゴビノーは人種には「人種の本能」というものがあり、そこに吸引の法則と反発の法則がはたらくと考えて、これこそが宿命的な歴史科学なんだと思いこんでいた歴史家だった。吸引の法則というのは人種の混交を受容していく傾向のことを、反発の法則は混交を避ける傾向をいう。二つの法則がはたらいて、ハム人は黒い血との混交を吸引しすぎて飽和と劣化をくりかえし、セム人はそれよりもゆっくりした程度ではあるが劣化した。それに対してヤペテの子孫であるアーリア人は、キリスト教の初期時代あたりまで純粋を保ってきた。ゴビノーは、そう、あてはめたのだ。ちなみにユダヤ人はセムの初期の血をやや純度をもってきた者とみなされた。

ゴビノーは、どうにも理屈の整合性がない構図を自信をもって提示したのである。もっとも、アーリア人もキリスト紀元以降はフィン人をはじめとする各種の民族と混交したためしだいに堕落していったと見て、決してドイツ人ばかりに好意の例外性を与えはしなかった。

ゴビノーのトンデモ仮説は、当初はまったく評価を受けなかった。ゴビノーはがっかりしていた。そのためオーギュスト・コント、エルネスト・ルナンらはゴビノーを慰め、君の主張はきっとゲルマン諸国で受け入れられていくだろうと激励したほどだった。実際にはゴビノーとはべつに次のような思想家たちが似たような言説を強調したため、このトンデモ仮説はまことしやかな恰好で広まった。

たとえば、〝自然哲学の父〟と称ばれたシェリングは白人には最も重要な高貴があると考えて、『神話の哲学』では人類を「人間的な人種」(ヨーロッパ)、「動物的な人種」(アフリカ・アメリカ)、「中間的な人種」(アジア)に分けた。そのうえで「コーカサスの人種の祖先のみがイデーの世界に入りこむことができる唯一の人間だった」と、暗にアーリア人を称揚した。ドイツの自然主義哲学のパイオニアになったローレンツ・オーケンも、モンゴル人、アメリカ・インディアン、アフリカ黒人に言及し、結果的にゴビノーの歴史科学に似た言説を披露した。「黒人が赤面できないのは、内面的な生活がないからである」などという噴飯《ふんぱん》ものの強烈な差別発言もまじっていた。

ヘーゲルだって、同じような人種論を展開した。有色人種や黒人に対して劣等性を与えただけでなく、アフリカのような地域の全体を世界史の枠組みから外してしまった。それどころかヘーゲルの世界史は、①ゲルマン民族の発端からシャルルマーニュまで、②シャルルマーニュから宗教改革まで、③宗教改革からヘーゲル自身の思索の成就まで、というような鼻持ちならない三段階でフレーミングされていた。

無神論者のフォイエルバッハはちょっと捻《ひね》りを加えた。たいしたアイディアではないが、ゲルマン的本質に男性的な哲学原理を、フランス的なるものに女性的な思索原理を対比させたのだ。そのほか、昭和初期の日本で大流行した『唯一者とその所有』のマックス・シュティルナーはやや積極的に「人類の歴史は、コーカサスの人種の天を征服していくことになるだろう」と予想した。もしそれがナチスの先取りだったとしたら、シュティルナーがヒトラーの先駆者だったということになる。

マルクスやエンゲルスはどうだったかといえば、残念ながらこの件についての例外になりえていない。エンゲルスの『自然弁証法』は人種の下等性を動物に譬《たと》え、黒人には数学能力がないだろうと書いた。ただ、セム人とアーリア人については同一のホリゾントに並べた。

ショーペンハウアーはどうか。さすがに人種主義には陥ってはいなかったろうとぼくはおもっていたが、本書の著者はショーペンハウアーが「アーリア主義」と「セム主義」を対比させるという方法をドイツ国民に普及させるにあたって、最も影響力と洗脳力を発揮した最初の人物だったと見ている。そうだとするのなら、この「意志と表象の哲人」はユダヤによって窒息された西欧思想をユダヤ思想から解き放つのに、はからずも貢献してしまっていたのだということになる。それならビスマルクも同じ役割をはたしただろう。この鉄血宰相はゲルマン人を奮い立たせるのに、たいていスラブ人とケルト人を引き合いに出したのだ。

歌と社会の革命詩人ハイネとなると、もう遠慮もしていない。「われわれドイツ人は最も強く最も知的な民族である」と歌って次のように高揚させた。「われわれの王朝はヨーロッパすべての王位を占めており、わがロスチャイルドは世界のあらゆる財源を支配しており、わが学者たちはすべての科学を支配しており、われわれは火薬と印刷術を発明したのである！」。ずいぶんの誇張だが、こうなるともはや誰だって〝早すぎるヒトラー〟だったのである。

通俗科学者たちもドイツ・アーリア主義の普及に寄与した。カール・カールスはジネコロジー（婦人科学）を標榜《ひょうぼう》して無意識にひそむゲルマン魂を説明して、ドイツ人のプシュケーを見えるように仕立ててユングの先駆者の役割をはたしたし、ヴォルフガング・メンツェルは「ゲルマン狂い」（ゲルマン・マニー）になることこそ、普遍的な人間の魂や悲劇に触れうることだと訴えた。

もはやニーチェは間近かなのである。ニーチェはプロメテウスの神話とアダム堕落の神話をアーリア的本質とセム的本質に結びつけた。決してアーリアン・スピリットばかりを強調したわけではなかったけれど、それはニーチェ自身の思想においてはそうであっただけで、これを読んだ者たちには「超人」こそアーリアン・スピリットの体現者と映っていったはずだった。

こうして世紀末に向かって、ゴビノーのアーリア主義は数々の思想の意匠と尾鰭《おひれ》を身につけ、数々のえり抜いた言葉に飾られ、ついに一人の音楽家によって絶頂にまで高められたのだ。それがリヒャルト・ワグナーのオペラ・ファンファーレというものだ。もう、どうにもとまらない。

ダーウィンがうっかり『人間の由来』を書いたのはよけいなことだったかもしれない。すでにパリに発足していた人類学会にとって、ダーウィンが人種にも進化生物学が適用できるというお墨付きをもたらすかたちになっていったからだ。

フランスの形質人類学のリーダーとなったポール・ブロカは「アーリア人種という用語は完全に科学的である」と確信し、ヘブライ人の原型である〝ヘブロイド〟などという人種を提唱したほどだった。堰《せき》は切って落とされたのだ。こうなっては誰もが黙っていない。マルスラン・ベルトゥロは「アーリア人とギリシア人が比喩の多い言葉を使う理由」を語り、イッポリト・テーヌは「言語と宗教と文学と哲学とが血と精神の共同体となりうる理由」をとくとくと解説し、言語と文化と人種をごちゃまぜにすることにあれほど警戒をしていた文化人類学の創始者であるエドワード・タイラーでさえ、ついついアーリアン・ヒストリーについては寛大な姿勢を見せ、原始アーリア人はウラル・アルタイ系の短頭人だったのではないかといった勇み足もしてしまっていた。これでは長頭のフランク人がアーリアの源泉からずれることになる。

新たな問題も浮上していた。それは言語と人種についての関連が濃くなってきたぶん、大英帝国の植民地となったインドについての調査と研究も深まってサンスクリット語の研究が進み、ヨーロッパ・アーリアとインド・アーリアの区別がつきにくくなっていったということだ。そのため、ここに「インド・ヨーロッパ語族＝アーリア語族」という等式がいったん浮上したのだが、ヨーロッパ人たちにとってはこれでは困る。ヨーロッパ人とインド人が一緒くたでは困るのだ。なんとかしてヨーロッパ・アーリアの優秀を強調しなければいけない。

かくて二十世紀はいっそうに、アーリアのための人類学、アーリアのための言語学、アーリアのための神話学、アーリアのための歴史学が過剰に演出されることになった。それとともに、それを言い募るには近隣の人種をもっと激しく睥睨《へいげい》するか、もっとありていにいえば糾弾する必要に迫られたのである。いよいよフランスを筆頭に「反ユダヤ主義」の旗が大きく振られていくことになる。

アーリア主義と反ユダヤ主義の結びつきを確固たるものとしたのは、エラズマス・ダーウィンの孫で、チャールズ・ダーウィンのいとこのフランシス・ゴルトンである。この男がここまでの気運に後戻りがきかないような決定的な方向を与えた。

ゴルトンはケンブリッジ大学を出るとスーダンの首都ハルツームでダーウィン家独自の調査研究に携わり、『熱帯のアフリカ』や『旅行学』といった著書を執筆するような青年研究家だった。これで気象学に関心をもったゴルトンは各地の文化地理というものの特質がどのように生まれてきたかという研究に転じて、そこからひそかに人類の遺伝形質の分類をするようになった。

やがて家系や血統によって才能が不平等に分布していることに気が付くと、『遺伝的天才』を発表して「人間性の堕落」の要因がどこかにあるだろうと究み始め、しだいに人類の今後の歴史において人種が無差別に堕落していくことを警戒するべきだと考えた。

こうして一九〇五年前後、「最も優秀な民族や人種こそが未来の人類文明を築くために断乎として残る」ということの重要性を訴えるべきだと確信すると、ついにゴルトンはそこから「優生学」(eugenics)という忌まわしい擬似科学をつくりだしたのである。優生学の目的は「不適応者が生まれるのを許さず、その出生率を抑制する」というものだった。どうすればいいか。「断種」を実施するべきだというふうになった。

ゴルトンの優生学はイギリスからアメリカに飛び火し燎原に広がった。インディアナ州とカリフォルニア州を皮切りに、アメリカ各州で断種法が次々に可決成立し、チャールズ・ダヴェンポートらによって優生記録局が設立されると、アメリカ中で断種が奨励されて、各州で数千人ずつがその対象になった。かくてアメリカでは一九二五年までに約三〇州で優生学と断種が奨励されるにいたっていた。

この優生学的断種運動がふたたびイギリスに逆流し、それがドイツに転化して、一九三三年に総統ヒトラーによる「ドイツ断種法」の成立になっていったのだ。

これでわかるように、先進列強のなかでヒトラー・ドイツはこの運動の後発部隊だったのである。多くはイギリスとアメリカが用意していたものだった。ただしドイツはその二年後に「ドイツ民族の血統と名誉を保護する法」というとんでもない法を付け加え、以降、アーリア・ドイツ民族とユダヤ人の結婚と性的関係を禁止した。

優生学が最後にドイツで開花してしまったことが、アーリア神話をユダヤ人虐殺に結びつけた。ヒトラーが一九三五年に大学教授に任命したアルフレート・プレーツは、優生学を「人種衛生学」に改変し、ドイツ最大の産業家のクルップがその研究に資金を拠出した。

アーリア神話はドイツ民族神話としての忌まわしい輝きさえ放った。パウル・ド・ラガルドがこれらを丹念に「ドイツ教」に組み替えて、ドイツ教すなわちアーリア主義をユダヤ教に対比させることに成功したのである。ラガルドは「ユダヤ人がユダヤ人をやめるのは、われわれがドイツ人になるにつれてのことだ」と言って、ユダヤ人虐殺の先鋒を切った。

問題は、そうしたラガルドの言説を初期のカーライルもトーマス・マンもバーナード・ショーも許容してしまっていたこと、そのラガルドの言説がヒーストン・スチュワート・チェンバレンによって『十九世紀の基礎』『西欧の歴史におけるユダヤ人』といった啓蒙書として普及し、それがついにアルフレット・ローゼンベルクの手による『二十世紀の神話』（中央公論社　一九三八）として、ヒトラーに献上されてしまったこと、それが『わが闘争』（角川文庫）の一部を飾ってしまったことである。

ポリアコフは次のように書いている。ヒトラーやムッソリーニは新たな神話を捏造したのではない。一五〇〇年にわたってヨーロッパを動いてきたアーリア・ゲルマン神話を『サリカ法典』や『神曲』やルターの聖書注釈のようにまっとうに援用したのである。むしろルネサンスの人文主義者や啓蒙時代の思想家たちが、この流れを一度も食い止めることができなかったことが、アーリア神話をヒトラーの手に委ねさせることになったのだ、と。

第一四二二夜　二〇一一年七月十一日

## 参照千夜

八九七夜：ノーマン・コーン『千年王国の追求』　一一八一夜：セルバンテス『ドン・キホーテ』　二五一夜：ヴォルテール『歴史哲学』　一八〇夜：ディドロ&ダランベール『百科全書』　七八夜：ジュール・ミシュレ『ジャンヌ・ダルク』　七四二夜：ウィリアム・ブレイク『無心の歌、有心の歌』　九一三夜：ダンテ『神曲』　一一八九夜：ボッカチオ『デカメロン』　一〇二三夜：ニーチェ『ツァラトストラかく語りき』　二七三夜：クラウゼヴィッツ『戦争論』　三九〇夜：フィヒテ『ドイツ国民に告ぐ』　一六〇〇夜：ワーグナー『ニーベルングの指環』　三五三夜：プーシキン『スペードの女王　ベールキン物語』　七六二夜：パスカル『パンセ』　九四四夜：ホッブズ『リヴァイアサン』　八四二夜：スピノザ『エチカ』　九七〇夜：ゲーテ『ヴィルヘルム・マイスター』　六六三夜：ルソー『孤独な散歩者の夢想』　七八九夜：マルクス『経済学・哲学草稿』　一一六四夜：ショーペンハウアー『意志と表象としての世界』　二六八夜：ハイネ『歌の本』　八三〇夜：ユング『心理学と錬金術』　三一六夜：トーマス・マン『魔の山』

黄色人種が嫌われた理由
白人至上主義が勝った理由

ハインツ・ゴルヴィツァー

# 黄禍論とは何か

瀬野文教訳　草思社　一九九九
Heinz Gollwitzer: Die Gelbe Gefahr 1962

文明は差別によって力を選り抜いてきた。ユダヤ人ばかりが排斥されたのではないし、黒人ばかりが差別されたのでもない。中国人も日本人も侮蔑された。今夜は二十世紀初頭の「黄禍論《イエローペリル》」が世界にまきちらした問題について話しておきたい。

黄禍論という〝黄色人種嫌い〟には、いくつもの背景と要素が動いている。中世のモンゴルとその亜流のすさまじい動向、そのぶりかえしともいうべき二十世紀初頭の汎モンゴル主義の運動、近世日本の長期にわたる鎖国、それにもかかわらず開国後の日本が日清・日露戦争に勝ったこと、アヘン戦争で叩いたはずの〝眠れる獅子〟の中国の目が覚めてきたこと、ロシアがそうした日本や中国に手を焼いてきたこと、などなどだ。しかしこれらを黄色人種の問題に帰着させるには、何かのトリックが必要だった。
本書はそういう黄禍論にまみれた近現代史を、めずらしくコンパクトにまとめた本だった。ただし、その観察はあくまでも欧米側からのものなので、今夜はテキストとして本書のほかに、橋川文三の『黄禍物語』（岩波現代文庫）などをところどころとりまぜて案内する。

ヨーロッパ、ロシア、アメリカで十九世紀末から二十世紀初頭にかけて、ほぼ同時に沸き上がった黄禍論は、中国人と日本人が白色人種に脅威を与えるとする説のことをいう。ドイツ語で“Gelbe Gefahr”と、英語では“Yellow Peril”という。フランス語では一八九六年に初めて使用されていた。

なぜそんな新語が国際政治舞台のキーワードになったのか。当時、三つの現象が欧米の脅威になっていた。①安価で忍耐強い黄色の労働力が白人の労働力を凌駕するのではないか。②日本製品の成功が欧米経済に打撃を与えるのではないか。③黄色人の国々が次々に政治的独立を果たして近代兵器で身をかためるのではないか。

まるで今日にも通じそうな話だが、黄禍論はそのころのアジアの力が急激に増大してきたことへの過剰な警戒から生まれた。それは中国や日本や韓国からすれば黄禍ではなくて「白禍《ホワイトペリル》」というものだった。

どんなふうに黄禍論が沸き上がっていったのか、重要なのはその異常発生の背景と経緯なので、そのアタマのところを紹介しておく。

日清戦争が勃発した一八九四年、ジョージ・ナサニエル・カーゾンというイギリスの政治家が『極東の諸問題』という本を世に問うた。イギリスこそが世界制覇をめざすというジョンブル魂まるだしの本で、斯界《しかい》ではこの手の一級史料になっている。

カーゾンは、イギリスがこれからは世界政策上でロシアと対立するだろうから、その激突の最前線になる極東アジアについての政治的判断を早くするべきだと主張して、それには中国の勢力をなんとかして減じておくことが必要だと説いた。対策は奇怪だが周到なもので、ロシアを抑えるには中国を先に手籠《てご》めにしておくべきで、それには日本を〝東洋のイギリス〟にして、その日本と中国を戦わせるようにもっていけば、きっと日本が中国を叩くだろうというものだった。「タイムズ」編集長のバレンタイン・チロルも『極東問題』を書いて、この路線に乗った。

カーゾンやチロルの期待と予想は当たった。日清戦争で日本が勝ったのだ。しかし、これで問題が別なほうへ広がった。ひょっとしたら中国だけではなく、日本こそが世界の脅威になるのではないか。いや、日本は御しやすい。むしろ中国が戦争に負けたからといって中国の経済力が衰えることはないのではないか。さまざまな憶測が広まるなかで一八九五年、イギリスの銀行家トーマス・ホワイトヘッドは『アジア貿易におけるイギリスの危機的状況』という講演をロンドンでぶちあげ、中国の銀本位制にイギリスの金本位制がたじたじになっていることをこそ解決すべきだと訴えた。

一方、こうした極東状況を横目で見ていた二人の皇帝が、まことに勝手な邪推によって唐突な符牒《ふちょう》を示し合わせた。〝カイゼル〟ことドイツ皇帝ヴィルヘルム二世がロシア皇帝ニコライ二世への手紙に「黄禍」という言葉を使い、ポンチ絵で黄色人種を揶揄《からか》ってみせたのだ。「黄色い連中を二人で叩きのめそうよ」という絵だった。

これが「黄禍」という言葉が公開された現場だが、むろんこの言葉だけが一人歩きしたのではない。実際にもまずは日本にちょっかいを出して、牽制することにした。ドイツとロシアがフランスを誘って日清戦争後の三国干渉に乗り出したのである。

翌年、ベルリンの雑誌「クリティーク」に「黄色人種の脅威におびえる白色人種」という論文が載った。二年後には東アジアの経済事情を調査するドイツ委員会が結成され、むしろ伸長する日本の経済力をうまく巻き込んで利用すべきだという報告がなされた。

そこに、イギリスのフランシス・ゴルトンのゆがんだ人種進化思想に始まった優生学という面倒が加わった。これがすぐさまアメリカに飛び火し、断種政策の拡張をおこした。アメリカはしばしばこのように、最後尾から登場してまずは自国の情勢をまとめあげ、ついではあっというまに事態を全世界化してみせるのだ。

アメリカがサラダボウルの国で、どんな移民も受け入れる〝自由の国ユナイテッドステート・オブ・アメリカ〟だというのは、今も昔も半分でたらめで、アメリカほど移民問題をたくみに国際情勢の天秤目盛として活用してきた国はない。この時代もすでに中国移民のコントロールが問題になっていて、カリフォルニアでは中国移民制限と中国人排斥の気運が高まっていた。そもそも帝国主義大好きの大統領セオドア・ルーズベルトが、中国人追放には手放しで賛成している始末だったのだ。

そこへジャパン・パワーの噂が届く。折しも多くの日本人たちがカリフォルニアに次々に移住していた。「問題はイエロージャップらしい」という声が高まってきた。ルート国務長官と高平駐米公使のあいだで日本人のアメリカ入植を自発的に縮小することにしたのだが、コトはそれではおさまらない。一九〇〇年、カリフォルニア州で日本人排除法が提案された。

加えて名門兄弟のヘンリー・アダムズとブルックス・アダムズが『文明と没落の法則』『アメリカ経済の優位』を刊行して、次のようなロジックを提供した。①文明化するとはすべてを集権化することだ。②集権化とはすべてを合理化することだ。③集権化と合理化を進めれば欧米の品物よりもアジアの品物のほうが安くなる。④世界は集権化と合理化に向かっている。⑤だからアジアが生き残り、これに気が付かないヨーロッパは滅びるにちがいない。⑥アメリカはここから脱出しなければならない。

アダムズ兄弟のロジックは強力だった。すでに『海上権力史論』を世に問うて、アメリカ中で万余の喝采をもって迎えられていたアルフレッド・マハン提督は、⑥の「アメリカはここから脱出しなければならない」を達成するための、新たな不退転の方針を打ち出した。

中国に門戸開放をさせ、その管理を列強が示しあわせてコントロールするべきだと言い、今後のパワーポリティックスは「北緯三〇度から四〇度のあいだ」に集中するだろうから、トルコ・ペルシア・アフガニスタン・チベット・揚子江流域の中国・朝鮮半島・日本、および南米のブラジルに注意しなければならないと力説したのだ。あとから見ると、このマハンの方針はけっこう事態を見抜いていた。ところがそこへおこったのが、またまた世界を驚かせた日本による日露戦争勝利だったのである。驚きばかりではない。イギリスが日英同盟を結んでいたことが、アメリカの癪《しゃく》のタネとなった。

一九〇五年にカリフォルニアに反日暴動がおこり、アメリカはロシアに勝った日本と反日の対象となった日本とをどう扱うかという二面工作を迫られた。その工作がポーツマス条約に対するアメリカの斡旋《あっせん》というかっこうをとらせた。

アメリカがこのまま日本をほうっておくはずはない。血気さかんな将軍ホーマー・リーはさっそく悪名高い『日米必戦論』と『アングロサクソンの時代』を書き、これからはきっとロシアが中国と手を結ぶだろうから、アングロサクソン連合としては中国とこそ同盟を結び、将来における日米決戦に備えておかなくてはならないと〝予言〟した。当時、京都大学で比較宗教学を講していた親日派のシドニー・ギューリックはさすがにこの〝予言〟に呆れて、急遽『極東における白禍』を執筆したが、もはや焼け石に水である。このあとアメリカの排日主義はますます強固に、ますます拡大のほうに向かっていった。

日露戦争に破れたロシアでは複雑な反応がおこっていた。この国はもともと徳川日本に関心をもっていて、プチャーチンをはじめ何度も日本沿岸に出没し、折りあらば交易や開港を迫るつもりだったのだが、それをペリーとハリスのアメリカに先を越されたわけだった。

つまりロシアには「ロシアのアジア主義」ともいうべきアジェンダがあったのだが、その外交政策がなかなか軌道にのってこなかったのだ（今なお北方領土問題がくすぶっている）。そういうロシアにとって邪魔なのは仮想敵国のイギリスだった。それゆえ十九世紀末、ブルンホーファーやウフトムスキーといった言論派は、たえず「ロシア・アジアの統合」というお題を掲げ、ときにはなんと「仏教世界制覇の計画が日中韓の連合によって進むことがありうるかもしれないから、ロシアはそれに遅れをとってはならない」というような、やや誇大妄想なアジア懐柔対策を練ったりもしていた。

それがニコライ二世のころから「黄禍」に走り、そうこうしているうちに日露戦争で辛酸を嘗《な》めた。ほれほれ、だからロシアン・アジアを早く確立すべきだったじゃないかと言ったのは、ウラジーミル・ソロヴィヨフの『汎モンゴル主義』だった。

ドイツはどうか。アーリア神話や優生学や断種政策でもそうだったように、おっちょこちょいのカイゼル（ヴィルヘルム二世）こそ黄禍のお囃子の先頭を切ったものの、国全体としてはあいかわらず微妙な立場にいた。

三国干渉、膠州湾占領、義和団事件への出兵までは、まだ日本を牽制していればよかった。だからドイツ財界の重鎮で社会進化論者でもあったアレクサンダー・ティレは一九〇一年の『黄禍』では、黄色人種によって「ドイツの労働市場が水びたしになることはないだろう」とタカをくっていた。しかし日露戦争以降、どうにも雲行きがあやしくなっていく。

アウグスト・ベーベルは中国に莫大な地下資源が眠っている以上、ドイツはこれを取りにいく列強との競争で遅れをとってはならないと警告し、フランツ・メーリングは中国や日本の脅威を防ぐには、もはやかれらの資本主義の力を社会主義に転じさせるしかないだろうと弱音を吐いた。しかしそういうドイツの黄禍論が他の列強と異なっていたのは、やはりそこに反ユダヤ主義がまじっていったことだった。ドイツの黄禍論はしだいに民族マキャベリズムの様相を強くしていった。

ざっとは、こんなふうに列強世界を黄禍論が走ったのだ。

それなら、ここまで「いじめ」を受けた日本はどうだったのかというと、黄禍論は当然、明治の日本にも衝撃を与えた。当時の日本人は黙っていたわけではなかった。たとえば代表的には鷗外、天心、漱石が反論していた。残念ながら政治家はすばやい反応を見せていない。

鷗外については、明治三六（一九〇三）年十一月の早稲田大学課外講義『黄禍論梗概』の記録がのこっている。そのなかで鷗外は、黄禍論は「西洋人が道徳の根幹を誤って社会問題を生じて、商業・工業の上で競争ができないようになりそうだと不安がっているにすぎない」と断じ、「西洋人は日本と角力《すもう》を取りながら、大きな支那人の影法師を横目で睨んで恐れて居るのでございます」「所詮黄禍論というものはひとつの臆病論なのです」と言った。鷗外はジョセフ・ゴビノーの人種差別論にも批判を展開した。

岡倉天心は『日本の目覚め』の第五章を「白禍」とし、「東洋民族が全面的に西洋を受け入れたのは問題だった。帝国主義の餌食になった」と述べ、「かれらの渇望の犠牲になってはならない」と強く訴えた。

アーリア主義は〝ユダヤ人いじめ〟の根拠となり、白人至上主義は黄色人種嫌いと〝日本叩き〟を正当化した。これは文明の闇なのかビョーキなのか末期症状なのか。何冊もの関連書へのマーキングにもついつい力が入りがちだった。

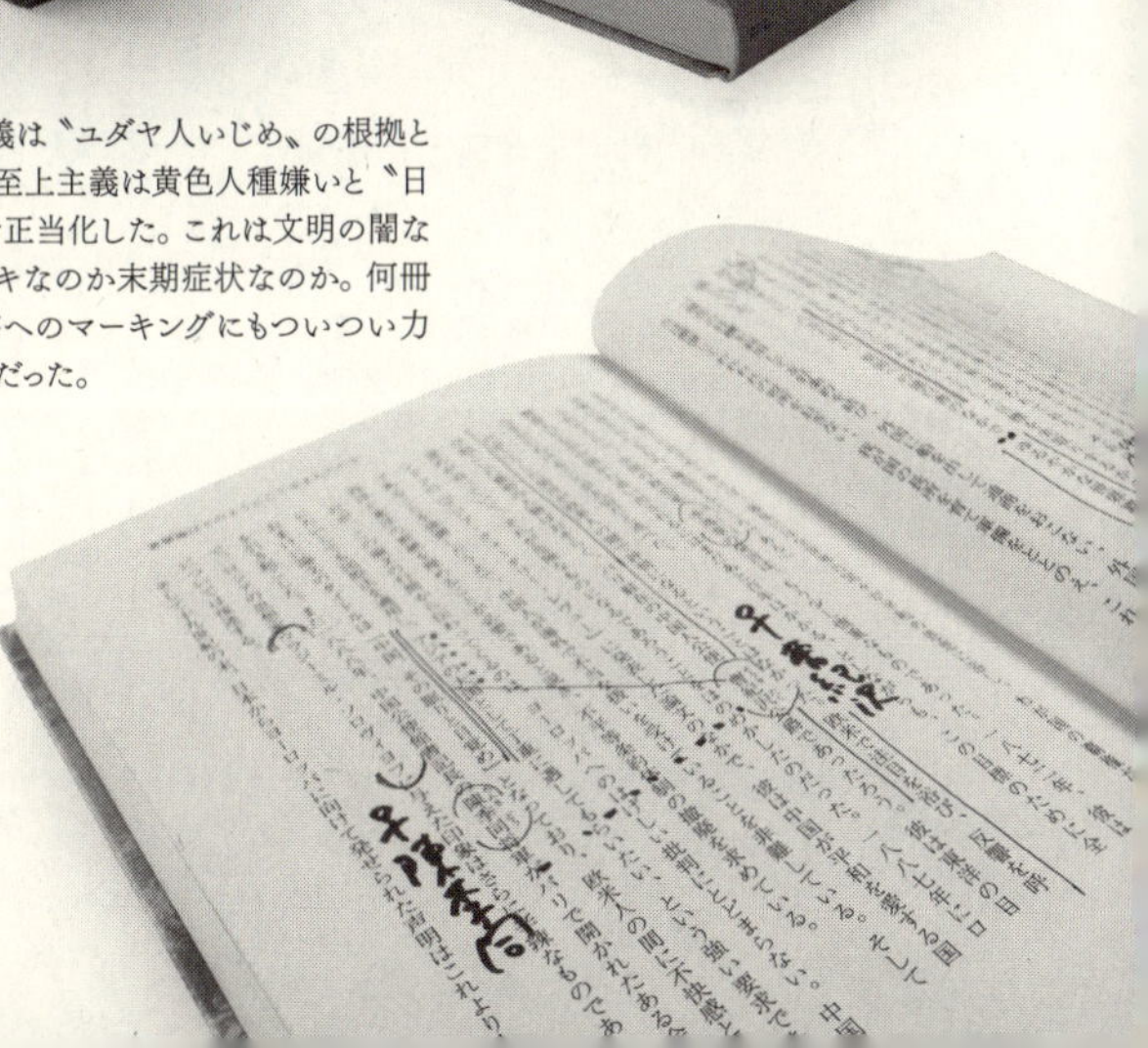

漱石が『それから』の代助に言わせたセリフは、まさに黄禍と白禍の問題の本質をついていた。こういうものだ。最近のニートやフリーターにも聞かせたい。「なぜ働かないって、そりゃ僕が悪いんじゃない。日本対西洋の関係がダメだから働かないんだ。第一、日本ほど借金をかかえて貧乏震いをしている国はありゃしない。この借金が君、いつになったら返せると思うか。そりゃ外債くらいは返せるだろう。そればかりが借金じゃありゃしない。日本は西洋から借金でもしなければ、到底たちいかない国なんだ。それでいて一等国を以て任じている。無理にでも一等国の仲間入りをしようとする。だから、あらゆる方面に向かって奥行を削って、一等国だけの間口を張っちまった。なまじ張れるから、なお悲惨なんだ」。

田口卯《う》吉《きち》のように黄禍に対抗するあまり、敵のロジックをむりに日本にあてはめた例もある。田口は『日本人種論』『破黄禍論』において、ふりかぶった「日本人＝アーリア人」説を説いたのだ。『日本開化小史』を書いて、福沢諭吉や天野《あまの》為之《ためゆき》と並び称された自由主義経済学の導入者とはおもえない。そこには「史海」の発行者であって、『国史大系』『群書類従』の編纂に当たった田口のほうの顔が強く出ていた。

このように日本人を優秀化するためにアーリア人やユダヤ人をその流れに牽強付会させようというめちゃくちゃな論陣は、この時期は田口だけでなく、黒岩涙香《るいこう》、竹越与三郎、木村鷹太郎、小谷部《おやべ》全一郎《ぜんいちろう》などにも共通していて、かつて「千夜千冊」に長山靖生《やすお》の『偽史冒険世界』（筑摩書房）を紹介したときにもふれておいたように、それ自体が黄禍に対する過剰防衛になってしまっていた。木村鷹太郎はキムタカと呼ばれた空想史学者で、キリスト教無用論や天孫降臨史の世界化などの論陣を張った。小谷部は例の「義経＝ジンギスカン」説の発案者である。当時の日本人にもたらした黄禍論の影響は、かなり面倒なものとも、危険なものともなっていったと言わざるをえない。

のちのち橋川文三は、日本に「国体」論が浮上し、天皇唯一主義が受け入れやすくなったのも、また孫文に代表される大アジア主義が流行して日本の国粋主義者がこれに大同団結しようとしたのも、どこかで黄禍論に対する反発がはたらいていたにちがいないと見た。この見方、いまこそ肝に銘じておくべき見方であろう。

黄禍論。イエローペリル。その逆の白禍論。

まことに厄介な代物だった。民族感情、地政学のバランス、資源の取りあい、歴史的怨嗟《えんさ》、軍事介入のタイミング、みんな絡んでいる。それは今日のアメリカのWASP主義、中国や韓国の反日感情、インドとパキスタンの憎悪劇、イスラム過激派どうしの歪みあいなどの厄介さからも、想定がつく。

しかしほんとうに厄介なのは、アーリア神話、ゲルマン主義、優生学、断種政策、黄禍論が、すべて一緒くたに二十世紀の劈頭《へきとう》を荒らしまわっていたということである。古代中世の文明史に関する説明不足が、二十世紀の現実の矛盾をつくっていたということだ。二十世紀はそのようにして、できあがったということだ。おまけにそのことに、明治維新以来の日本が巻きこまれ、いままたグローバリズムに加担した日本が雁字《がんじ》搦《がら》めになっているということだろう。

第一四二三夜　二〇一一年七月十六日

**参照千夜**

七五八夜：森鷗外『阿部一族』　七五夜：岡倉天心『茶の本』　五八三夜：夏目漱石『草枕』　四一二夜：福澤諭吉『文明論之概略』　四三一夜：黒岩涙香『小野小町論』　五一一夜：長山靖生『偽史冒険世界』　一四二二夜：レオン・ポリアコフ『アーリア神話』

アラブ・イスラムのズィクル（記憶）を
塗り替えてはならない

マフディ・エルマンジュラ

# 第一次文明戦争

仲正昌樹訳　御茶の水書房　二〇〇一
Mahdi Elmandjra: The First Civilizational War 1992

アラビア語の「ズィクル」は『コーラン』（クルアーン）の中に二六八回も出てくるそうだ。「記憶」を意味する。「引用する・書きとめる・思い出す・おぼえている」を含む動詞「ザカラ」から派生したらしい。

アラブ・イスラム社会では「ズィクル」を捨てることは神を見限ることである。第二次世界大戦以降だけでも、この社会は二七八回の武装対立にまみれ、ざっと五〇〇〇万人の犠牲者をつくってきた。ズィクルは「忘れてはいけない」のではなく、「忘れられないはずのもの」なのである。

本書の著者マフディ・エルマンジュラはマグレブ地域で育ったモロッコ人で、国連機関に入り、いまはモロッコのモハメド五世大学で国際関係論などを教えているが、一年の半分は世界中を飛んでいる。アラブ・イスラム・第三世界の諸国に対する勝手な介入と貪欲な搾取と意図的な支配に、頑強な抵抗を続ける怒りの人としても著名だ。エルマンジュラが育ったマグレブも、アラビア語で「日の没する国」を意味して、この地域（チュニジア以西のアルジェリア・モロッコ・リビアを含む北アフリカ地域）の宿命を感じさせる。マグレブは「日の昇る地」（東アラブ地域）のマシュリクと対応している。

そのエルマンジュラが最も重視している言葉が「ズィクル」だった。「記憶」だ。ところが、その記憶がアラブ・イスラム社会でしだいに人為的に、また暴力的に塗り替えられ、本当の記憶と虚偽の記憶とが錯綜しつつあるという。民族・文化・宗教がもってきた本当の記憶にヒビも入ってきた。

いつから、どうして、本当の記憶と虚偽の記憶が錯綜し、ヒビが入ったのか。湾岸戦争が亀裂をおこしたのである。エルマンジュラは、あの戦争は「第一次文明戦争」だったと断じた。これから何度かにわたっておこるかもしれない文明戦争の最初の一撃だと断じた。

前兆がなかったわけではない。悪い予感がしなかったわけではない。エルマンジュラが育ったモロッコでは、悪名高い「フランコフォニー」(francophonie) という政策が何度も実行され、何度も議論されてきた。

フランコフォニーは十九世紀末にフランスの地理学者オネジム・ルクリュの提唱した用語で、モロッコでは「フランス語による共同社会の実現」をあらわした。アラブ人からすれば、これによってモロッコのマグレブがフランス的な思考を強いられ、フランス的に自分たちの記憶をストックさせられることを意味した。しかしこんなことを容易には肯《がえ》んじられない。当然反撥があったし、クレオール（社会文化の複合化）が起爆しつづけた。

エルマンジュラの闘いの原点は、このような「記憶の塗り替え」にどのように抵抗すればいいのだろうかということにある。闘いを通し思索を通して気がついたことは、中東においては「集合的記憶」が世界をつくり、「集合的記憶」が世界を変えつつあるということだった。集合的記憶には二つのものがある。ひとつはズィクルのように、民族や風習や宗教がその内側で自生させてきたものだ。もうひとつは「フランコフォニー」やハリウッド映画の出来事のように外挿されたものである。

エルマンジュラはアラブ・イスラム社会自身が内なるズィクルと外なるフランコフォニーの両方に攻められて、未曾有《みぞう》の「集合的記憶の危機」に直面していることをはっきり認知した。そして、できるだけ早くそこから脱出しなければならないことを、そのために自分は何でもしなければならないということを、決断した。

そのような決断をした矢先、そこにおこったのが一九九一年一月の湾岸戦争だったのである。本書はその前後のエルマンジュラの決断と予測が入り交じって、たいへん読み応えがある。

山内昌之は「ハンチントンの罠に突き進むアメリカ」と書いた。サミュエル・ハンチントンは『文明の衝突』（集英社）によって文明衝突の予想を説いたのだが、アメリカはその予想に嫉妬して、みずから罠にはまっているのではないかというものだ。『文明の衝突か、共存か』（東京大学出版会）の序文に示した指摘だった。

ハンチントンは、現在の世界をヨーロッパ、中国、日本、イスラム、ヒンドゥ、スラブ（東方正教会）、ラテンアメリカ、アフリカの八つの文明圏に分け、これらがたとえば「西洋vs東洋」「西欧文明vsイスラム・儒教コネクション」といった構図でいずれ衝突することはあっても、近未来の世界に普遍的な文明が出現することはないと主張した。エルマンジュラ流にいえば、この八つの文明圏にはいちじるしい集合的記憶の伝統があるということになる。

しかし、この予想は「世界新秩序」の盟主を謳いたいアメリカの矜持からすると、まったくもって気にくわない。だいたいアメリカは八つの文明には入ってはいない。アメリカは自分の力で集合的記憶をつくる以外になくなっている。アメリカの記憶だけならなんとかなろう。しかし、そうではなくてそれを新たな「文明の記憶」にしていくには、アメリカが盟主となって新たな文明集合的記憶をつくる必要がある。これがレーガン、父ブッシュ、クリントンの「新世界秩序」というものだ。

こうしてアメリカは「ハンチントンの罠」にはまっていったのではないかと、山内昌之は言ったのである（日本もその罠の綱の一部になりつつある）。

ちなみにハンチントンの論文はラフなもので、精緻な分析がほとんど欠けていたが、話題になったという点では二十世紀最後のセンセーショナルな一冊となった。日本でも山内の一連の著作をはじめ、大澤真幸《まさち》の『文明の内なる衝突』（ＮＨＫブックス）や町田宗鳳《そうほう》の『文明の衝突を生きる』（法蔵館）などの、骨太い著作が相次いだ。

本書に収められたのは、湾岸戦争直前直後に書かれたものやインタビューを受けたものばかりである。けれどもそれだけに、今日でも生々しく、また筆鋒も舌鋒も、そして苦悩と怒りも新鮮だ。エルマンジュラは湾岸戦争を早くに予告していた。

いまとなってふりかえればやっとわかるように、湾岸戦争はイラクがクウェート侵攻をしたからおこったのではない。その前にとっくに決まっていた。

ただし、あのときは事態の進行が早すぎた。そのため、アメリカはイラクに壊滅的な打撃を加えたにもかかわらずサダム・フセインを捕縛できなかったのだし、多国籍軍を巻きこむ〝理解〟をぶんどったにもかかわらず、その体験は世界の集合的無意識の形成にはならなかったのである。

あのとき事態がどのくらい急速に、かつ過激に進んだかというと、一九八九年十一月にベルリンの壁が崩壊し、その一ヵ月後に米ソの冷戦終結をアピールしたマルタ会談が開かれ、そのわずか八ヵ月後に湾岸危機がおこったのだ。ソ連はまだゴルバチョフが最後の仕上げにとりかかろうとしていた時期だった。それにもかかわらずエルマンジュラはアメリカの意図を読み切って、世界は一九九〇年八月をもって、「ポスト・コロニアル」の時代に突入すると書いた。

アメリカは必ずやこのポスト・コロニアル時代の開幕に向かって「新世界秩序」をふりかざし、異様で残酷なクサビを打ちこむにちがいない。そのためにはこの新秩序の予定を乱す〝悪者〟をほしがるだろう。その〝悪者〟がいるところは東欧の民主化がおこり、ソ連解体が間近であるいま、アラブ・イスラム社会でしかありえない。エルマンジュラはそう読んだのだ。

こうしてサダム・フセインがその餌食となって、湾岸戦争が仕組まれた。たった一週間で広島の原爆の五倍もの爆弾が落ち、二週間後はその十五倍を爆撃させた。しかし、これはイラク国民とアラブ・イスラム社会に対する開戦だというべきだった。開戦日にあたった一九九一年一月十七日は、エルマンジュラの言葉によれば、世界史上最初の

「文明戦争」の開戦日なのである。

アメリカはこの日が文明戦争の忌まわしい記念日であるとは、むろん認めない。そこでビンラディン指導ともくされる全米同時多発テロがおこった「9・11」を新たな開戦日に切り替えた。この〝捏造〟についても、最近のエルマンジュラは怒っている。アメリカはイラク国民に対する湾岸戦争の暴挙について、いまだどんな説明責任もはたしてはいないのだ。

実際にも湾岸戦争の失敗に懲りたアメリカは、いままた二度目の湾岸戦争をおこそうとして、世界の賛同をとりそこねて苛立《いらだ》っている。ぼくがこれを書いている二〇〇三年二月二五日の時点でも、イラクは国連査察を受けながらもなお化学兵器をふくむ大量破壊兵器の確たる証拠を〝露呈〟させてはいない。にもかかわらず、アメリカはイラク爆撃を早々と〝決定〟しきっている。「世の初めから決まっていることだ」と言わんばかりなのだ。あのときもそうだったのである。

さて本書を読んでいると、アラブ・イスラム社会にひそむ集合的記憶がどういうものかがよくわかる。それは「ズィクル」「フランコフォニー」とともに、「イフティラーフ」という言葉に象徴されている。

イフティラーフは「差異」という意味であるが、ここにはアラブ・イスラムの開放的な多元主義がこめられている。すなわち、アラブ・イスラム社会というものは多様で多元的な社会の差異をあえて許容することによって、かれらの集合的記憶が守られるという社会だったのである。多様な差異があったほうが、アラブ・イスラムは集合知として機能するというのだ。

問題は、そこなのだ。湾岸戦争がアメリカの酷《ひど》いシナリオによるものであったことについては、本書も石油をめぐる覇権と分け前のことをはじめ、数々の視点から暴いている。しかし、エルマンジュラはそれ以上の深刻で憂慮すべきズィクルとイフティラーフの問題として、湾岸戦争が世界を「文明戦争」の名を借りた文化侵略に向かわせていることを訴える。これではアラブ・イスラム社会は科学と文化と情報の名において「聖戦《ジハード》」をするしかなくなるだろうとも、書いた。

さすがにエルマンジュラはそのジハードを「テロ戦争」とはよばなかった。また、アルカイダやビンラディンらによって、あれほど大規模のテロがおこなわれるとは予想しなかった。しかし事態の大小はあれ、すべてはついに集合的記憶を賭けた闘いとして語られる事態に突入してしまうであろうと正確に見抜き、それをこそ憂慮した。

そのようにエルマンジュラが書いてから一ヵ月後、父ブッシュは「われわれは湾岸戦争において、われわれのライフスタイルと仕事を防衛しているのだ」と演説をした。なんという低俗な演説か。もはや集合的無意識などつくれなくなったアメリカが、ライフスタイルを持ち出したのだ。それをエルマンジュラは文明戦争の対象が「文化」にさえ向かってきたと嘆いている。

それから十二年たって、子ブッシュを見ているかぎり、事態はまったく変わっていないどころか、もっと俗悪になっている。ぼくは、最近のテレビニュースに映し出されたトニー・ブレアの顔を見て、なんとも醜悪な相が出ていることにぞっとした。ヘタな吸血鬼俳優なのである。ダイアナ妃葬儀のときは、まだよかったのに。

第七二〇夜　二〇〇三年二月二五日

**参照千夜**

一〇八三夜：ハンチントン『文明の衝突』　一〇八四夜：大澤真幸『帝国的ナショナリズム』

サイード最後の一擲

バイナショナル・ステートの提案

エドワード・W・サイード

# 戦争とプロパガンダ

中野真紀子・早尾貴紀訳　みすず書房　全四巻　二〇〇二〜二〇〇三

Edward W. Said: War and Propaganda 1999–2003

①エドワード・サイードが亡くなった。最後に見た新聞写真に衰弱の気配が刻印されていたので驚いたのだが、それから数ヵ月後の死だった。ウェブサイトに『戦争とプロパガンダ』を遺した。

②イラクで日本大使館員が二人射殺された。ブッシュのイラク戦争はまだ終わらない。日本はいよいよ自衛隊派遣の決断を迫られている。

③イスラエルとパレスチナのあいだでは「仮の和解」がまたまた遠のいている。

①②③から見て、サイードの死が象徴的だというのではない。象徴的ではないというのでもない。考えることが多すぎると言いたい。考えることが多いのは、①②③を同時

に受けとめるのは、現在の日本人の思考ではきっと灼《や》けつくか、ひりつくほどの問題だということである。われわれはたとえば北朝鮮問題ひとつをとってみても、国民として（また政治家や役人や知識人として）、ほとんど灼けつきもしていないし、ひりつきもしていないままにある。こういう問題を文学や映画にもしえないままにある。

サイードはエルサレムに生まれて、カイロで教育を受け、プリンストンとハーバードで学位をとった。『始まりの現象』（法政大学出版局）、『オリエンタリズム』（平凡社ライブラリー）、『文化と帝国主義』（みすず書房）はそのすべての越境的キャリアを賭けた著書であり、告発だった。

こうしてサイードは西洋知の系譜に「オリエンタリズム」の偽装を見いだして、西洋と東洋の対立は捏造であることを指摘した。ここにはサイード自身が西洋植民地主義の辛酸を嘗《な》めさせられたパレスチナ人として体験してきた「個は類である」「類は個である」という歴史的経緯が含まれている。

これに対してわれわれは、近代日本が帝国主義の仲間入りをすることによって、やっとこさっとこ「西洋の知の系譜」を学んだという経緯をもっている。そこでは、「個」は西洋的な力を借りたものとしてあらわれ、そのうえ近代自我と日本人とが社会史と個人史の両方でぶつかった。一方、多くの日本人にとっての「類」は人類か、日本コミュニティに住む者かのどちらかなのである。アジアなんて、入っていない。このことは多くの日本人における「公」と「私」に対する認識の仕方を見るだけでも、およそ察しがつく。それゆえぼくが知るかぎりでは、「個としての日本人」を強く打ち出した知識人はめったにいなかった。

①②③が同時に並ぶと、問題がきわめて難解に軋《きし》んでくるもうひとつの理由がある。それはサイードの指摘したオリエンタリズムにおけるオリエントとは、おおむね中東やアフリカを含むアラブ社会をさしていたということだ。サイードはだから、中東に生きる者は一個の「個」であろうとする前に、「アラブ人、セム族、イスラム教徒、中東の多民族」とみなされてきたことを深彫りしてみせた。この中東感覚が日本人にはとらえにくいものになっている。

日本には中東やアラブは近代史ではまったく登場しなかったし（むしろ先端的知識人はマルクス主義やエスペラント語のような「世界」を好んだ）、現代史においても石油輸入先であることを除くと、イスラムの社会文化を含めて、やはり疎遠のままだった。日本にとっての中東がいったい何であるのか、われわれは子供たちに説明できたためしがない。

こういう見方は逃げ口上ではないかとも言われよう。たとえば問題を日本と朝鮮半島の問題に置き直しさえすれば、サイードの提起した問題はわれわれにも理解できるはずだということになる。ユダヤ民族やイスラエルの歴史ほどは古くないが、日本と朝鮮の関係は歴史資料があきらかにしているだけでも、紀元前後にまで、あるいは稲作到来あたりまでさかのぼる。「分かれて百余国」にはアジアが入っていた。清盛は日宋交易を好み、義満は明の皇帝の臣下になろうとした。そういう歴史をうけとめ、近代史における侵略と現代史における戦争の意味を現在化できるなら、われわれにもサイードに匹敵する決断や行動がもっとあっていいということになる。

おそらくは、その通りなのである。われわれの近現代史は「西洋」の役割を朝鮮半島や朝鮮民族に押しつけたのであって、そうであるなら、われわれのなかにも何人ものサイードや何千人ものサイードがいて当然なのである。

実際にも、「アジア主義」や「東洋主義」というカテゴリーは近代日本が勝手につくったもので、それは「オリエンタリズム」がもつ意味に近いはずだった。ところが、それが幸か不幸か稀薄だったのだ。岡倉天心の「東洋はひとつ」にも萩原朔太郎の「日本回帰」にも、宮沢賢治がかりそめに使った「東洋主義」という言葉にも、このような自覚は稀薄だったし、近代アジアの最大の研究者であった竹内好《よしみ》にも、朝鮮文化を愛した柳《やなぎ》宗悦《むねよし》にも司馬遼太郎にも、この自覚はほとんど芽生えていなかった。

むろんたくさんの例外はいた。藤原新也の『全東洋街道』(集英社文庫)や三九四夜にとりあげた甲斐《かい》大策《だいさく》の『餃子ロード』(石風社)は、そういう例外のひとつであったろう。こうして、われわれはサイードから学ぶべきことを、あらためて新たな例外をめざして考えこむことになる。

本書はサイードがアラビア語の日刊紙「アル・ハヤート」に隔週連載した文章をまとめたものである。いまはホームページで英語で読めるようになっている。9・11事件前後からサイードがどのようなアピールをしつづけ、何を思索してきたかが手にとるようにわかる。つづいて刊行された『戦争とプロパガンダ2』は二〇〇二年前半期の文章が、『戦争とプロパガンダ3―イスラエル、イラク、アメリカ』にはそれ以降の文章がピックアップされている。

これらは日本で編集されたもので、時代の隔たりはあるものの、このような独自の編集が進んでいることに誇りを感じることができる。大半を訳した訳者の中野真紀子さんはサイードの『ペンと剣』(ちくま学芸文庫)や自伝の『遠い場所の記憶』(みすず書房)の翻訳者でもあって、さすがに訳文も訳注も「あとがき」もまことに適確で要衝を心得ていて、サイードの面目を鮮やかに現出させている。

それでは、これらのサイードのメッセージに、われわれはどのように呼応できるのか。ぼくは残念ながらここで説明がつくほどの答えをもってはいない。答えをもっているのは、たとえば姜尚中《カンサンジュン》である。一九九五年の「現代思想」三月号で姜尚中が「東洋の発見

欧米の帝国主義的野望や欺瞞を告発しつづけたサイードは音楽家でもあった。指揮者・ピアニストのバレンボイムとは、ユダヤ人とパレスチナ人という民族的・歴史的相克を超えた友情で結ばれ、共著『音楽と社会』をものした。

とオリエンタリズム」を書いたとき、彼はサイードのメッセージの本質を嗅ぎとっていた。

もっとも、ぼくにもささやかにできることがある。それは『戦争とプロパガンダ』を、サイードの死のあとになってしまったが、二〇〇三年が暮れる前に、イラクに派遣されている自衛隊が解散する前に、サイードの最新の抵抗を磯崎新・カイヨワ・宮沢賢治・土門拳につづいて「千夜千冊」の一冊に加えることである。

本書でサイードが告発するのは、次のような事情の渦中からのメッセージだった。「パレスチナに少しでもかかわりのある者はみな、いま、気の遠くなるような怒りとショックに打ちのめされている。ほとんど一九八二年の出来事（イスラエルのレバノン侵攻）の再現ではあるものの、現在、イスラエルが（父ブッシュのあきれるほど無知でグロテスクな指示のもとに）、パレスチナの人々に仕掛けている全面的な植民地制圧攻撃は、シャロンがパレスチナ人にしかけた前二回の大規模な侵略よりも、さらにひどいものである」。

父ブッシュの無知でグロテスクな指示は、指示だけではなかった。武器と兵士とコンピュータが総動員されて、そこにヘブライ語で「ハスバラー」とよばれるものが大量に投下された。プロパガンダである。かつてジョージ・オーウェルはこのような意図的プロパガンダのことを「ニュースピーク」あるいは「二重思考」と名付けた。犯罪行為を隠蔽するのに、とりわけ不正な殺害を隠蔽するのに、正義や理性の勝利を見せかける意図のもとの広報活動をさす。

アメリカがハスバラーをしているだけではない。まったく同じことをイスラエルの首脳が世界にハスバラーした。ニューヨーカーでもあるサイードの怒りはそこにのみ徹底して向けられる。そして、イスラエルが強固になればなっただけ、それだけ中東諸国の全体に過激な厄災をもたらすこと、それとともに同時にパレスチナ社会が崩壊することを予告する。

イスラエル政府の言い分は「イスラエルはパレスチナ人のテロリズムに抵抗して生き残るために闘っている」というものだ。サイードはこれを「グロテスクな主張」「狂ったアラブ殺し」と断罪したうえで、しかしその奥にひそむ本質を抉り出した。

そのひとつは、イスラエルはパレスチナ人を「他者」として扱うことによって、中東およびパレスチナおよびアメリカに対して、イスラエルを不滅あるいは難攻不落に見せるという欺瞞がそこに作用しているということである。ここでサイードのいう「他者」がどういう意味をもつかについての説明は省く（これはなかなかむずかしい）。しかしながら「他者」の本質ではなくて、どのようにこの「他者」を利用するかという戦略ならば、すでにアメリカが「悪の枢軸」や「テロリスト」の〝指名〟によって何がやりやすくなっているかを見ればいい。

アメリカという国は南北戦争に始まって、原住民、ハワイ、ナチス、日系移民、日本、ソ連、共産主義者、黒人、キューバ、イラン、テロリスト、イラク、北朝鮮というふうに、つねに「他者」を挑発し摘発することでアメリカの正当性を強力にプロパガンダし、そのつど戦争力を強化し、戦需経済をチューンアップしてきた国である。その戦略はベトナムを除けばほとんど成功したといってよい。

ところがイスラエルはこの「他者」を内部に抱えていることを主張することで、アメリカがイスラエルを見放せないようにした。のみならずアメリカの戦略の大半を〝タダづかい〟できるようにした。こういう国は、現在の地球上ではイスラエルだけではないかというのがサイードの見方なのである（サイードは日本や中国には言及していない）。

このアメリカとイスラエルの異常ともいえるほどに欺瞞的な同盟関係を、いったいどうすれば打ち破ることができるのか。むろんサイードは対抗軍事力や対抗テロリズムを持ち出すのではない。もっと悲痛なものを持ち出した。戦争とプロパガンダに対してサイードが持ち出したもの、それは、「一つのアイデンティティ」によって「他のアイデンティティ」をけっして押しのけないという大義によって成立する「バイナショナル・ステート」（二国民国家）というものだった。

その提案がはたしてどのように有効なものなのか、サイードはそれを確かめる時をもてずに他界した。われわれはこのメッセージをどう受け取ればいいのだろうか。それにしても、①②③を同時に受けとめることを、自衛隊がイラクで何かを体験しないうちに考えるのは、やけに胸がひりつく問題だ。

第九〇二夜　二〇〇三年十二月三日

**参照千夜**

七五夜：岡倉天心『茶の本』　六六五夜：萩原朔太郎『青猫』　九〇〇夜：宮沢賢治『銀河鉄道の夜』　四二七夜：柳宗悦『民藝四十年』　九一四夜：司馬遼太郎『この国のかたち』　一六〇夜：藤原新也『印度放浪』　三九四夜：甲斐大策『餃子ロード』　九五六夜：姜尚中『ナショナリズム』　八九八夜：磯崎新『建築における「日本的なもの」』　八九九夜：カイヨワ『斜線』　九〇一夜：土門拳『死ぬことと生きること』

# 第三章
# 東風的記憶

徐朝龍『長江文明の発見』
古賀登『四川と長江文明』
宮本一夫『神話から歴史へ』
林俊雄『スキタイと匈奴 遊牧の文明』

巴《は》蜀《しょく》の文字が語る
もうひとつの中国古代文明

徐朝龍

# 長江文明の発見

角川選書　一九九八　角川ソフィア文庫　二〇〇〇

古代文明がメソポタミア文明、エジプト文明、インダス文明、黄河文明という四大文明に発祥したという教科書的常識は、いまやかなりあやしいものとなっている。たとえばインダス文明の奥にはカスピ海や黒海周辺の動向や中央アジアの文明動向があったわけである。なかで最大の訂正が迫られているのが、黄河文明とはべつに芽生えていた長江文明の動向だ。意外なところから仮説が浮上してきた。

巴《は》という一族がいた。殷《いん》王朝が全盛を誇っていたころだから紀元前十二世紀前後のことで、長江中流《ちょうこう》あたりを拠点にして大国の殷に平気で刃向かっていた。その後も春秋戦国期まで躍動した。

巴族のことはあまり知られていない。長らく伝承の中にあった。漢水《かんすい》流域にいて龍蛇をトーテムとした伏羲《ふくぎ》族と、三峡《さんきょう》にいて白虎をトーテムとした廩君《りんくん》族とを統合して生じたハイブリッドの部族らしく、かなりの呪術的部族集団としての力を見せびらかしていた。『山海経《せんがいきょう》』にも出てくる。やがて巴は鼈霊《べつれい》という治水技術に強い謎の集団とドッキングして、開明王朝というものをつくった。最近の中国歴史学ではこれ以降を「巴蜀《はしょく》文化」とよんでいる。

巴蜀文化は「巴蜀文字」という独自の文字をもっていた。文字というより絵文字あるいは図標文字ふうの〝図語〟ともいうべきもので、印章や武器や楽器に記した。単独符号が一〇〇種ほど、複合記述が二〇〇種ほど確認されている。黄河の中原《ちゅうげん》地方で生まれ育った甲骨文字や金文や漢字とはまったくちがうので、長江に育ったものと考えなければならない。そのちがいを拡大解釈すれば、長江中流域には漢字文化圏とは異なった文字文化圏さえあったということになる。

巴蜀文字の話はどきどきさせる。何者がつくったのか、読み方はどんなものだったのか、どこまで文章を成立させたのか。ずっと関心をもっていたのだが、詳細がよくわからず放ってあった。

そこへ徐中舒《じょちゅうじょ》という中国の学者が「巴蜀文字は幻の夏文字の名残りなのではないか」という驚くべき意見を出したというニュースが伝わってきた。「幻の夏文字」とは何なのか。これは聞きずてならない。が、どうもそれ以上のことがわからない。そんなときに読んだのが本書である。

本書の著者の徐朝龍《シュイ・チャオロン》さんは四川連合大学の出身で、まさに巴蜀文化の中心に学んだ歴史考古学者である。親日家でもあって、来日して京都大学で文学博士号をとったあとは国際日本文化センターで助教授をしていた（当時のぼくは夏剛《シャー・ガン》や張競《ちょうきょう》をはじめ、痛快なアジア系の研究者が気になっていた）。で、そのころ長江文明学術調査団が結成され、四年にわたる研究をへてその成果が発表された。それを書き直したのが本書になる。

このところ熱い議論が沸騰している。中国文明の起源はながらく黄河文明だといわれてきたが、その黄河をはるかに凌《しの》ぐアジア最長の長江（日本では揚子《ようす》江《こう》という名称をつかうことが多いが、これは長江の下流をさす古代名である）に古代文明が発祥しなかったはずがない。きっとあるはずだという仮説と、いやそんなことは伝承や幻想にすぎない、資料もあまりに断片的だ、過大評価しすぎているという論争である。

すでに屈家嶺《くつかれい》遺跡、彭頭山《ほうとうざん》遺跡、河姆渡《かぼと》遺跡などの発掘で、長江にいくつもの文化痕跡が散在していることはわかっていた。ただそれらは痕跡という程度のもので、それが文明というほどの大きなものだったかどうかが疑問視されていた。しかし一九九〇年代に入ってからの発掘成果は、長江に稲作文化が萌芽していただろうということを決定的

1990年代以降、これまで四川に伝承されてきた古代巴蜀の発掘調査が進み、黄河文明には見られない稲作文化をもつ「長江文明」の存在が明らかになってきた。

（地図は次節の『四川と長江文明』より。書き込みは松岡による）

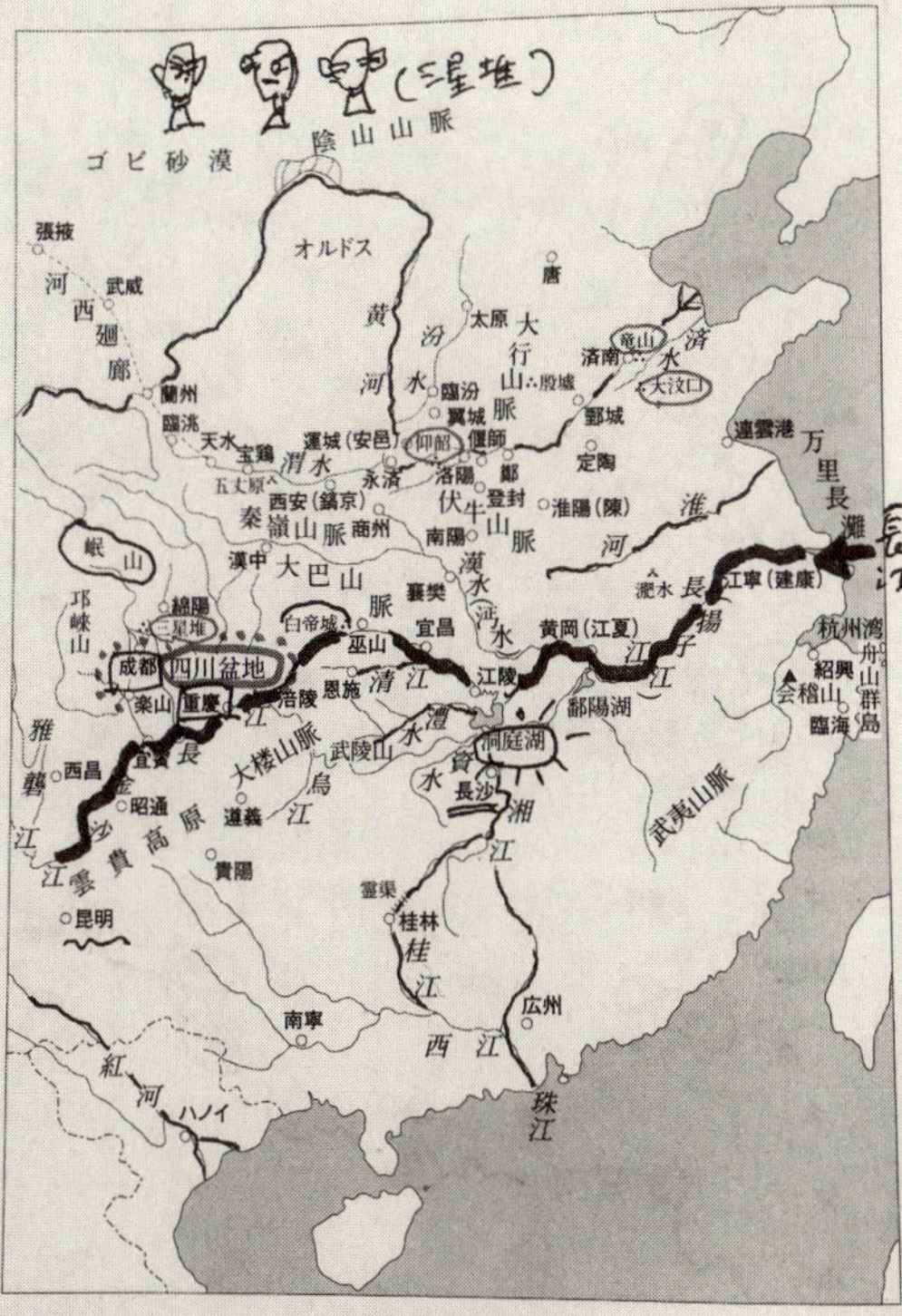

中国古代史関連地図

に告示した。

この文明の萌芽を、いまではまとめて「良渚文化《りょうしょ》」とよんでいる。そこでは稲作社会の進行だけではなく、おそらく高度な玉器文化が栄えていた。その玉器をみると、「天円地方」(球形の天空と矩形の大地)という形をとっている。都市国家のようなものもあったと見られる。ただ、良渚文化は紀元前二〇〇〇年ころに突然に崩壊しただろうことがわかっている。いろいろ理由が憶測されるところだが、おそらくは大洪水に見舞われた。同時期、良渚文化と密接な関係をもっていた山東《さんとう》の龍山《ロンシャン》文化も壊滅的な打撃をうけた。これは黄河文明の主宰者や担い手にとってはチャンスである。

良渚文化と龍山文化の連合体は、黄河文明の支配力に屈して取りこまれていった。そのため中国の古代文明というと黄河文明だということになった。それなら、その前の長江文明は文明に値しない程度のものだったのか。きっとそんなものだったろう、いやもっと力をもっていた、そういう議論である。

大洪水後の抗争を暗示する話はいくつかのこっている。主なもののひとつは、黄河流域の部族連合を代表する黄帝《こうてい》が、山東半島の東夷《とうい》部族の首長たちおよび南方部族の蚩尤《しゆう》たちと涿鹿《たくろく》というところで戦って、これに勝利して帝王になったという話である。

もうひとつは、長江流域の建国の父であり、洪水神でもあった禹《う》が天下をまとめるために会盟をおこなったのだが、その場所は黄河流域ではなくて長江下流の会稽《かいけい》ではなかったかということを暗示する物語の数々だ。

このような可能性については白川静さんがはやくから独自の構想で予想していた。ぼくも白川仮説を信じて、勝手に長江洪水神話の全体像を夢想していたものだった。しかし、最近になってこれが夢想ではなくなってきた。中国の文明の黎明を告げる問題の核心が長江流域にあるらしいことは確実なのである。

ただ、長江をめぐるいくつもの文化の栄枯盛衰がまとめて「長江文明」とよばれるには、甲骨文字とはべつの〝長江文字〟とでもいうべき文字の実在が、エジプトの象形文字、メソポタミアの楔形《くさびがた》文字のごとくに確認されなければならない。「文明」の定義は独自の文字をもっていることが、条件のひとつなのである。その文字がいっこうに出てこない。諦めるしかないかというところ、そこに突如としてクローズアップされてきたのが「巴蜀文字」だったのである。

およそ五三〇〇年前に長江下流域に登場した良渚文化は、かなり高度な稲作都市文明を形成していた。その後、一〇〇〇年ほどの繁栄ののち、大洪水に見舞われてこの文化は崩壊したが、一部は北上して黄河中流域に入った。

ここに融合誕生したのが夏《か》王朝である。夏王朝は当初から政治的な混乱をかかえ、ついには支配下にあった東夷の后羿《こうげい》部族に倒された。残党は北西に逃れ、さらに転じて四川盆地に入って土着文化と習合した。これを殷文化に勝るとも劣らない「三星堆《さんせいたい》文化」という。

このプロセスのあいだで、おそらくは当初の良渚文化に芽生えた〝図語〟のような図標文字がさまざまな習合をへて北方の黄河中流域にもちこまれ、いったんは夏王朝の文字となり、そこで甲骨文字とぶつかった。ここでぼくの名付ける文字戦争がおこる。良渚文字は強い文字に敗退して変化をとげ、これが巴一族や蜀《しょく》一族によって工夫され、いわゆる「巴蜀文字」になっていった。独得の符号をもっていた。図符である。

すでに一〇〇種ほどの図符が見つかっているが、配列も組織的で、十五文字以上は縦書きで、少ない文字数は横書きにしていた。まだ解読はされていないものの、驚くべき発見だ。こうしてしばらく巴蜀文字は栄えていたのだが、「言語異声・文字異形」を嫌った秦《しん》や楚《そ》がそこへ侵入してくるにつれ、やがて衰退してしまったらしい。楔形文字やエジプト象形文字が後退していったようなものだ。

徐さんはそういう流れを想定したのである。はっきりしないことは多い。けれども長江流域に古代文字文化の隆盛ないしは前文字文化の繁栄があっただろうことは、ありうることではないかとおもわれる。これからの調査や研究がたのしみだ。

本書は、そのような「巴蜀文字」に関する推理だけではなく、長江に関するさまざまな遺跡例を紹介し、そこから読みとれる最大限の仮説が列挙されている。石家河《せっかが》文化に芽生えた巨大城壁都市のこと、屈家嶺文化の黒陶文化のこと、洞庭湖をめぐる古代都市国家群、三星堆文化にひそむ高度な土器文化などをあつかっていて、興奮させられる。

なかで雲南《うんなん》の「滇《てん》文化」についての推理は、古代日本との浅からぬ関連を示唆して見逃せなかった。二〇〇〇年前に滅亡した王国文化であるが、稲作をして、千木《ちぎ》のある高床式の住居に住み、入墨・抜歯の習俗があって、赤豆やモチゴメを食べていた。あきらかに日本の食住習慣となんらかの縁がある。

どうやらわれわれは黄河文明に加担しすぎていたのだ。中国文明はそれだけでは語れない。だいたい中国は北と南は別々の国だ。古来、「南稲北粟《ほくぞく》」（南は稲に恵まれ、北は粟に恵まれる）、「南糸北皮」、「南巣北穴」（北の動物は巣をつくり、南の動物は穴に棲む）、「南船北馬」、「南道北儒」（南は道教、北は儒教）、「南頓北漸《なんとんほくぜん》」（南の禅は速く、北の禅は緩やか）などといわれてきたのは、そのことだ。中国の南北ではもともと気候も風土も言葉も文法もかなりちがっているし、産物も異なっている。

漢方医学は北が鍼針《しんしん》と経絡《けいらく》を重視して、南は薬草を煎じた湯液《とうえき》を重んじる。厳寒の北方中国では服を脱がずに耳や手や足を鍼《はり》で刺す療法が発達し、温暖で草が生い茂る南方中国では汗を出す薬草の煎じ湯が発達したのである。服装ですら北が右衽《うじん》（右前）であるのに対して南は左衽（左前）なのである。
日本の社会文化を語るのにも長江文明がもっともっと見えてくる必要がある。長江、かつて揚子江とよばれたその大河の波濤は、日本列島の歴史を滔々と包んでいる。

第三三一夜　二〇〇一年七月九日

**参照千夜**

九八七夜：白川静『漢字の世界』　一四五二夜：古賀登『四川と長江文明』　一四五一夜：岡村秀典『夏王朝』

タテ目とヨコ目と有尾人
長江流域の異人と異形の伝承

古賀登

# 四川と長江文明

東方書店　二〇〇三

◎…この本で調査され推理されていることを、著者の奔放なイマジネーションの翼に合わせて短くまとめるのはできそうにもないが、過日の一夜、このやや分厚い一冊を読みながらマーキングなどしていたらさまざまな連想と思案が去来して、ぼくにも鮮明な長江文明像が浮かび続けていたこと、いまでもありありと思い出せる。

扱われているのは、長江上流域に広がっていた古代巴蜀文化である。長江《ちょうこう》は下流の揚《よう》子《す》江《こう》を含めた大河で、北の黄河と並ぶ。その長江のそのまた上流域の現在の四川省あたりに蜀《しょく》と巴《は》の古代文化が栄えたのである。その担い手たちや風土をまとめて巴蜀《はしょく》という。四川にはいまでも二つの中心都市として、成都《せいと》と重慶《じゅうけい》があるのだが、そのうちの蜀が成都を中心に広がり、巴が重慶を中心にして勢力をもっていた。重慶地域を含まない四川地域だけで、いま人口が一億人を突破しつつある。

◎…蜀は、いうまでもないだろうが、三国時代の劉備《りゅうび》が諸葛孔明《しょかつこうめい》の「天下三分の計」にもとづいて入蜀した、あの蜀だ。そうではあるが、それ以前にすでにマジカルな地として『淮南子《えなんじ》』や『山海経《せんがいきょう》』に登場していた。

一方の巴は、その『山海経』海内経に「西南、巴国あり」と記された国で、巴人たちが古来このかた建木を崇《あが》めたと伝えられてきた。建木は神樹のこと、日神の木といわれてきた扶桑《ふそう》のことをいう。扶桑は東海の島にあったとされたため、中国から見た日本のことを「扶桑国」と言うようにもなった。十一世紀に『扶桑略記』があり、芭蕉も『奥の細道』に「松島は扶桑第一の好風にして」などと綴った。

◎…本書はその長江上流の巴蜀の国々を、古代に立ち戻ってさまざまに踏破しつつ、禹《う》の足跡の背後にひそむものを蘇らせたスリリングな本だった。夏王朝の創設王であり、各地に禹歩《うほ》伝説をのこした禹について、夏王朝のほうからではなく、意外な視点から新たな仮説を提出してみせた。

意外とはいえ、そもそも皇甫謐《こうほひつ》や孟子が「禹は石紐に生まれる、西夷の人なり」と紹介していたわけでもあって、石紐は汶山郡広柔県、あるいは北川県の岷山《みんざん》付近のこと、いずれも四川なのである。本書はそうした禹跡の地域をただならない想像力をもって渉猟してみせた。

◎：著者は早稲田大学で中国古代歴史を教えていたセンセイである。本書を刊行したときが七七歳だった。その旺盛な調査研究熱は円熟して凄まじく、早稲田大学長江流域文化調査隊として初めて四川の天回山に立って、成都の平原をはるばる望んだのが六七歳だった。ぼくはこのセンセイが『神話と古代文化』(雄山閣)というスサノオ伝説を中国的に解きまくった大冊にも、けっこう酔った。

ただしこのセンセイ、文脈が次々にとぶ。それもすこぶる奔放で、細部が超部分になって別の細部にとんでいく。だから、アウトラインを紹介するというのは、いささか難しい。以下の啄《ついば》みにおいても、古代中国を低空飛翔する香りと速度のようなものを感じるにとどめてほしい。

◎：蜀について。許慎の『説文解字《せつもんかいじ》』は、「蜀」という文字は「葵《き》中の蚕なり。虫に従い、上の目は蜀の頭形を象《かたど》り、中はその身の蜎々《けんけん》(うごめく)たるを象る」と説明して蚕の象形を暗示した。白川静は「牡の獣の形。虫の形は獣の牡器《ぼき》で、その獣を獨《どく》という」と説明している。はたして四川の地の牡器が何にあたるか興味深いところだが、古賀センセイはあれこれの推理を総合して、ここに養蚕が独自に始まったと見た。

中国の養蚕伝説には、いくつかのヴァージョンがある。主なものは①嫘祖《るいそ》伝説、②蚕《さん》叢《そう》伝説、③馬頭娘《ばとうじょう》伝説だ。
①の嫘祖は黄帝の夫人で初めて養蚕をしたという伝説になっている。その故郷は塩亭《えんてい》県で八〇以上の嫘祖の故事を伝える旧跡がある。②の蚕叢伝説というのは、揚雄《ようゆう》の『蜀王本紀』が蜀王の先祖の名は蚕叢だったと伝えることにもとづいている。蜀王は「蚕がむらがる」という名だったわけだ。李白も「蚕叢より魚鳧《ぎょふ》に及び、開国なんぞ芒然、爾来四万八千歳」と詠んだ。魚鳧は何代目かの蜀王のことをいう。③の馬頭娘伝説は忘れがたい話だ。東晋の干宝《かんぽう》『捜神記《そうじんき》』(この本は汲めども尽きない話がいっぱいつまっている) にプロットが載っている。

◎:馬頭娘伝説について。ある大官が遠方に出征して、家には娘一人と馬一頭だけが残っていた。寂しくなった娘が馬に向かってちょっと冗談を言った。「おまえがお父様を連れ帰ったら、お嫁さんになってやるよ」。
この言葉を聞くなり馬は手綱を引きちぎって走り去り、大官のもとに達した。父親は驚いたり喜んだりしたが、馬がしきりに悲鳴をあげるので何か家に異変がおこったのかと大急ぎで帰った。娘がわけを話した。父親は驚いて「誰にも言うな。家門の恥だ。おまえは外に出るな」と言い、石弓で馬を殺し皮を剝いで庭に干した。ある日、父親が外出したあと、娘が庭の馬の皮を踏むと、馬の皮が突如として立ち上がり、娘を包みこんで飛び去った。それから数日後、庭の大木で蚕と化した娘が糸を吐いていた。その繭はふつうの繭よりずっと大きくて、数倍の生糸がとれた。それでその木を「桑」と名付けた。

◎：馬頭娘の話は、『山海経』の「西南黒水の間、都広の野あり。后稷《こうしょく》ここに葬られる」とか「その城方三百里、天地の中、素女出づる所なり」などの記述にも通じる。后稷は周王朝の始祖神である稷棄のこと、素女は「しろぎぬのをんな」、すなわち蚕のこと、都広の野は岷江《みんこう》流域のこと、黒水は四川の羌族《きょうぞく》の住む地域を流れる河のことをいう。

これらを比較検討して、センセイは中国の養蚕伝説が羌族の伝承とともに、北緯三一度〜三二度、東経一〇四度〜一〇五度の四川あたりに起源したと推理した。そこには「蚕陵」というシンボルもあった。吉武成美《よしたけなるみ》の家蚕起源の研究でも、四川や北インドに野蚕が棲息していて、その馴化《じゅんか》はその地の独自の方法で試みられたことが示される。

◎：以上、四川―羌族―養蚕―馬頭娘という関係線はいろいろなことを連想させる。なんといっても四川には有名な建木神話がある。ここからは桑伝説のおおもとになっている扶桑神話が飛び立ってくる。

四川にはまた三星堆《さんせいたい》遺跡に出土したマスクをつけたような凸目の青銅像がある。一度見たら忘れられない。センセイはここから蚕叢伝説の青銅化の流れを引き出し、この青銅像の主が太陽神であって、きっと鍛冶神であろうと仮説した。おそらく蜀で最初に王を称したのが蚕叢王だったのである。もっとも、その王は縦目だったとも言われている。縦目とは何か。柳田國男の一つ目小僧がどこかを走る。

◎：四川の羌族《きょうぞく》は戦国時代に岷江流域に入ったとみられている。ただそれについては、いくつの奇妙な先行伝承がくっつきまわっていた。

羌族が移住してくる前にすでに「戈《か》」とよばれる部族が住んでいて、理県のほうではこの部族たちを「葛」と呼び、また別の地域からは「戈邁」とか「阿戈」と称されていた。戈人は体が大きく全身に毛がはえていて、大きな目からは緑色の光を発し、腕と足が湾曲して尻尾をもっていた。つまり有尾人なのである。『山海経』におなじみの怪物たちに似ている。

そういう感じの連中がいたらしいということは、羌族がこの地に入ったときには闘争か共存かがおこったということだろうけれど、いくつかの伝承から両者は争ったことがわかる。羌族のシャーマンが「羌戈大戦」という英雄史詩にのこしている。羌は戈に勝ったらしい。戈や葛という文字はもともと富裕や財産が多いという意味をもっているので、羌はその富を保有したのであろうと想像される。その富を養蚕がもたらしたにちがいない。

◎‥羌族の一部族である彝族《いぞく》には、東アジアの人類の祖先がそもそも縦目人だったという異様な伝承がある。その縦目人は神意にそぐわず絶滅したという。

もう少し詳しくいうと、彝族の創世史詩「先基」では、この世にはアリのような盲目人がいた。アリの盲目人は七つの太陽の出現によって絶滅し、そのあとにバッタの縦目人があらわれた。けれども水牛族と山羊族が争い、そのせいで生じた火が燃え広がって焼け死んだ。次にあらわれたのがコオロギの横目人だったが、こちらも大洪水で流されて死滅した。こうして横に二つの目が並んだ横二目人が登場し、そこから彝族、哈尼族《はにぞく》・漢族など三六の民族が分かれていった。横二目人というのは、われわれ人類のことである。

なんだか奇妙な生物進化史みたいだが、このような伝承はほかにもある。『漢書』天文志に、哀帝《あいてい》の四年に「縦目人が来る」と騒がれたことがあったと記されている。哀帝のときの縦目人はどうやら他界からやってくる恐ろしいものたちのことだったようだ。

そういう記述をあれこれ総合すると、蜀王が縦目であると伝えたのは戈人のほうで、羌や蜀が戈を追いやったことが逆に征服者の惧《おそ》れになるように付着されていったのではないかと考えたくなる。

◎：羌族たちが「戈人は尻尾をもった有尾人である」と言ったという伝承は、縦目伝説の逆の仕方で伝承化されたものだ。羌族や蜀人が先行する部族たちの技能を盗んだか、もしくは継承したことを、巧みに形容した話だったのだろう。

古賀センセイはこういう例もあげている。湖南省の武陵山にいた槃瓠《ばんこ》の蛮族たちが有尾人と言われてきたのは、その部族に「犬祖伝説」があって、しかも木皮による染めの技能をもっていたのだが、その技能をその後に強者に奪われたからであった、と。蜀巴の地にはそうしたオリジナルとヴァリアントの複雑な関係が時代をかけて同時に物語られてきたことが多かったのだろう、と。

◎：有尾人について。巴蜀の有尾人伝説は養蚕だけから発したのではない。石削技術や青銅・鉄の精錬技能なども関連していた。四川はもともと鉱物資源に恵まれていた。とくに鉄分を含む緑色岩が豊富に採れた。そうだとすると、戈人に毛がはえていて目からは緑色の光を発しているというのも、鉱山関係者のメタファーだったのである。

日本にも似た話があった。『古事記』の神武東征で神武が吉野に入ったとき、井戸が光って見えたので尋ねると、「私は国つ神で、名を井氷鹿《いひか》と言う」と答えた。そこでその山に入ると尾のある連中がいて、自分たちは「石押分《いわおしわく》」の末裔だと言った。この話を『古代の朱』(学生社→ちくま学芸文庫)の松田寿男さんが水銀の縦坑のことをあらわしていると推断したのはよく知られている(松田さんはぼくの早稲田時代のアジア学会の顧問のセンセイだった)。土にかかわり、「岩に入るものたち」(たとえば土蜘蛛《つちぐも》)が古代の者にとってははなはだ有尾的に見えたということなのである。

◎:蜀王には名前がついている。初代が蚕叢で、次は柏灌《はつかん》、その次は魚鳧《ぎよふ》だ。三代で約一五〇〇年ほどがたつ。このうち柏灌の名は、この風土に扶桑信仰に続いて柏樹信仰があったこと、それらが「建木神話」を担っていたことを物語る。

魚鳧という名は、この時代になって蜀や巴で鵜飼《うかい》がさかんになっていただろうことを想定させる。だいたい中国で鵜飼が有名なのが四川なのである。宋の沈括《しんかつ》の『夢渓筆談』にも、四川の水辺にいる者たちの多くが鵜飼をしていた、鵜は川辺の樹上に群棲するのでその糞尿で樹木が霜雪のように枯れる、それを蜀水華と言うのだと書いてある。

三星堆からも鵜を象った青銅製の鳥がかなり多く出土した。この金属技能はもともと巴人がもっていたもので、それを甘粛《かんしゆく》の斉家《せいか》文化→寺窪文化というプロセスをへて戈人の漁労集団が獲得したものだったろう。

◎:『山海経』大荒西経に、このようにある。「魚あり、偏枯、名を魚婦という。顓頊《せんぎょく》死して即ち蘇える。風、北より来れば、天すなわち大水溢れだす。蛇すなわち化して魚となる。これ魚婦たり」。とても有名な一節だ。顓頊は北方の王であって、季節は冬に、五行は水に配当されてきた。嬴《えい》姓をもっていた。顓頊は冬を統括して万物を春に蘇らせる水神なのである。

四川ではしばしば大洪水がおこった。洪水を生んだのは鯀《こん》である。だから堯《ぎょう》は祝融をして鯀を羽山《うざん》に押し込ませた。けれども洪水はとまらない。その鯀から生まれたのが禹であった。禹は洪水を治めて、堯に称えられた。

この話は連環している。古賀センセイは禹が洪水を治めたという洪水神話について次のように仮説できるのだと言う。「鯀の洪水神話は霊亀信仰をもつ種族がつくったものであり、禹の治水神話は蛇神信仰をもつ種族がつくったものである。両種族とも姒《じ》姓なので、鯀と禹は親子だとみなされた」。

四川では禹が治水でめざましい活躍をした話はあまりのこっていない。代わって、鯀はのちのちまで治水にかかわったと伝えられてきた。四川では鯀の悪口を言わないのだ。そこには四川の「霊亀信仰」があずかっていた。

◎：禹は後継者に皐陶《こうよう》を選んだが、早く死んだので益《えき》に任せた。益は顓頊の孫娘の女脩が燕の卵を呑んで生まれた。益は伯益または伯翳《はくえい》・柏翳《はくえい》とも呼ばれた。ついで啓《けい》が位につくのだが、その啓は母なる石から生まれた。啓母石は嵩山《すうざん》中岳の南麓にある。

啓の着位については有扈氏が逆らって反乱をおこしたので、啓が有扈氏を甘の郊で戦って制したという話がのこっている。この話は、益から啓への禅譲もしくは放伐に有扈氏がからんでいたのではなく、啓が益を襲ったことに有扈氏が抗議して、かえって啓に撃たれたことを裏で説明している。反乱には鯀も加わったふしがあるからだ。鯀はこのような親族の争いに割り込んだため、夏王朝での評判を落としたのだ。

◎：宮崎市定《いちさだ》は、早くから中国最古の文明の発祥地は山西省南西部の安邑《あんゆう》で、その安邑がのちの夏王朝の最初の都だろうと唱えていた。最近ではチベット学者の佐藤長《ひさし》がこれを支持し、二里頭文化のもとに発した夏后氏（夏の一族）は塩池経営によって勢力をえて河南に進出したと、宮崎説を発展させた。

古賀センセイはこれをさらに発展させて、啓が安邑から南進して益の陽城を襲ったのではないかと仮説した。加えて、禹の洪水伝説をめぐってさまざまな物語が生まれたのは紀元前二〇〇〇年前後のことで、この時期、中国大陸がヒプシサーマル期（温暖上昇期）に当たっていただろうこと、そのため各地で水にまつわる異常な物語が発生したのであ

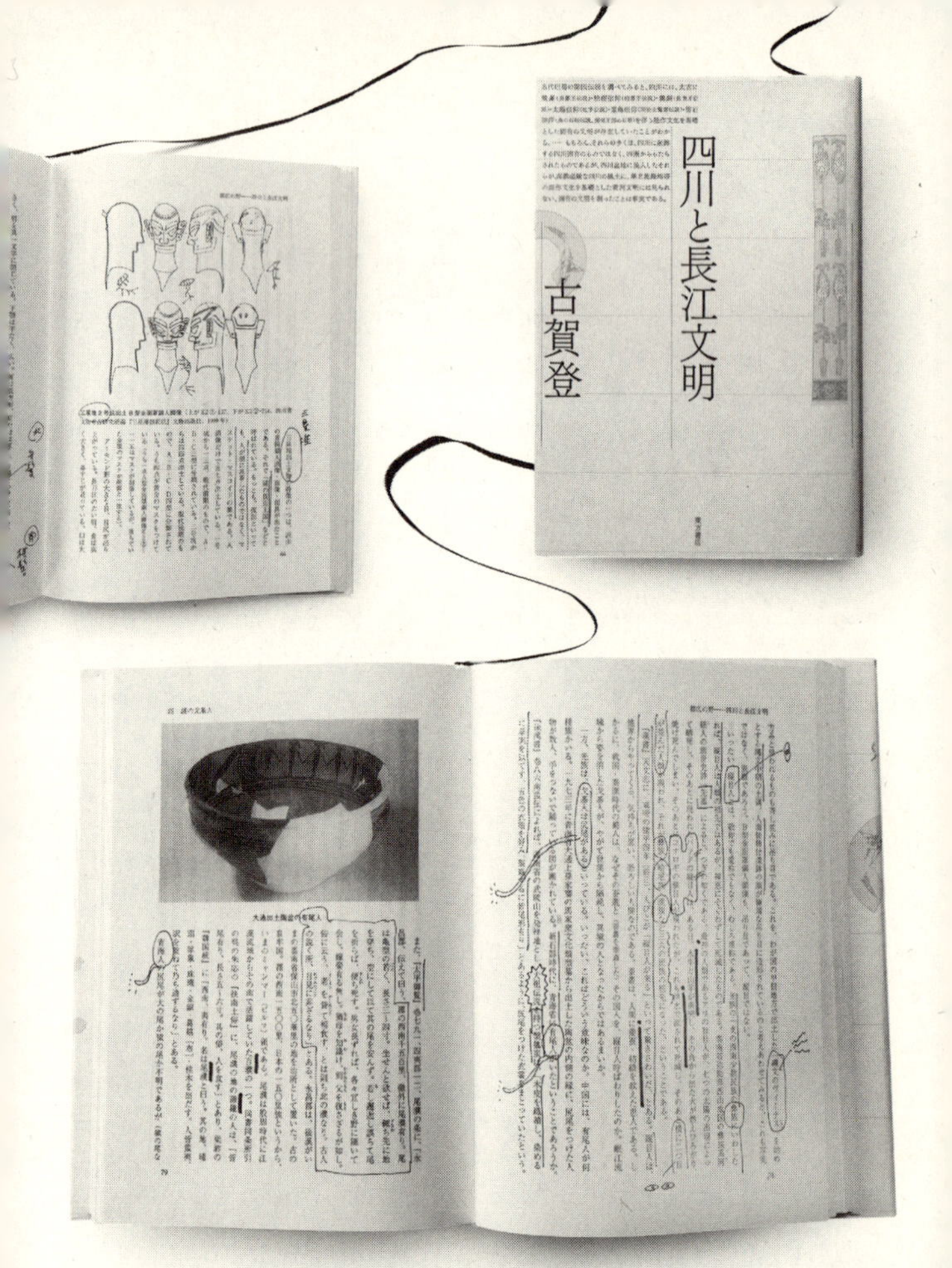


三星堆から出土した仮面の謎や、史書に伝わる「縦目人」や「有尾人」の正体を夢中で追ううちに、ぼくのマーキングも縦目になったり尻尾を揺らしたり。町口・浅田の両君がスピン（栞ひも）を尾っぽめいて遊ばせた。

ろうと大胆に推理した。ぼくが学生時代に影響をうけた鈴木秀夫説の援用である。

◎：巴人について。巴河はまんまんたる水を湛《たた》え、往時は水が澄んで「巴」という小魚が無数に泳いでいた。その流域に巴人がいた。

巴人による巴国の建国については、古くからこういう話がある。武落（湖北省長陽県）の鐘離山の赤穴から巴氏の子が出現し、黒穴から出てきた連中と神通力を争って勝ったので、廩君《りんくん》となった。その後、泥舟に乗って夷水をさかのぼり、塩水の北岸で塩神を射殺して、いまの恩施市の夷城で巴国を開いた。「廩君伝説」である。この話、どこか夏后氏の塩池経営との関連を思わせて興味深い。

◎：養蚕をおこした嫘祖の出所は塩亭県である。その系譜は『大戴礼《だいたいれい》』では、黄帝の妃の西陵氏の子が嫘祖で、その嫘祖が昌意を生み、その昌意が若水《じゃくすい》に天下りして蜀山氏の娘を娶《めと》り、顓頊を生んだというふうになっている。

巴人と蜀人、そして華人はどこかで捩《ねじ》れて重なっているのだ。いや、そもそもセンセイは廩君その一族そのものが太昊《たいこう》伏羲の子孫だとおっしゃっているのである。これは考えさせられる。

◎：つまりは、こういうことらしい。古代巴蜀の建国伝説は太古においてすでに養蚕・柏樹信仰・鵜飼・太陽伝説・霊亀観念・聖石崇拝をもっていて、そこに稲作が入ってきた。これが黄河文明には見られない独特の長江文明の母型をつくりあげた。こういうことだが、そうだとすると、四川の長江はナイル・インダス以上の古代文明の母型だったということだ。

これらをさらに特色づけたのは三国時代以降の五斗米道《ごとべいどう》が四川に流入したことだ。そこにはおそらく濃密なタオイズムが脈動した。初期道教だ。そもそも諸葛孔明が天下三分の計をなす前に四川の蜀に目をつけたのは劉焉《りゅうえん》だった。そこに張陵《ちょうりょう》や張魯《ちょうろ》の五斗米道が広がりつつあった。曹操が漢中を破ったので、張魯は巴中に逃れていたのだ。

この初期道教を伴う思潮と習慣が長江を下って、呉巫や越巫のほうへ降りていったのだろう。蜀から来た李寛は呉に来ても蜀人の方言を使い、水に呪《まじな》いをかけて病気を治した。古代巴蜀文化はこうして長江を下っていったのである。センセイ曰く、「蓋《けだ》し巴蜀は百川を入れる大湖にして、百川を出だす大湖である」。

◎：なお本書には第一〇章「巴蜀と日本」があって、日本にひそむ長江文明の曳航《えいこう》が小論文になっている。ただこの課題については、なんといっても大著『神話と古代文化』（雄山閣）が控えているので、ここでは安直な紹介ができない。

スサノオの領域、ヤマタノオロチ伝説、牛頭天王《ごずてんのう》・蘇民将来論、オオナムチ（大国主命）論考、スクナヒコナと后稷の関係、ホオリノミコト考、カグツチ殺害論、諏訪大社の背景などは、こちらを読まれたい。とんでもない仮説に満ちている。古賀センセイの面目躍如だ。古代中国を見なかった柳田や折口の民俗学ではこんな仮説にまで届かない。

第一四五二夜　二〇一二年一月二三日

**参照千夜**

三三一夜：徐朝龍『長江文明の発見』　九九一夜：芭蕉『おくのほそ道』　一五六七夜：孟子『孟子』　九八七夜：白川静『漢字の世界』　九五二夜：李白『李白詩選』　一一四四夜：柳田國男『海上の道』　一四五一夜：岡村秀典『夏王朝』　六二六夜：宮崎市定『アジア史概説』　一四三夜：折口信夫『死者の書』

## 黄帝《こうてい》・堯《ぎょう》・舜《しゅん》・禹《う》…
## 仰韶《ヤンシャオ》・龍山《ロンシャン》・良渚《りょうしょ》・屈家嶺《くつかれい》…

# 神話から歴史へ

中国の歴史　第1巻

宮本一夫

講談社　二〇〇五

中国とは何か。国名ではない。国家でもない。文明である。そのルーツは「天下としての中国」もしくは「京師としての中国」に始まっていた。

古代の中国という名称は、『詩経』大雅の「生民之什」に「この中国を恵《いつくし》み、もって四方を綏《やす》んず」とあって、その注に「これは京師のことである」とあるように、狭くは都のこと、すなわち首都《キャピタル》のことを意味していた。さもなくば司馬遷が『史記』孝武本紀や封禅書に、「天下の名山は八つあって、その三つは蛮夷にあるが、五つは中国にある。中国は華山・首山・太室・泰山・東萊で、この五山に黄帝がつねに神と遊んでいた」と書いたように、全域を「天下」とよび、そのうちの特定地域を日本の〝葦原中ツ国《あしはらのなかつくに》〟と同様の呼び方で「中国」とみなしていた。

この特定地域の「中国」は、現在の陝西省《せんせいしょう》を流れる渭河《いが》の流域から始まって河南省の黄河の中流をへて山東省におよぶ細長い地域をさしていた。いわゆる「中原《ちゅうげん》」だ。五山もここにあった。

これが黄河の古代都市文明のトポスであり、「中国」だったのである。なぜこんなところに文明文化が発祥したかといえば、かつて鋭眼の岡田英弘が『中国文明の歴史』（講談社現代新書）に意を尽くしたことを書いていた。すなわち「この地の生産力が高かったからではなく、むしろ黄河が交通の障碍だったからである」。なるほど、そうだった。文明としてはいまや長江文明のほうが古くて広いだろうということになったが、都市文明としては黄河流域の「中国」が中国だったのである。


黄河は青海省の高原に源を発して東方に流れ、積石山《しせき》を大きく迂回して東北に方向を転じ、甘粛省の南部を横断すると、寧夏回族自治区でモンゴル高原に出てから陰山山脈の南麓を東方に流れる。

古くはこのまま内モンゴルを東へ流れて桑乾河《そうかんが》水系となって今日の北京市から渤海《ぼっかい》湾にゆったりと落ちていたのだが、ここで地殻変動がおこって方向を変じ、急流となって南下すると山西省と陝西省の高原を分かって秦嶺《しんれい》山脈の北麓に衝突し、そこで渭河を巻きこんで東方に向かった。

ここまでの黄河は両岸が黄土の断崖で、かつ急流である。だから渡河はなかなか難しい。それが洛陽盆地の北にさしかかるあたりから両岸がずっと低くなり、さらに開封《かいほう》を過ぎると東北に向かって大平原に出て、どこでも渡河ができるようになる。ただしここからは大量の土砂が河底に年々沈殿していくから、氾濫や洪水がおこりやすくなった。過去三〇〇〇年のあいだ、黄河は二年に一回の割合で洪水をもたらし、多くの災害をもたらした。

だからこそ黄河の氾濫や洪水をとめるための努力が、この流域に古代都市文明「中国」を萌芽させることになったのである。秦の始皇帝がその執行者であり、隋の煬帝《ようだい》がその大成者だった。かれらは黄河下流の網の目に広がるデルタ地帯を掘削し（デルタ地帯は「九州」とも名付けられた）、運河をはりめぐらし、北京から洛陽を人工的につないだ。いいかえれば、その大成をもたらす手前の天下こそが「中国」だったわけである。

もうひとつ、重要なことがある。この文明では秦の大統一に達する以前は「夏・殷・周」という過去の先行する「中国」（中原）を〝想う〟ことだけが歴史であって、哲学だったという際立つ特徴をもっていたということだ。

ということはこの文明は古代においては、〝現実〟としての国家ではなく、〝理想〟としての国家を「中国」とみなしたのである。それが春秋戦国期の孔子・老子・孟子・荘子・墨子らの諸子百家たちが考え続けたことなのだ。かれらは、いまはなき「遠い夏・殷・周」を母国とみなして、そこからいっさいの思索と行政と機構のプランを編み出したのだ。

けれども、原始古代中国の全土からみると、いまのべた黄河流域は「中国」ではあっても、当然ながら歴史地理的な母国の全体ではありえない。「北の中国」「黄河の中国」にすぎない。それ以外にも多くの母国はありえたはずだった。

夏・殷・周の時代、春秋戦国時代、秦漢帝国の時代、こうした「非中国」の地域は長らく「北狄・南蛮・西戎・東夷」の地とみなされた。まとめて「夷狄《いてき》」である。長江上流域や四川や、さらに南方の雲南・昆明《こんめい》・桂林・福建《ふっけん》などは〝鬼神の棲む国〟として蔑視されてきた。これら「南の中国」や「長江の中国」だって母国であるはずだし、そうした「夷狄」の地にこそ失われた祭祀や習俗や風景が残っているかもしれないのだが、かつてはそうみなされなかったのだ。

というわけで、伝承されてきた「中国」と実際の中国文明のルーツとではさまざまな食い違いを見せてきたわけである。

実際にはどうなっているかといえば、歴史学上の中国文明の開始は、ぼくが高校時代に習ったこととはすっかり変わっている。いまではアジア人類のルーツは北京原人からではなく、元謀人《げんぼうじん》や藍田原人《らんでんげんじん》などの錯綜とともに始まっているし、黄河文明だけではなく、長江文明のほうが脚光を浴びるようになっている。

また、これまでは殷周帝国こそが中国文明のルーツで、夏・殷・周のトップを飾る「夏」は幻の王朝にすぎなかったのだが、夏王朝の実在を疑う者はいなくなってきた。そのことについてはすでに徐朝龍の『長江文明の発見』（角川ソフィア文庫）でもその一端を紹介しておいたから、ある程度の見当はつくのではないかとおもうのだが、しかし中国文明の母国的なゼネラルルーツというなら、「北」の黄河文明と「南」の長江文明とその「あいだ」の諸文化とを、それぞれほぼ同時に見ておかないと全貌はわからないとも言うべきなのである。

そこで今夜は、日本読者向けの最新の中国ルーツ史だろうとぼくが太鼓判を捺《お》している一冊を、ベーシックなキーブックとして薦めることにした。講談社が百周年記念に刊行した「中国の歴史」全一二巻の第一巻だ。できれば第二巻の平勢隆郎『都市国家から中華へ』を同時に案内したいのだが、二冊同時とはいかないので、平勢の独特の見方はいずれ別の本で紹介したい。

最新の研究成果による中国全史を知りたいのなら、このシリーズを座右に揃えておくといい。各巻とも最新の史料にもとづいていて、よく書けている。むろん補いたくなるところはいろいろある。今夜は中国側の記述や図を参考にした。創元社の「中国文明史」シリーズの『文明への胎動』(趙春青・泰文生)、『文明の原点』(尹盛平)などだ。

東アジア史は、アフリカの原人が一五〇万年前にユーラシアからアジアに拡散していった時期のどこかから始まっていた。最近の考古学的な成果では、雲南地方を中心に元謀人・開遠人・禄豊人などの一〇〇万年ほど前の化石が次々に出土したことから、ホモ・エレクトスの直系がそのころからユーラシア東部に棲息していただろうと考えられ、そのあと藍田原人、五〇万年前の北京原人、和県人、湯山人らの旧石器人が東アジアに広く分布していったと想定されている。

これらの広がりは緩やかなものだった。石器の技術変化もゆっくりしている。ヨーロッパでは、アフリカに発したオルドワン文化期の礫石器《れきせっき》の影響を受けて、礫石器に特徴があるアシュール文化、剝片尖頭器で構成される中期旧石器のムスティエ文化、ナイフ型石器が目立つ後期旧石器のオーリニャック文化、骨角器に特徴があるマドレーヌ文化など、かなり変化が激しい旧石器文化が交代しながら発達した。

それに対して、東アジアでの旧石器文化はずっと緩やかだ。そうなったのは、ヒマラヤ造山運動が第四紀更新世になって大きく隆起して、ここでユーラシアがヨーロッパ部と東アジア部に分かたれたからだった。どでかい「風水」の変動だ。ヒマラヤ・チベット高原は太平洋から流れてくる湿った空気を遮断し、東アジア一帯に夏の湿潤と冬の冷涼乾燥を含むモンスーン気候をもたらした。中国南部の旧石器文化は、比較的安定した亜熱帯の環境を更新世のあいだ長く保つことができたので、石器技術の大きな変化を必要としなかったのである。

こうして更新世半ばまで、中国南部の亜熱帯が黄河の中・下流域までのびていって「中原」を形成し、礫石器文化は華北南部まで広まった。しかしその後、ロシアやモンゴル北部と接する華北北部には礫石器とは異なる小型剝片石器や細石刃石器を中心とする集落文化が発達していたことがわかってきて、華北は北と南の旧石器文化の合流地帯になっていたことがあきらかになってきた。

東アジアの古代を決定的に特色づけたのは、いうまでもないことだろうけれど、新石器時代における土器と農耕の発達だった。これは地質年代では更新世から完新世にあたり、グローバルには磨製石器の登場期にあたる。

土器と農耕の発達は、この時代に東アジア的なスタイルの定住生活が広まったことをあらわしている。農耕は華北ではアワ・キビの、華中ではコメの食料の安定的供給をもたらした（南稲北麦・南稲北粟）。それによって可能となった集住性は女性の育児を保証し、かつての移動社会よりも妊娠期間を短くした。これがやがて女性一人あたりの出産率を高め、人口増加をもたらした。約一万三〇〇〇年前あたりのことだ。

とはいえ初期農耕社会が東アジアにまんべんなく広がったわけはなく、依然として狩猟採集社会が濃厚なところもあった。それが極東（中国東北・アムール川・沿海州）とわが日本列島と華南なのである。

甘粛省以西地域・四川省・雲南省西南などの華南に狩猟採集社会が温存されていたことは、このあとの中国神話時代に北方の物語と南方の物語との相違をもたらした。中国文明の母型イメージはここに「北の黄河文明・南の長江文明」という、あるいは「北の農耕・南の採集」という、二つのアーキタイプをもつことになったのだ。土器の特色も北方が平底深鉢形で、南方が丸底深鉢形というふうに分かれていった。このことは、日本の縄文土器文化の長期にわたる定着にあたっても少なからぬ影響をもった。

初期農耕社会と非農業地帯とが、どんな古代文化様式をもっていったのか、様式用語ばかり並べるだけになるけれど、ざっと列挙しておくことにする。新石器段階の農耕定住社会は、次のような諸地域文化の発祥と変遷で織り成されていった。

黄河の中上流域系では、A「仰韶《ヤンシャオ》文化」、黄河下流山東系のB「大汶口《だいぶんこう》文化・山東龍山《ロンシャン》文化」、長江下流域のC「馬家浜文化・良渚《りょうしょ》文化」、長江中流域のD「彭頭山《ほうとうざん》文化・大渓

文化・屈家嶺《くつかれい》文化・石家河《せっかが》文化」などが変遷していった。

Ａ仰韶文化は、一九二〇年代にスウェーデンのアンダーソンが河南省の仰韶《ぎょうしょう》村で遺跡を発見して一躍話題になったもので、アワ・キビの栽培と彩陶土器・紅陶土器という特色をもつ。Ａ１渭《い》河《が》流域とＡ２黄河中流域に分かれて発達した。Ａ１渭河流域では「老官台文化―仰韶文化―客省荘《きゃくしょうそう》二期文化」の変遷があり、Ａ２黄河中流域では「裴李《はいり》崗・磁山文化―後岡《こうこう》文化―大河村《だいかそん》文化―廟底溝《びょうていこう》二期文化―王湾三期文化」という交代が進んだ。

Ｂ山東半島が脚光を浴びることになったのは、一九三〇年代に歴史語言研究所の李《り》済《さい》・梁思永《りょうしえい》らが山東省章丘の龍山鎮で黒陶を発掘してからで、この龍山文化が仰韶文化と並ぶ黄河文明の両極を代表した。こちらはＡの彩陶に対して黒陶が目立つ。

いまではＢ系は「後李文化―北辛文化―大汶口文化―龍山文化―岳石文化」というジグザグな流れがあったと考えられている。とくに龍山文化は黄河中流域に属するＢ１系にも流れていて、のちの夏王朝につながっている。

仰韶と龍山が並び称されたのは、歴史語言研究所が発掘した河南省安陽の後岡遺跡に三つの文化層が重なって出土したからである。上層は灰陶を主とする殷墟文化、中層は黒陶を主とする龍山文化、下層は彩陶・紅陶を主とする仰韶文化が見られ、これによって「仰韶→龍山→殷墟」という編年性が組み立てられる可能性が浮上したとともに、そうだとすれば、このあたりにこそ殷に先立つ「夏」王朝があったのではないかとも騒がれた。

この仰韶・龍山文化でもうひとつ特筆されるのは、この地域に日々を営んだ集団の多くが母系制を重視した社会であったということである。マトリズムが強かった。ところが、このあと有名な「二里頭文化」が急速に濃密な社会転換をはたし、中原は一挙に父系社会に突入していった。パトリズムに変わったのである。それが龍をトーテムとした「夏」王朝なのである。

C長江下流域では、「河姆渡《かぼと》文化―馬家浜《ばかほう》文化―崧沢《すうたく》文化―良渚文化―馬橋文化」がそれぞれ折り重なるように展開し、野生イネや栽培イネの収穫が早々に試みられた。

農耕文化の初期はモンスーンを利用した天水農法だったろうが、最古の水田跡が発掘された江蘇省の草鞋山《そうあいざん》の時期以降はかなりの地域で水田農法が広がるとともに、石犂《せきり》が使われ、犂《すき》耕作による田おこしが始まった。太湖付近の良渚文化期では破土器・耘田器などのかなり技能的な石器も使われている。

そのほか副葬品の詳細な研究によって、抜歯の風習、男性用具と女性用具の平行、血縁集団の登場、玉器の工夫、階層上位者の出現なども、この長江下流域の特徴になっている。総じてプリミティブな首長制が生まれていたと推測される。もっともそうした首長制を育んだ良渚文化は短期でおわり、のちの馬橋文化などの洗練度の低い社会になっていく。

D長江中流域は、おそらく稲作農耕をスタートさせた地域だったろう。「彭頭山《ほうとうざん》文化―大渓文化―屈家嶺《くつかれい》文化」といった順で地域文化が積み重ねられて、環濠《かんごう》や洪水対策用の城壁が発達し、大規模な治水土木が進んだ。こうした長江の下流域や中流域が「水」を重視した農耕社会であったことは、この地域がその後も長らく母系性を維持していただろうことを推測させる。黄河的「中国」にくらべて、父系性は大きくは確立しなかったのだ。おそらく多くの水にまつわる初期祭祀文化があったにちがいない。

非農耕地帯やイネ栽培が発達しなかった地域はどうなっていたか。むろんそこにも文明的残響の歴史はあって、その残響が最北と最南とその「あいだ」に分散して育っていた。

一番の北は松花江・アムール川（黒龍江）・遼河《りようが》の流域である。ここは遼西と遼東にまたがる「興隆窪《こうりゆうわ》文化―趙宝溝《ちようほうこう》文化―紅山文化―富河《ふが》文化―上宅文化―新楽文化」などが、最初は採集社会からしだいにアワ・キビ農耕社会へ移っていくプロセスを反映した。なかで内モンゴルの興隆窪文化には他を抜きん出る龍や女神のトーテムが見られる。これらの地域でもうひとつ顕著なのは牧畜だった。ブタ・ウシ・ヒツジなどの家畜が飼われていたことで、しばしば〝北の牧場〟といわれた。

一番の南は長江上流や四川盆地の地域社会である。この地域では「宝墩《ほうとん》文化―三星堆《さんせいたい》文化―西樵山《せいしようざん》文化―石峡文化」が相次いで生まれていったのだが、すぐには南嶺山脈を越えて稲作農耕が伝播することがなく、むしろ新石器の次の青銅器が発達し、独特の祭祀社会を形成していった。

他方、海の文化圏にも〝母国〟はあった。当然、漁猟が中心になった社会であるが、そこには遠い南海からもたらされる外来財も出入りした。海上に蓬莱《ほうらい》の国などを仙界として見立てる傾向はかなり昔からのことだったのである。とくにタカラガイはそうした「遠くからとどく声」を新石器人に感じさせたらしく、かなりの貴重品として各地域に流通した。ここからは柳田國男の『海上の道』が想われよう。あまりふれなかったけれど、こうした貴重品はタカラガイだけではなく、良渚文化や紅山文化の首長が愛した玉器などにも認められ、これらが重要な交易品になったことがわかっている。

こうして稲作地帯であるとないとにかかわらず、中国全土に〝母国〟の遺跡や文物がまきちらされていたわけである。そして、そうした諸地域が平行して多様な文化を誇りあっていたなか、結局は中国文明最初の王朝が登場してくることになっていく。それが中原を支配した「夏」王朝で、そこに「二里頭文化―二里岡文化―殷墟文化」の流れが変化して出現していったのだった。

夏王朝については別の本で詳しくふれようとおもっているのだが、今夜は以上の流れを継いでというか、以上の流れの多くへのちに幾多の粉飾を与えたというか、中国文明史上最初の王朝としての夏王朝がもたらした劇的な影響について、ごく暗示的なことだけを書いておきたい。

夏王朝のことを最初に記述したのは司馬遷の『史記』である。「夏本紀」としてまとめられた。司馬遷がさまざまな伝承を束ねて浮き上がらせた夏王朝は、春秋戦国期以降の中国人にとって長いあいだにわたっての幻の王朝で、伝説の遥《はる》か彼方にあるものとしか思われていなかった。漢代の司馬遷以降もそうであったし、のみならず二十世紀になって殷墟が発見されたのちも、夏はその実在さえ疑われていた。

ところが河南省の偃師《えんし》付近の二里頭遺跡の発掘が国家プロジェクトとして大がかりにすすんだことによって、夏の実在がかなり濃厚になってきた。「二里頭文化」が夏そのものか、ないしはその先行形態だったことがあきらかになってきただけでなく、それが黄河中流域のB1龍山文化の「王湾三期文化」の系譜を引くものであることもあきらかになってきた。

話題になったのは、夏王朝を開いたのは禹《う》であったろうということ、その実像はどういうものだったのかということだ。これはそうとうに劇的な歴史的推論になる。もし禹が夏王朝を開いたのだとすると、禹においてこそ初めて神話時代と歴史時代とがはっきりつながってくる。

司馬遷は『史記』五帝本紀に夏王朝に先立って「五人の帝王がいた」と書いていた。また、その五帝の前には神農《しんのう》氏などの三皇《さんこう》がいたと書いた。三皇五帝説という。三皇は伏羲《ふっき》と女媧《じょか》と神農である。五帝は、黄帝《こうてい》、顓頊《せんぎょく》、帝嚳《ていこく》、堯《ぎょう》、舜《しゅん》をいう。三皇はいかにも神話伝説上のカリスマリーダーっぽいが、神農の子孫が黄帝だったということで、三皇と五帝はつながっている。ついでに五帝はいずれも同系で、いずれも姫《き》姓を名のる同じ氏族だったということらしい。

黄帝は、自分の集団と対立する蚩尤《しゆう》を涿鹿《たくろく》で戦って征伐した戦果によって、諸侯から天子に推挙されたと『史記』に記されている。黄帝の妻は縲祖《るいそ》といった。このことから次のことが予想できる。黄帝とは別に蚩尤と呼ばれる一族がいただろうこと、涿鹿で戦いあったことから推して、黄帝も蚩尤もおおざっぱには黄河中流域（中原）から渭河流域に勢力をもっていただろうということだ。そしてその蚩尤が蹴散らされたのだ。

ついで「五帝本紀」には、堯と舜の時代に「三苗《さんびょう》、江・淮《わい》・荆州《けい》にありて、しばしば乱をなす」と書いてある。三苗という氏族勢力が漢水の下流域から淮河や長江の中流域にかけて力をもっていたのである。蚩尤や三苗といった地域集団が夏王朝ができる以前に勢力をもっていて、それらが黄帝や堯や舜の時代に各地に散っていったのだろう。

堯と舜の時代は次の記述がつづく。「共工《きょうこう》を北方の辺境の幽陵に流して北狄《ほくてき》の風俗に同化させた」「驩兜《かんとう》を南蛮の地の崇山に放逐した」「三苗を西方の三危《さんき》に移して西戎《せいじゅう》とした」「鯀《こん》を東夷の辺境、羽山《うざん》に押し込めた」。

堯と舜の時代に「北狄・南蛮・西戎・東夷」といった地域集団を辺境に放逐したか、あるいは辺境の異族集団と戦って退けたかの出来事が続いて、それらの戦線によって「中華」の確立があっただろうというのである。また、「舜は初めて天下を十二州に分かって、河川の流れを治めて水害を防いだ」とも書いてある。これは堯の時代に、四嶽という側近が鯀《こん》を推挙して当時の洪水を治めさせようとしたとき、堯はこいつには無理だと思ったのだが、あまりに四嶽がどうしてもやらせてやってほしいというので、やむなく鯀に治水にあたらせたのだが、九年たってもなんらの効果がない。そこで新たに舜が登用されて鯀を誅罰《ちゅうばつ》したのち、自分の息子の禹にいっさいを任せたところ、みごとに洪水を防ぎ、治水を達成したという出来事である。

ここまでくると、話はずいぶん歴史の事歴とつながってくる。現在の考古学や歴史学では、夏王朝を二里岡あたりに確立したのは舜のあとの禹の時代なのだろうと推理しているのだが、そのこととも合致してくる。それなら二里頭遺跡イコール夏王朝で、夏王朝は禹によって確立されたのだろうか。その禹の洪水伝説は実際におこっていたことなのだろうか。

中国文明では、神話と歴史はまだまだつながりきってはいない。いやいや、中国文明だけではない。ナイル文明もユダヤ文明も、ヴェーダ文明もスラブ文明も、神話と歴史はつながってはいない。日本文明だって、そうなのである。

第一四五〇夜　二〇一二年一月十日

**参照千夜**

一〇一一夜：岡田英弘『日本史の誕生』　一四五一夜：岡村秀典『夏王朝』　一二七八夜：老子『老子』　一五六七夜：孟子『孟子』　七二六夜：荘子『荘子』　八一七夜：墨子『墨子』　三三一夜：徐朝龍『長江文明の発見』　一一四四夜：柳田國男『海上の道』

遊牧民族《パストラル・ノマド》たちが
ユーラシア文明を動かしていた

林俊雄

# スキタイと匈奴 遊牧の文明

興亡の世界史2

講談社 二〇〇七

ユーラシアは地球上の陸地の三七パーセントを占め、ユーラシアの大半にあたる八〇パーセントをアジアが占める。地理用語上はヨーロッパ（Europe）とアジア（Asia）が合体してユーラシア（Eurasia）になっているのだが、アジアがユーラシアの母なのだ。その母が北方を動いた。

シベリアの真ん中を大河イェニセイが南から北に流れている。その源流近くにトゥバという共和国がある。首都のクズルの街角には「アジアの中心」という碑が立っている。「北のアジア」ではなく「アジアの中心」という自負が掲げられたのだ。トゥバの言葉はテュルク語（トルコ系）に属するが、文化的にはモンゴルに近く、信仰もチベット仏教（ラマ教）である。一〇〇年ほど前には清朝に組みこまれていたが、一九一一年に辛亥《しんがい》革命がおこるとロシアがこの地に触手をのばして、ロシア革命後にソ連の領土となった。

そのトゥバの近くにアルジャンという村がある。ソ連が国営工場ソホーズを建てたので、周囲から石材が必要となり、積石塚（ヘレクスル）が次々に壊された。そこに古代そのままの直径一一〇メートルの「草原の王墓」があらわれた。木槨《もっかく》墓室には王と王妃の人骨が埋葬されていた。周囲からは一三カ所にわたって馬の遺骸《いがい》が発掘された。

古代騎馬遊牧民の王墓だったのである。調査が進むと、副葬品の馬具や武器が先スキタイ時代のものに近いことが判明した。となると、紀元前八〇〇年代である。発掘が始まった一九七一年、アルジャン古墳と名付けられた。いろいろなことが見えてきた。倍音を次々に響かせるホーミーの歌唱法はモンゴルやチベット起源とされてきたが、実はモンゴルよりもトゥバのほうが古いのではないかとも言われるようになった。なにしろ前九世紀からのパストラル・ノマドの村なのだ。

文明の歴史を読むとは、ひとまずもってヘロドトスと司馬遷をどう読むかということである。なにもかもがそこから始まる。ヘロドトスの『歴史』全九巻と司馬遷の『史記』全一三〇巻はユーラシアの西端と東端の古代を、当時としては驚くべき詳細な視点で、きわめて鮮明に綴った。

ヘロドトスはギリシア本土ではなく、エーゲ海を挟んだ対岸のカリア地方のハリカルナッソス（今日のトルコ西南部）に生まれた。紀元前四八〇年頃の生まれだったから、いまだアケメネス朝ペルシアが唯一の超大国として君臨していた。のちにアテネに行ってペリクレスやソフォクレスと交流し、歴史が物語であることに気が付き、伝承や見聞を徹底して集めた。ヒストリア（history）はストーリー（story）そのものだったのだ。前四四三年に南イタリアのトゥリオイ建設にかかわり、「偉大な行為はたいてい大きな危険を冒している」と言って、そこで死んだ。

ヘロドトスは自分の故郷であったペルシア帝国の絶頂期を築いたダレイオス大王の事績に、半ば畏怖と驚嘆をもっていた。調べていくうちに、大王をもってしてもついに征服することができなかったスキタイ（スキュティア）の存在と活動にのめりこんでいった。われわれがスキタイのことを知ることができるのは、ほとんどヘロドトスの稀代の執着のおかげである。

司馬遷の生まれは紀元前一四五年頃で、前漢の太史令だった司馬談の子として生まれた。根っからのフヒト（史人）だったが、ヘロドトスに劣らず長距離の旅をして、調査や資料収集をやってのけた。漢の王室に仕官したのちは、武帝の随員として四川・雲南・湖南・浙江・山東に赴いた。やがて匈奴《きょうど》に使節として旅だった張騫《ちょうけん》たちから匈奴の事情をヒアリングできるようになり、この破天荒な連中のことを知った。

前九八年に匈奴にくだった李陵を擁護したため帝の怒りにふれ、宮刑（去勢）に処せられたが、その屈辱をかみしめつつも、以降十数年を費やして『史記』を仕上げた。紀伝体である。

本書はヘロドトスの『歴史』第四巻を通してスキタイを浮上させ、司馬遷の『史記』匈奴列伝を通して匈奴を浮上させる。

スキタイと匈奴に共通するのは、二つの集族がユーラシアを代表する古代騎馬遊牧民だったということである。両者は、①農耕をおこなわない純粋の遊牧民である、②家畜とともに移動して定住する町や集落や都市をつくらない、③男子は全員が弓矢にすぐれた騎馬戦士になっている、④戦術は機動性に富み、不利なときはあっさり退却する、という著しい特色をもっていた。

その動向範囲はユーラシアのほぼ全域で、西はカルパティア山脈の麓の黒海の北のウクライナから東はウランバートルをこえた大興安嶺山脈の山麓にまで及ぶ。そこにはカフカス山脈、カスピ海、アラル海、カザフスタン、ウラル山脈、アルタイ山脈、モンゴル草原、天山山脈、ウルムチ、ウィグルが含まれる。

しかし、ヘロドトスと司馬遷の記述がどこまで正しいものかどうかは『歴史』と『史記』の熟読だけでは立証できない。今日では、そこにふんだんな考古学のエビデンスが加わる必要がある。本書は考古学によって裏付けられた、ヘロドトスと司馬遷を通したスキタイと匈奴の実像を詳しく提供する。たいへん興奮させられた。

文明（civilization）についての定義は曖昧だ。メソポタミア・エジプト・インダス・古代中国に共通する特色は、一応は「都市の発生」「王権の誕生」「巨大構築物の建設」「官僚制度の確立」「裁判の実施」「文字の発明」などになっている。

では、パストラル・ノマド（pastoral nomads）の歴史に文明的なるものがなかったかといえば、そんなことはない。ユーラシアの騎馬遊牧民（mounted nomads）の社会にはすでに「王」がいた。騎馬遊牧民の歴史に王が登場したのは紀元前九世紀の、ユーラシア草原地帯の東部でのことだった。そのころ、ユーラシアの西にはアッシリア帝国があり、東には西周の王朝が広がりつつあった。

騎馬遊牧民の王はけっこう「王墓」を造り、その権力の大きさを誇示した。最初は地上に墓所をおいてそれを墳丘で覆ったが、やがて地下に墓室を設けた。かれらは動物文様、馬具、武器を独特の様式で意匠（デザイン）した。こうして文明史の一角にスキタイがあらわれた。

ヘロドトスが驚いたスキタイにも王がいた。『歴史』ではプロトテュエスという王名になっている。メディア王のキャクサレスがアッシリアの都ニネヴェを包囲したとき、プロトテュエス王の息子のマデュエスが率いるスキタイの大軍があらわれて、メディア軍を蹴散らしたとある。そのアッシリア帝国は、その後の前六一二年にメディアと新バビロニアの連合軍によってあっけなく滅ぼされた。

このようにスキタイは「王」を戴き、ウクライナから中東までを荒らし回っていた。どうもいまのパレスチナあたりまで進出していたとおもわれる。旧約聖書「エゼキエル書」に、イスラエルの北方を騎馬軍団が襲ったという記述があるのは、スキタイあるいはキンメリアのことだとされている。ちなみに、いま日本の高校教科書ではスキタイの出現を前六世紀としているが、実際にははやくも前七世紀には動きまわっていたようだ。スキタイ時代は「草原の古墳時代」なのである。

スキタイの黄金装飾品はべらぼうに美しく、完成度が高い。一八〇度体をひねった動物表現から合成獣グリフィンのような造形まで、目を奪う。これだけの造形を仕上げる集団に文明がなかったとは言えない。それなら縄文人にも文明があったということになるが、縄文人には戦闘力がなく、おそらく王権がなかった。

一方、前三世紀後半にユーラシアの東に匈奴が出現した。匈奴の社会は十進法からできたヒエラルキー構造をもっていて、それを軍事組織にもいかしていた。

リーダーを単于《ぜんう》といい、その下に四王がいて、さらに左右二人ずつの大将、大都尉《だいとい》、大《だい》当戸《とうこ》、骨都侯《こつとうこう》が配備され、二十四長を形成していた。単于は「広大」という意味で、正月には二十四長たちが王庭《キャンプ》に集まって、諸族の結束をかためた。二十四長には裨小王、相、封（または将）、都尉、当戸、且渠《しょきょ》らの属官がいて、総じて左の王将軍は東方に、右の王将軍は西方にいた。むろん祭祀・刑罰・葬儀も発達していた。課税もあった。

こんなにヒエラルキーが発達していたのは、広大な地域に散らばったアクティブ・ユニットが活動していたからであろう。正月だけでなく、春秋にも蘢城（祭祀の場）で大集会をした痕跡がある。ただし匈奴は古墳を造らなかった。墓所は平原ではなく森林を選び、墓室は地下の深さ二〇メートルくらいのところに設えた。しかしだからといって、匈奴に文明がなかったとは言えない。

知れば知るほど匈奴はどぎまぎさせる。匈奴がわからなければ中国史は解けないというほどだ。沢田勲の『匈奴』（東方書店）など、とくに堪能させられた。

そもそも匈奴とは何者かというと、『史記』匈奴伝は「匈奴の祖先は夏《か》后《こう》氏の末裔である」と記している。

夏后は最近その実在が実証されつつある夏王朝のことだから、夏が殷に滅ぼされたのちに、夏后の一部が北方の平原に逃れていったのだ。しかし殷王朝は紀元前十七世紀のことなので、そんな古い時期に匈奴の祖先が遊牧民化したというのは、あまりに早すぎる。

秦の始皇帝が天下を統一する前後に草原を疾駆し、その名が知られはじめていたと見るのが妥当だろう。秦の将軍の蒙恬《もうてん》が匈奴を黄河の北方に追いやったというあたりが、歴史記述に登場する匈奴の活動期だったのである。この時期は、秦の北方の周辺で騒いでいたのは匈奴、東胡、月氏などだった。

匈奴の単于という王位にはいろいろな者が就いた。そのころには頭曼《とうまん》が一万人くらいの部隊を率いていた。やがて時代が秦末となり、楚の項羽《こうう》と漢の劉邦《りゅうほう》が鎬《しのぎ》を削って天下をとりあうころになると、頭曼の子の冒頓《ぼくとつ》が登場してきた。

冒頓は抜群の統率力があったようだ。遊牧民にはクリルタイの支配力、すなわち部族連合と族長連合を仕切る支配力が必要だったのだが、それに長けていた。そのうえ、かなり残忍だった。妻に閼氏《えんし・あつし》という者が何人かいたが、頭曼に取られると見て鏑矢《かぶらや》でその閼氏の一人を射ってしまった。それればかりか父親の頭曼も殺した。ヨーロッパの王権奪取の伝統とちがわない。きっと匈奴にも『金枝篇』があったのである。

匈奴には悍馬《かんば》名馬として知られる千里馬がいた。汗血馬《かんけつば》だ。遊牧民たちはこうした贈与や交換を好んだ。東胡のリーダーも汗血馬をほしがった。冒頓は「ほしくばくれてや

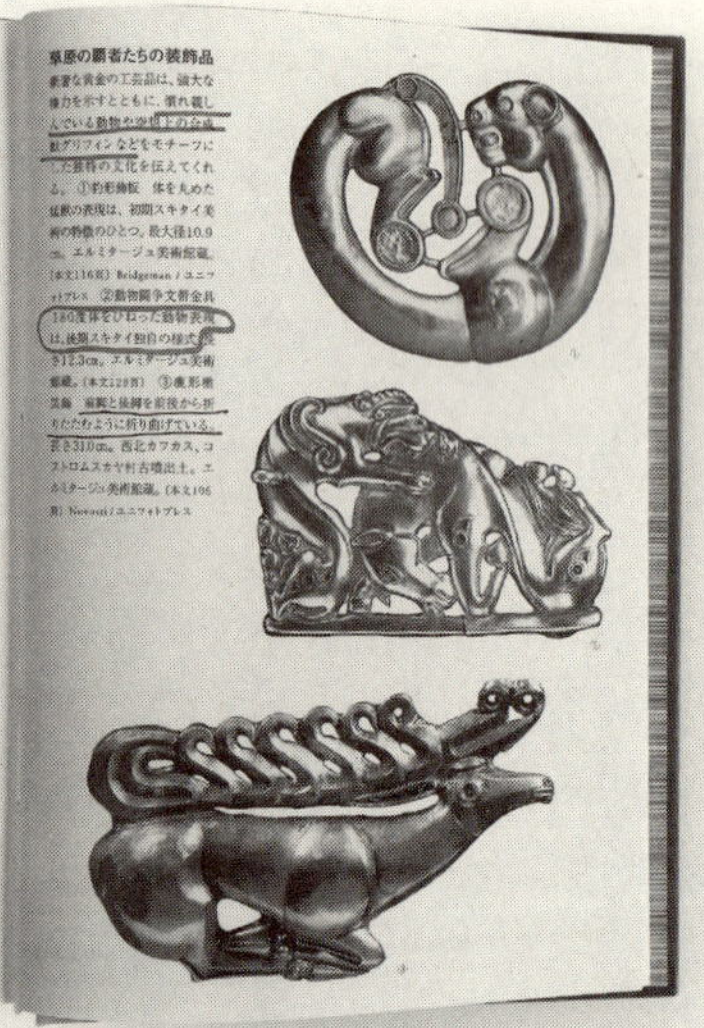

図版上・左は、空想合成獣グリフィンなどをモチーフにしたスキタイの黄金装飾品（本書口絵）。独自の文明力を見せつける造形だ。図版下は、西域を舞台に匈奴と漢が闘いを繰り広げた紀元前1世紀前半の地図（本書 p.249）。

ろう」と馬を与えるのだが、東胡王は今度は閼氏の一人を所望した。冒頓がこれも寛大なところを見せたため、東胡王は慢心して次は空いた土地がほしいと言ってきた。冒頓は「土地は国の基本である、なんということを言うか」と怒髪天を突き、東胡をあっというまに滅ぼしてしまった。

冒頓はこのようなやりかたで月氏の三分の二くらいを滅ぼすと、その勢いで楼蘭、烏孫、呼掲などの近傍二六カ国くらいを平定した。月氏については冒頓を継いだ老上単于もこれを襲い、その一部を西方に移動させた。この西方に行った連中がいわゆる大月氏で、バクトリア（大夏）を支配した。その大月氏のうちの一部族がさらにインドのクシャーン（クシャン、貴霜）王朝になる。残った月氏のほうは甘粛方面に行き、小月氏になった。匈奴は中国周辺のみならず、アジア各地に、ユーラシア各地にその足跡と派生者をのこしていったのである。

遊牧民はどんなリーダーシップをもっていたのだろうか。単于となった者は、毎朝、宿舎のテントを出ると日の出を拝み、夕刻には月を拝んだ。重大なことを決断するときは月の満ち欠けに従った。月が満ちれば攻撃し、欠ければ退却した。夜をも支配するルナティック・ノマドのリーダーだったのだ。

座するときは左を尊び、北を向いた。今日のモンゴルではテントの南側に入口をつくり、入って左側が男性の座、右側が女性の座になっているけれど、きっと匈奴にもそうした儀礼的習慣か、そうした天地の左右を律するコスモロジーがあったのだろう。少なくとも戊《つちのえ》と己《つちのと》を重視した活動の日時を選定するにも信仰や暦法があったようだ。十干の五番目と六番目を吉日としたらしく、そういう暦をもっていたにちがいない。婚姻制度では寡婦となった継母や兄嫁を娶《めと》る習慣をもっていた。文化人類学で「レヴィレート婚」（嫂婚《そうこん》制）というのだが、戦闘によって寡婦が生じやすい社会では妥当な方法だった。

しかし、匈奴の最大の特徴はなんといっても駿馬《しゅんめ》を駆って、圧倒的な戦闘力を発揮したということにある。幼年期から訓練を積ませる国民皆兵制のような制度があったのだと想像される。秦の始皇帝が例の「万里の長城」を築くことにしたのも、匈奴の侵攻を阻みたかったからだった。

劉邦が高祖となって漢帝国を築いたあとも、匈奴はその勇猛苛烈をもってしばしば大帝国を脅かした。高祖六年（前二〇二）には、北方防衛の拠点であった馬邑《ばゆう》（山西省北部）に駐屯していた韓王信が匈奴の大軍に包囲された。韓王信はしばしば匈奴に使者を出して和解の道をさぐろうとしたが、これがかえって匈奴に通じているとの疑心を高祖に抱かせ、高祖自身が大軍を率いて馬邑に向かった。

この戦闘は古代中国史ではとても有名で、やがて冒頓の四〇万騎が高祖の二〇万の漢軍を叩いた「白登山の戦い」で決着がつく。そのあと高祖も冒頓も亡くなったから、白頭山は古代中国史の大きな区切りだったのである。高祖のあとは恵帝、文帝などをへて七代目に武帝が登場する。匈奴のほうで冒頓を継いだのは老人単于で、そのあと軍臣単于というふうに続く。

武帝は匈奴を打倒したかった。単独では勝てない。大月氏と示し合わせて挟撃することにした。使者として若い張騫《ちょうけん》が登用された。張騫と武帝の西域経営計画のことは、比較的よく知られている。高校時代に読んだ長沢和俊の『張騫とシルクロード』(清水新書)が懐かしい。張騫の苦心は匈奴の社会をよくあらわしている。

張騫は甘父をサブリーダーにして、約一〇〇人ほどの従者とともに前一三九年に隴西《ろうせい》を出発し、匈奴の領内に入った。ところがすぐ捕まった。捕虜になったのだが、なぜか張騫は好意をもって幽閉された。匈奴にはそういう〝胸中にとびこむ敵〟を厚遇するところがあった。妻をあてがわれ十年がたち、子も生まれた。監視の目もゆるくなってきた。そこで張騫は当初の目的を忘れず脱出して西に走った。大宛《だいえん》に向かったのだ。

大宛は中央アジアのフェルガナ地方に栄えていた王国である。張騫の弁舌と誠意に絆《ほだ》されたのか、大宛王は通訳をつけて張騫一行を康居に送り届けた。康居はフェルガナからシル・ダリヤ沿いに下った遊牧民王国である。いまのキルギス・カザフスタンにあたる。ここで張騫はさらに大月氏のもとに送られた。

そのうち軍臣単于が病没し、匈奴は後継者争いで混乱した。張騫はこのときとばかりに匈奴人の妻と甘父とともに漢に逃げ帰った。これでは張騫は何もしなかったことになる。いたずらに時を食《は》んだだけだ。しかし、張騫は豊富な「情報」を持ち帰ったのだ。古代において情報はときに金よりも尊い。その情報の数々は『史記』大宛伝に詳しい。かくてまだ二十代前半の武帝は、あまたの西域情報を手に入れ、あたかもベンチャー・プレジデントのごとく西域経営に乗り出すことになる。

ここまでが張騫の話だ。ここから匈奴戦争の主人公は衛青《えいせい》や霍去病《かくきょへい》に移る。


前一三五年に匈奴から使者が来て、和親を求めてきた。寵臣たちが議論すると、方針が割れた。もともとが燕の出身だった王恢《おうかい》は「匈奴は和親しても数年で約束を破るから撃つべきだ」と言い、韓安国は「匈奴は移動するから捕らえがたい。それを追えば兵士が疲弊して戦闘能力が失せるから、ここは和親に応ずるべきだ」と言った。

武帝は作戦を練った。囮《おとり》を使って匈奴の領内に入れ、そのうえで襲うというものだ。囮には馬邑にいた老人がつかわれ、うまいことに新たに単于の位に就いた伊稚斜《いちしゃ》がこの老人を信用した。武帝軍は機をみはからって一気に突入しようとしたが、匈奴軍は左右に動き、前後に走ってこれを翻弄した。やむなく武帝は奸計を用いるのではなく、正面突破に切り替えた。あとはどこを好機とするか。

前一二九年、匈奴の一部の編隊が上谷《じようこく》（北京の西）に侵入して、役人や民衆を屠《ほふ》っていった。この時を待っていた武帝は四人の将軍に一万騎を与えて攻撃させた。車騎将軍の衛《えい》青《せい》は龍城に侵略して首級・捕虜七〇〇を得た。軽車将軍の公孫賀は戦果を得られず、騎将軍の公孫敖《こうそんごう》は破れて七〇〇〇人の兵士を失い、驍騎《ぎようき》将軍の李広は捕虜になった。

どうもうまくいかない。匈奴のほうでは捕虜とした李広に関心をもった。この男を手なづけて匈奴の将軍に仕立てようというのだが、李広はとっさにこれを振り切った。翌年、匈奴は二万騎をもって遼西を襲い、太守を殺して二〇〇〇人を攫《さら》っていった。

このような匈奴のやりくちを見ていると「拉致《らち》」という言葉が浮かぶ。いま「拉致」といえば北朝鮮のやりくちで有名になっているが、この手段は近代国家のなかではおよそ考えつかない。しかしここには遊牧的なもの、あるいは遊撃的なものの本質があるようにおもう。相手の人材や才能の芽を摘んで、これを内部でインキュベートしようというやりくちなのだ。

武帝の怒りはしだいに頂点に達してきた。前一二七年に戦果著しかった衛青を今度は隴西に向かわせ、黄河の南にいた匈奴を撃たせ、白羊《はくよう》王と楼煩《ろうはん》王を破り、捕虜四〇〇〇人を確保すると、かつて蒙恬《もうてん》が築いた長城を修復させた。以降、衛青は大将軍となり、六将軍一〇万騎をもってたびたび匈奴征伐を敢行する。

なかで弱冠二十歳の霍去病《かくきょへい》は隴西から焉支山《えんしざん》をへて匈奴の領内を食い破り、一万八〇〇〇人を捕らえた。若きヒーローの登場だ。渾邪《こんや》王を屈服させたのも驃騎将軍となった霍去病だった。義仲や義経を思わせる。霍去病はその後の数年間も匈奴退治で大活躍をするのだが、わずか二四歳で死んだ。武帝の皇后の血縁で、衛青の姉の子であった。

漢と匈奴の〝動きまわる闘争〟ははてしない。西域経営もなかなかままならない。武帝もこんな遊動的な連中を叩ききれないと覚悟し、それよりも匈奴の周辺でつながっているだろう羌《きょう》や烏孫《うそん》を匈奴から引き離す作戦をとり、いわゆる河西回廊（いまの甘粛省）に大規模な植民を投じるようになった。当初の令居を足がかりに、武威郡・酒泉郡・張掖郡・敦煌郡を分置して、とりあえず西域ルートを確保し、そこへ使節団や商人を送りこむことにした。これは朝鮮半島に楽浪郡など四郡を置いたことと同じ外交策である。

それでも西域では匈奴を恐れて漢の使節を軽んじていた。武帝は自分が寵愛していた李夫人の兄の李広利を頼んで、この統制にあたらせた。こうして楼蘭が前一〇八年に落ちた。井上靖の『楼蘭』がその浪漫を書いた。

匈奴のほうも黙っていない。狐鹿姑《ころくこ》単于と左賢王だった息子の日逐王《にっちくおう》が独自の西域経営に着手して、「僮僕《どうぼく》政治」を実行していった。僮僕とは召使いや下僕の意味だが、捕虜・人質・奴隷を仕立てたのであろう。このあたりも北朝鮮を思わせる。

楼蘭を落とした武帝は、次は車師に狙いをつけ、匈奴からの投降者の介和王《かいわおう》をリーダーとさせた。かくて漢と匈奴は西域を舞台に一進一退を何度もくりかえす。そこに登場してくるのが中島敦の小説で有名な李陵《りりょう》である。李広の孫にあたる。騎兵ではなく歩兵五〇〇〇を率いて作戦に出るのだが、捕虜になってしまった。李陵は降伏するふりをして単于と刺し違える覚悟だった。その覚悟を見た単于は李陵を気にいり、娘を娶らせ、右校王という名を与えた。このときの李陵の心の葛藤が中島敦の名作『李陵』の主題になっている。

武帝は前八七年に没した。匈奴は勢いを得てしばしば侵入と殺戮を試みたが、漢が各地に置いた狼煙《のろし》台が機能して、防衛線が守れた。匈奴は一転して烏孫を攻撃、車延や悪師の地を取って、相変わらず人民連行策を継続していった。このへんのこと、もはや司馬遷は書いていない。『漢書』や『後漢書』の記述になっていく。

単于は壺衍鞮《こえんてい》単于から虚閭《きよろ》権渠《けんきよ》単于、握衍朐鞮《あくえんくてい》単于に代わり、さらに呼韓邪《こかんや》単于の時代になっていた。しかし、このころからさしもの勢力が分散してきた。匈奴に親子兄弟の内紛が絶えなくなっていったのである。単于並立時代だ。内紛は対立から決戦に及び、呼韓邪とその兄の呼屠吾斯《ことごし》が勝ち、さらに頂上決戦となって、呼屠吾斯が統一単于につき、郅支《しっし》単于を名のった。

郅支単于は烏孫の地の赤谷城に侵入し、人民数百を都頼水《とらい》に投げこんだ。都頼水とはタラス河であり、ここに新たに城をつくって周辺諸国に貢がせた。そこには大宛、奄蔡《えんさい》が含まれていたのだが、そうだとするとこれは青木健が『アーリア人』（講談社選書メチエ）でふれた部族の歴史とも関係してくることになる。

しかし、こういう内紛はその後に何が統一されても、敗残の一味がそのまま屈することは少ない。こうしてここに、匈奴は初めての分裂をおこすのである。呼韓邪は南方に走り、呼屠吾斯は西方と北方を収めた。呼韓邪のほうは後漢には柔順で、漢の帝室の娘婿になりたいとさえ申し出た。匈奴の一部が組みこめるなら、これはことのほかだということで、このとき漢室から呼韓邪に嫁いでいったのが、かの王昭君《おうしょうくん》だった。前三三年のことだ。

王昭君は元帝の後宮にいた美女で、呼韓邪に嫁いでからは寧胡《ねいこ》閼氏《えんし》と称され、呼韓邪が没してからは復株絫《ふくしゅるい》若鞮単于と再婚し、計一男二女を生んだ。楊貴妃・西施・貂蟬《ちょうせん》と並ぶ古代中国の四大美人のひとりである。その数奇な生涯は『西京雑記』『世説新語』に伝承され、杜甫・李白・白居易をはじめさまざまな詩文に謳われた。晋の石崇の詩曲『王明君辞』、元の馬致遠の戯曲『漢宮秋』などもそのひとつだ。わが国では『和歌朗詠集』に大江朝綱が王昭君を詠んだ和歌がある。ぼくは菱田春草の絵《王昭君》が好きだ。

かくて南匈奴と北匈奴が分立していったのである。北匈奴は呼衍《こえん》王のときに西域に進出して、亀茲《クチヤ》を攻略し、天山山脈の北側の草原地帯を占めた。現在の新疆ウイグル地区からカザフスタンのあたりを本拠とした。

だが、敦煌の太守が北匈奴を攻撃したいと後漢に上表したように、その勢力はしだいに衰えていった。南匈奴のほうは後漢にくだり、それが逆に内外の出入りを激しく加速したため、中国を四分五裂させ、やがて五胡十六国の乱立になっていった。中国は騎馬遊牧民の匈奴によってその性質を変えていったのである。北匈奴がその後どうなっていったのか、いまのところ歴史学も考古学もあきらかにしていない。呼衍王が西域の北に拠点を定めていたのが西暦一二三年くらいだった。

後漢も敦煌らと北匈奴を挟撃しようとしていたが、一五一年に後漢軍が向かったところ、呼衍王はどこかに消え去っていったとしか『後漢書』には書いていない。そこで北匈奴の行方が問題になってくるのである。ひとつは鮮卑とまじっていったという説、ひとつはカスピ海まで及んでアラーンとまじっていったという説、そして一番気になるのが逃れた匈奴はフン族になっていったという説である。

とくに「匈奴＝フン族」説はなかなか捨て難い。ただし中国の記録から北匈奴の姿が消えてから約二〇〇年をへた三七六年に西ゴート族が動くのだから、これをフン族が追い、そのフン族と匈奴がつながっているとすると、二世紀前後の歴象データが必要になる。これは、まだない。いずれにしても北方遊牧民族たちがユーラシアを駆けめぐっていたことが、その後のアジアはむろん、ヨーロッパをも変貌させていったのである。

本書は次の見方を示しておわっている。

今日こそ遊牧性が見直されているのではないか。遊牧民は家畜に配合飼料などは与えない。自然に生える草を食べさせる。だから肉も乳製品も完全自然食品なのである。一カ所にとどまることはないから、草が食べ尽くされることもない。

今日の二一世紀の草原遊牧民だって、一族が必要なぶんを提供する小さな一畳程度の太陽電池パネルと、それに風見鶏をかねたプロペラの風力発電装置があれば、十分に暮らしていける。遊牧民だってパラボナアンテナをもって衛星放送を見まくり、スマホでカシミヤの毛の相場を遊んだっていいのだ、というふうに。

第一四二四夜　二〇一一年七月十九日

**参照千夜**

一四〇四夜：杉山正明『遊牧民から見た世界史』　一四二一夜：青木健『アーリア人』　一四五一夜：岡村秀典『夏王朝』　一一九九夜：ジェームズ・フレイザー『金枝篇』　一四三一夜：森安孝夫『シルクロ

ードと唐帝国』　一五六夜：井上靖『本覚坊遺文』　三六一夜：中島敦『李陵・弟子・名人伝』　九五二夜：李白『李白詩選』　一五八夜：『和漢朗詠集』

# 第四章 鏡の中の文明像

ナヤン・チャンダ『グローバリゼーション　人類5万年のドラマ』
ジャレド・ダイアモンド『銃・病原菌・鉄』
フェルナン・ブローデル『物質文明・経済・資本主義』
オスヴァルト・シュペングラー『西洋の没落』
アーノルド・J・トインビー『現代が受けている挑戦』
コンラート・ローレンツ『鏡の背面』
ダニエル・ベル『資本主義の文化的矛盾』
サミュエル・ハンチントン『文明の衝突』
ラジ・パテル『肥満と飢餓』

小麦・馬・奴隷・アヘン・宣教師…
兵器・電球・ミニスカ・PC…ぜんぶ文明商品

ナヤン・チャンダ

# グローバリゼーション 人類5万年のドラマ

友田錫・滝上広水訳 NTT出版 全二巻 二〇〇九

Nayan Chanda: Bound Together—How Traders, Preachers, Adventurers, and Warriors Shaped Globalization 2007

音楽プレーヤーiPodをウェブから注文すると、わずか数分で注文確認のeメールが届く。商品配送データをチェックすれば、この商品の発送地点は上海で、組立工場はアップル・チャイニーズである。それだけではない。iPodの心臓部のマイクロドライブは日立が作り、コントロールチップは韓国製で、ソニー製のバッテリーは中国に下請けされている。何万もの曲を検索して演奏してくれるチップのソフトは、インドのポータルプレーヤー社のプログラマーが設計した。

これぞグローバリゼーションである。いかにもアップルらしい。しかしそれなら、インド名「アヴァロキテシュヴァラ」がやがて中国では「グアンイン」と発音されて「観音菩薩」と綴られ、日本では観音さんとなっていつしか「キヤノン」というカメラメーカーの名前になったというのは、どうなのか。韓国のキムチの大流行は、コロンブスの唐辛子が日本に入ってそれが秀吉時代に韓国に移ってからおこったことで、それまでのキムチは白菜とニンニクによるあっさりしたものだったというのは、どうなのか。これらはグローバリゼーションではないのか。

あるいはまた黒死病の原因となったペスト菌、ボルドー・ワイン、議会主義、アイザック・シンガーのミシン、プロレタリアートという階級意識、ディオールのAライン、H2N2型の鳥インフルエンザ、スノーボードは、どうなのか。むろんこういうこともグローバリゼーションの正体である。本書はそういう見方をもって綴られた。

グローバリゼーションの定義には、いまのところたいしたものがない。ブリタニカの最新版では、ジェームズ・ワトソンが「日常生活の見聞や体験が商品やアイディアの拡散によって広まり、あるいは深まって、それが世界中の文化的表現の標準化を助長していくプロセスである」と説明した。世界銀行の公式サイトの説明はこうだ、「個人や会社が、他の国の居住者と自発的に経済行為を開始する自由と能力をさす」。何、これ？　こんな定義ではさっぱりわからない。

トーマス・フリードマンの『フラット化する世界』(日本経済新聞社)は、世界の商品と技術が高速にグローバル化したことがグローバリゼーションをつくったと言ったけれど、かなりそういう気はするものの、はたしてそれだけか。たしかにｉＰｏｄはそうなっているけれど、それだけか。ナヤン・チャンダは必ずしもそうではないと見る。多国籍企業やＮＧＯがグローバリゼーションのひとつの証左なら、そもそも戦争や移民や旅行者だってグローバリゼーションなのである。

それというのも、グローバリゼーションは何も二十世紀の最後半からおこったことではなくて、人類の歴史や文明の歴史とともに始まっていたはずであるからだ。ナヤンはそのような観点によって新たにグローバリゼーションの歴史を執筆した。調査から仕上げまでに六年をかけたらしい。ドキュメントやルポに強いジャーナリストらしい粘り強い仕上がりだ。いまさらという知識のひけらかしも少なくないが、ともかくは通史に挑んだだけあって、説得力のある内容になっていた。

それにしても五万年ぶんものグローバリゼーションをどう縮めて叙述できるのか。本書を読む前にその壮大な企図をナヤンがどんなふうに構成編集したのか、戦争や移民や旅行者ばかりをあれこれ例示して歴史説明しようとしたのか、はなはだ興味津々だったのだが、目次を見て合点した。

ナヤンは、グローバリゼーションの担い手たち、すなわち〝グローバライザー〟を大きな歴史のタームごとに絞っていった。ミトコンドリア、小麦、馬、木綿、仏像、宣教師、帆船、交易商人、胡椒、奴隷、アヘン、コーヒー、郵便物、ジーンズ、レコード、真空管、トランジスタラジオ、ミニスカート、シリコンチップ、そしてグーグルアース、iＰｏｄというふうに。なるほど、その通りだ。つまりこの本は資本とか金融ではないものに注目してみたわけだ。ただし商社や企業のグローバリゼーションは扱っている。かれらもまた新規のグローバライザーであるからだ。

著者はインドのジャーナリズム出身で、エール大学のグローバリゼーション研究センターの部長をしている編集のプロである。実に多様なグローバライザーの変遷を組み上げている。それでも中身を紹介するとなると膨大になるが、さいわいチャプター・タイトルにその意図がうまく表現されているので、その順にサマライズをしておく。

**第1章　すべてはアフリカから始まった**

氷河期末期（ヴュルム氷期から最終氷期）のどこかで、われらが祖先の一握りのグループがアフリカから世界に散らばった。自然食糧と環境を求めたにちがいない。

この人類初期の拡散は、最初はミトコンドリアＤＮＡの母系を通しておこっていった。すべての初期人類は二十万年前の〝イヴ〟か〝ルーシー〟を曾祖母にしていたわけだ。けれどもそのうちの系統のいくつかは不幸な血統崩壊をおこし、生き残ったＬ１、Ｌ２、Ｌ３の血統が今日におよぶその後の世界人類のルーツとなった。アフリカの女性たちは

L1とL2系に、残りすべての女性はL3系に。

五万年前、この子孫たちがほぼ大陸のすべての各所に定住した。氷河期がおわると分散と拡散はいったん止まり、農耕を始め、家畜を飼いならした。続く四万年前、レヴァントの系統のM9という新しいマーカーがイランか中央アジア南部の平原に登場し、その子孫たちが「ユーラシア族」の起源となった。それがタジキスタンあたりで南に向かったM20マーカーの一族と（インド定住派）、北に向かったM45のマーカーの一族とに分かれた（中央アジア・シベリア定住派）。それからは同時多発、時間差いろいろ、人生いろいろで、たとえば東アジアにはM175が、ヨーロッパにはM173が最終マーカーとなっていく。

それでどうなったのか。紀元前一万年前のころ、アフリカ―ユーラシア域、オーストラリア―ニューギニア域、アメリカ域、太平洋域が分掌された。やがてレヴァント地方やインドや中国の集落都市のふところから、貿易商人、布教師、兵士、冒険者たちが出現した。かれらが最初のグローバライザーである。

## 第2章　ラクダの隊商から電子商取引へ

グローバリゼーションの大きな歯車は交易にある。交易を促進したのは交通と輸送と運搬の手段の発展による。馬、ラクダ、季節風で走る帆船、蒸気船などなどだ。これらによって、絹、漆器、毛織物、亜麻布、ガラス、サンゴ、琥珀《こはく》、真珠、ワイン、そして奴隷が走りまわることになった。

　アッバース朝のバグダッドが完成し、モンスーンの拠点にマラッカが築港されると、シナモン、パピルス、紙、インク、白檀《びゃくだん》、ココナツ、陶器、各種香辛料、そして「知識」が動きまわるようになった。コンパスと大三角帆が活躍した。やがて蒸気船が生まれ、スエズ運河とパナマ運河が開通し、その後はたちまち列車・自動車・飛行機・コンテナ船・ジャンボジェット機になっていく。

　それとともに取引手段や決済手段が次々と変化していった。物々交換から貝類へ、そこから貴金属やその裏付けのある証書や朱印や手形による取引へ、そのうちあっというまに金貨からペラペラの紙幣への転換がおこり、ついにはプラスチック製のクレジットカードが出てきて、銀行オンライン決済へ向かっていった。一方、ＣＥＲＮ《セルン》でコンサルをしていた物理屋ティム・バーナーズ＝リーが組み立てたＨＴＭＬ（ハイパーテキスト・マークアップ・ランゲージ）は、地球上の異なる場所のパソコンから送られてくるテキスト・画像・音声をシームレスに読み書き転送できるようにした。

　こうして世界はＷＷＷ（ワールドワイドウェブ）のグローバル・ネットワークの中に入っていった。いまやセヴィリヤの宝石商人も鹿児島の黒豚商人も、たいていが片手間の電子取引商人になっている。このあたり、ナヤンの手さばきは快調だ。

## 第3章　ワールド・インサイド――世界がその中に詰まっている

世界をその中に詰めて各地をグローバルに動きまわったものがいっぱいある。たとえば木綿、コーヒー、マイクロチップだ。インテル社はインテル製品を使っている電子機器には「インテル・インサイド」(内部でインテル使用)という商標を貼りつけているのだが、そのでんでいえば、木綿・コーヒー・マイクロチップはさしずめ「ワールド・インサイド」なのである。世界がその中に詰まっている商品なのだ。

「ワールド・インサイド」は強かった。かつて木綿《きわた》から採った綿は、マネーよりも換金能力をもっていた。木綿はインド亜大陸のインダス川の盆地で自生していた品種を改良して栽培され、紀元前一世紀には中国でいくつもの品種となり、やがてインダス流域や長江流域からヨーロッパにも朝鮮にも日本にも渡っていった。

それが西洋では、十世紀には重要な換金能力をもつ「ワールド・インサイド」になっていた。イタリアの旅行者で一六九五年にインドを訪れたジェメリ・カレリは「世界で流通している金と銀はみんなムガール帝国の財布の中に入っていく」と書いた。

そこにイギリスが目をつけ、十八世紀にはマンチェスターを世界中の綿を仕切るコットン・ポリスに仕立てた。あとは推して知るべし、インドの大衆は歴史上初めて、イギリスで作ったコットン製品を輸入して着るハメになる。ガンジーが綿を紡ぐ手押し車ひとって大英帝国に刃向かったのは、この機械生産に対する反逆だった。

コーヒーはどのように「ワールド・インサイド」になったのか。綿の歴史に「アンクル・トムの小屋」という黒人奴隷の歴史が滲《し》みついたように、ブラジルにコーヒー・プランテーションができるにしたがって非合法の奴隷貿易がかぶさって、毎年約五万人の奴隷がブラジルに運ばれたのである。いまではそのコーヒーのシェアを、四大焙煎屋であるプロクター&ギャンブル、クラフト・フーズ、サラ・リー、ネスレ（元ネッスル）が握り、その価格をニューヨークのコーヒー取引所が操作している。

### 第4章　布教師の世界

この章ではブッダとナザレの大工の息子とジハードが好きな男が先駆者で、その弟子や末裔たちがグローバライザーだ。仏教とキリスト教とイスラムの教えを運んだ者たちだ。

ついでは十字軍やテンプル騎士団が、さらにはマルコ・ポーロやヴァスコダ・ガマやコロンブスが代表的グローバライザーになる。かれらもまたさまざまな意味での伝道師たちだ。むろんイエズス会の宣教師たちこそ文字通りの伝道師であるが、かれらは宗教を伝えただけでなく「文明と文化の商品」の売り買いを媒介した。

それが高じてどうなったかといえば、アヘン戦争だ。インドの綿花をイギリス国内で加工して儲けたマネーは、インド産の大量のアヘンとなって中国に売られ、この三角貿易こそが世界に植民地を増産させ、アングロ・サクソンを増長させた。もっともかれらは信心を押し付け、物品を買わせたばかりではなく、行く先々の言葉を翻訳して異文化コミュニケーションの最初の立役者にもなった。グローバリゼーションはつねに相反する効果をもたらすものなのだ。

デイヴィッド・リヴィングストンがヨーロッパ人が恐れていた暗黒大陸アフリカに分け入って巨大で長大なザンベジ川を発見し、この「神のハイウェイ」こそが新たな世界の十字路になるだろうと感じたことは、そのまま「アフリカ分割」となった。ジョセフ・コンラッドが傑作『闇の奥』に暴いたことだ。こうしたアヘン戦争からアフリカ分割に及んだ列強の獰猛な歴史については、ぼくも『国家と「私」の行方』（春秋社）に詳しく書いておいた。

この章には、新たなグローバライザーも登場する。そこでは、一つのグローバリゼーションの効果が相反するものを生み出してきた歴史において、二つのグローバライザーが対立する。IMFやコングロマリットが上からのグローバリゼーションを推進しているのに対して、NGOやNPOが下からのグローバリゼーションで対立しあうようになったのだ。アイリーン・カーンの「アムネスティ・インターナショナル」やケネス・ロスの「ヒューマン・ライツ・ウォッチ」は下からの運動を進めていった。

いやいや、もうひとつ、上でも下でもなく、横からの攻撃を仕掛ける者たちもいる。アルカイダの反グローバリゼーション活動だ。ジョン・グレイの『グローバリズムという妄想』(日本経済新聞社)も指摘していたことだ。

## 第5章　流動する世界

この章はあまりおもしろくない。中身も粗雑だ。張騫《ちょうけん》、鄭和《ていわ》、甘英《かんえい》、マルコ・ポーロ、イブン・バットゥータ、ヴァスコダ・ガマ、コロンブスを扱って、かれらの末裔が奴隷を商品とし、世界中に移民を奨励して、本国と植民地というグローバルな主従システムをつくり、そのうえでシリコンチップを世界にばらまいたというのだ。世の中、どんなときも「出エシプト」「出アフリカ」「出本国」なのである。ただしこれらは先進列強国のシナリオで、これを真似したイタリア、ドイツ、日本は痛い目にあうことになった。

## 第6章　帝国の織りなす世界

アメリカだけが帝国(インペリウム)なのではない。アッシリア皇帝や始皇帝に始まって、アレキサンダーや何人ものローマ皇帝やチンギス・ハーンも大帝国をつくりあげた。ロマノフ王朝もハプスブルク帝国もオスマントルコ帝国も大英帝国もあった。

なかでも一八〇〇年以降の大英帝国はグローバリゼーションの文法のほとんどを独占したのだが、その大英帝国の栄光が一九九七年の香港返還によって完全に消滅してからは、またゴルバチョフによってソ連の解体がもたらされてからは、もっぱらアメリカだけが「帝国」の名をほしいままにした。

これらの帝国はたいてい「通貨の帝国」であった。また「知識の帝国」や「言語の帝国」でもあろうとした。サンスクリット語、ベネチア金貨、ポンドやドル、フランス語や英語を世界に売り出した。今後は人民元や北京官語が新たなグローバライザーをめざすであろう。本書ではまったくふれられていないけれど、数学と科学方程式による「理科の帝国」の進出もめざましい。

だから歴史のなかでは、軍事や経済の軍隊をくりだす侵略的帝国のグローバリゼーションとはべつの、いわば「精神の帝国」をつくろうとする試みも数々あったのは当然だ。アショーカ王の仏教やパウロのキリスト教やムハマンド(マホメット)のイスラムがその代表であるが、そのほか数かぎりない精神帝国が提案された。そこにはケルト・ルネサンスから神秘主義者や心理学者たちの喧伝による「意識の帝国」もある。

しかしそうしたなかで、新たな世界を制したのは結局は「情報の帝国」だったのである。いまではインターネットという情報ネットワークを通して布教されているのは、もっぱら「富と商品の帝国」ばかりだ。

## 第7章　奴隷、細菌、そしてトロイの木馬

グローバリゼーションは明るいところでばかり進展するわけではない。天然痘やアヘンやコンピュータ・ウィルスによっても広まった。ここを隠して経済主義に偏したグローバリゼーション論には信用ならないものがある。マッジ・ドレッサーは早くに「十九世紀までの奴隷貿易と十九世紀のグローバリゼーションが人類最大の悲劇である」と切り捨てていた。

奴隷の売買にかかわった国は数かぎりない。古代ローマ、ヴァイキング、中世中国、スペインとイギリスと西ヨーロッパのすべての国、オスマントルコ、ロシア、ブラジル、そしてアメリカだ。みんな奴隷で巨《おお》きくなった。奴隷問題は人身売買だけのグローバリゼーションではなかった。奴隷と砂糖がカップリングされ、「奴隷・砂糖複合体プランテーション」となって、南北アメリカ大陸にあまねくゆきわたったことに、もっと異様な特色があった。これが大西洋奴隷貿易として十九世紀までの世界を制したグローバリゼーションのOSだったのだ。奴隷と砂糖のカップリングがなかったら、海運業も造船技術も農場経営もなかった。

砂糖・奴隷の複合体がもたらした富は、大英帝国によってラム酒・ブランデー・チーズ・タバコ・火薬・銃とも変じて世界の嗜好と暴力の欲望を広げ、大学の創設にあずか

って知識産業のプラットホームになっていった。ハーバード大学、エール大学、ブラウン大学の創設者は砂糖と奴隷で大儲けして、その後に奴隷制度の反対を唱えたのだ。

見えないグローバリゼーションとしてもっと恐るべきものとなったのは、各地で「白人がふりまく息」の中にひそんでいたものだった。病原菌である。ニーアル・ファーガソンは『憎悪の世紀』(早川書房)のなかで、そういう白人たちのことを「中世ヨーロッパで黒死病を運んだネズミのようだ」と評した。いまSARS《サーズ》は「二一世紀に出現した最初の深刻な伝染グローバライザー」と呼ばれている。

一方、一九八五年になって南カリフォルニア大学のフレッド・コーエンが自己コピーするプログラムを作った。ついでパキスタンのファルーク・アルビ兄弟が「ブレイン」によって、コンピュータの保存データからフロッピーディスクのソフトをコピーするたびに自分自身もハードコピーして「著作権は自分にある」という警告を発するようにしたとき、新たなウィルス、コンピュータ・ウィルスが登場した。このウィルスが二一世紀の「トロイの木馬」の厄災を世界に次々にもたらしていくだろうことは、想像に難くない。

## 第8章　グローバリゼーション——流行語から呪われた言葉へ

このチャプター・タイトルはわかりにくい。グローバリゼーションという言葉がウェブスターに最初に登録されたのは一九六一年だった。「ものごとを世界的な視野で捉え、認識すること」と定義された。マルティン・ベハイムがコロンブス新大陸発見の一四九二年に最初の地球儀をつくってくるくる回してみせてから約四七〇年後のこと、スプートニクが地球を回った一九五七年から四年後のことだった。

　以来、この言葉の意味こそがくるくる変わってきた。国際化と同義のこともあったし、コカ・コーラやマクドナルドと同義のこともあった。GATT《ガット》の交渉の成功や「多国間繊維協定」（MFA）の定着を意味していたこともあった。やがて市場原理主義や金融資本主義と結びついて、グローバル資本主義＝グローバリゼーションになった。

　そういうふうに使われるようになったのは、ルイス・ウチテルの見るところでは、「ハーバード・ビジネス・レビュー」が一九八九年に、グローバリゼーションを「すぐれた産業技術の発展をもたらす王道」と書いたあたりからだったという。つまり「国境なき生産システム」が当初のレッテルだったのだ。

　それがまたたくまに「経済の自由」「富の拡大」「貧困からの脱出」というふうになり、アナン国連事務総長すらもが「世界はいよいよ強い時代に入った。貧困国が経なければならない段階を飛び越すだろう」と発言した。

　こういう言葉の意味の変移はグローバリゼーションの本義を歪めた。おまけにフリードマンの『フラット化する世界』が強調していたように、アウトソーシングこそがグローバリゼーションを促進するというふうにもなってきた。慌ててコカ・コーラのCEOだったダグラス・ダフトは「ゴーイング・ローカル」に立ち戻ろうとグループ全体に呼びかけた。

## 第9章　グローバリゼーションを恐れる者は誰だ？

IMFやWTOがおこしたグローバリゼーションは、各国に悲劇的な混乱と格差をもたらした。韓国の農産物輸入関税の規制緩和を機に立ち上がった李京海《リー・キョンヘ》は、国際的な農民グループ「農民の道」(Via Campesina)を率いて反グローバリゼーションのキャンペーンを展開し、フランスの農民ジョゼ・ボヴェはファストフードなどの「悪玉食品」(malbouffe)の撲滅に立ち上がり、グローバリゼーションが邪悪な新興宗教であることを訴えた。

ジョセフ・スティグリッツはさっそく『世界を不幸にしたグローバリズムの正体』(徳間書店)を、ハロルド・ジェイムズは『グローバリゼーションの終焉』(日本経済新聞社)を書いて、グローバリゼーションはグローバリズムという名の偏狭な主義にすぎないと言い立てた。世界最大のコンピューターメーカーDELLの販売収入の四三パーセントがアメリカ国外からのものなのだ。

こうして「反グローバリゼーション」と「オルター・グローバリゼーション」という気運が高まってきた。それならこのままいくとグローバリゼーションは、かつて世界を股にかけたグローバライザーだったマゼラン船長やクック船長が現地人に殺されたように、どこかで打倒対象になるのだろうか。もしそうなら過激なマルクス主義者の革命運動の再来だろうけれど、どうもそうはなりそうにない。

それというのも反グローバリズムの旗印は、いまのところは国外からの侵入や影響に反対する目印にとどまっているからだ。フランス人作家パトリック・アルテュスの『デロカリザシオン』は、仕事を失っていく青年層たちの不安を描いて、アウトソーシングやオフショアリングが〝二一世紀のカミュたち〟を用意しつつあることを告げた。デロカリザシオンというのは企業や工場の移転のことである。かくして、結論。グローバリゼーションは、あまりに「丸見えの勝者」と「顔の見えない敗者」を分けすぎたのだ。

## 第10章　前途

以上のようにグローバリゼーションの歴史をかいつまんでみると、はたしてグローバリゼーションの功罪はプラマイ・トータル、合算するとどうだったのかという総括が必要になる。とりあえず今日の段階で総括すれば、グローバリゼーションは世界の一体化をもたらし、多くの民衆を貧困から解放したぶん、世界の三分の一の人々を取り残した。これをどう見るかが分岐点だ。

ナヤンはこれみよがしの善悪の判断をくだしていないけれど、グローバリゼーションがさまざまな時代と分野で「超結合世界《ハイパーコネクテッドワールド》」をもたらしたことを肯定する一方で、今日のグローバリゼーションがあまりに格差を広げすぎたため、その役割が終わるべきであろうことを暗示する。

まあまあ無難な結論だが、それで、どうする、だ。反グローバリゼーションだけじゃ無理だろう。資本主義そのものと対決しなければならなくなっていく。自由とは何かという議論の方向もあるが、この数百年にわたる自由論をめぐる検討にも新たな展望がほしい。ジェームズ・ミッテルマンは「オルター・グローバリゼーション」という対案を、若き鈴木謙介は「反転するグローバリゼーション」という視点を出した。ちょっとおもしろかった。このあたりのこと、さらにどう深めていけばいいのか。いったんはフェルナン・ブローデルやジャレド・ダイアモンドに戻ってみるべきだろう。

第一三六〇夜　二〇一〇年五月三日

**参照千夜**

一三五九夜：トーマス・フリードマン『フラット化する世界』　二六六夜：ガンジー『ガンジー自伝』　一〇七〇夜：コンラッド『闇の奥』　一三五七夜：ジョン・グレイ『グローバリズムという妄想』　一四〇一夜：マルコ・ポーロ『完訳　東方見聞録』　六五八夜：イブン・バットゥータ『三大陸周遊記』　一三

六七夜：ニーアル・ファーガソン『マネーの進化史』　一三八九夜：ジェームズ・ミッテルマン『オルター・グローバリゼーション』　一三八八夜：鈴木謙介『〈反転〉するグローバリゼーション』　一三六三夜：フェルナン・ブローデル『物質文明・経済・資本主義』　一三六一夜：ジャレド・ダイアモンド『銃・病原菌・鉄』

文明を制した農耕と文字と
医療と銃と、その積み荷《カーゴ》

ジャレド・ダイアモンド

## 銃・病原菌・鉄

倉骨彰訳　草思社　全二巻　二〇〇〇

Jared Diamond: Guns, Germs, and Steel—The Fates of Human Societies 1997

一五三二年十一月十六日が旧世界と新世界が出会った劇的な瞬間だった。スペインの将軍ピサロがペルーの皇帝アタワルパをカハマルカで捕らえ、ここに神聖ローマ帝国カール五世であってスペイン王カルロス一世の帝国が、アメリカ大陸最大の王国インカを壊滅させていく端緒が開かれた。「カハマルカの惨劇」と呼ばれる。

ピサロがアタワルパ率いるインディオたちを次から次へと殺戮していったのは、獰猛だったからなのか。それもある。キリスト教社会を広げたかったからなのか。金銀財宝がほしかったからなのか。それもある。しかし、それだけでは南米の文明がかくもあっけなく壊滅していった理由がわからない。そこには三つの「文明の利器」が関与した。ひとつは鉄製の武器、ひとつは銃、そしてもうひとつは病原菌だった。

本書は一万三〇〇〇年の人類の歴史のなかで、いったい何が文明をおかしくさせた主たる要因だったのかということを、「文明の利器」と「環境特性」との関係、および技術や言語の発生と分布と伝播の関係に深く分け入って徹底精査したことをまとめた。たいへん詳しい。


著者のジャレド・ダイアモンドは三三年間にわたってニューギニアの風土とニューギニア人に交じって研究生活をしてきた骨太の研究者である。もともとは生理学博士で、地理学者で、進化生物学者だ。そのうえでの歴史学者だ。その研究はまさに学際的で、かつ多様な専門性を壊さない。

ダイアモンドの著作については、ぼくは最初に『人間はどこまでチンパンジーか？』（新曜社）で唸《うな》り、『セックスはなぜ楽しいか』（草思社）で目の鱗《うろこ》が落ちた。両方とも長谷川寿一・眞理子夫妻による翻訳だった。二人ともしょっちゅうアフリカに行っている進化人類学者だ。以前から、ぼくは長谷川眞理子さんが推奨したり翻訳したりしている本を信用している。工作舎ではヘレナ・クローニンの『性選択と利他行動』を訳してもらった。それはそれとして、ダイアモンドが一万三〇〇〇年を股にかけた大部の『銃・病原菌・鉄』のようなものを書く研究者だとは思っていなかった。もっと個別領域のエキスパートかと想像していた。しかしあるとき福原義春さんからジャレド・ダイアモンドの新しい本はいいねと言われて、手にとった。

本書が書かれた一九九七年は、世の中でやっとグローバリゼーション議論やグローバリズム批判が出始めたころだ。そのため本書はそのような観点からも評価されて、ピュリッツァー賞やコスモス国際賞を受賞した。

けれども読んでみればすぐわかるように、ここには「グローバリゼーション」とか「グローバリズム」という言葉は一度も出てこない。一度も出てこないばかりか、世界や歴史を単純なグローバリゼーションという見方でくるなどという画一的な見方をしていない。それゆえ、その「そうとは書かなかった」というところを読みこむのが、本書を学ぶための根本的な読み方になる。

ダイアモンドは本書の八年後、『文明崩壊』（草思社）を書いた。原題は〝Collapse〟というのだから、「世界がぺしゃんこになる」というニュアンスだ。

これまた大部の本なのでかんたんに要約するのは勘弁願いたいが、本書『銃・病原菌・鉄』と同様の一万三〇〇〇年の文明と文化の歴史を扱って、今度は、なぜイースター島やマヤ文明やヴァイキングの国々や、あるいはイヌイット文化やドミニカ文化やハイチ文化が壊れて、その後は跡形もなく環境を消滅させていったのかということを論じた。

そして、このような環境消滅の危険性がいまなおいくらも出入りしているという証拠を次々にあげた。その危険性は、たとえばダイアモンドになじみの深いモンタナ州の産業史と生活史を見ても、いつなんどきカルタゴの海やレバノンの杉のように滅びてもおかしくないというほど、身近にあるものだった。

一方、幸いにも古い文明文化を時代ごとに共存させたニューギニア高地やティコピア島（辺境ポリネシア）や江戸時代の日本などは、どうして崩壊や衰退を免れたのかということも述べている。日本はトップダウン方式で森林崩壊（書いてはいないが、鉄砲水も）を食い止めたというのだ。

ダイアモンドはこういうことを、まことに大きなスケールで、かつ正確に書く。二つの脳の持ち主とも、三つの才能を重ねる人とも言われる。

ところで本書については、朝日新聞が「ゼロ年代の五〇冊」（二〇〇〇〜二〇〇九の図書対象）を選んだ企画で、なんとベスト1になったと報道されていて、驚いた。たしかにベスト1に輝くだけの名著ではあるが、ゼロ年代の読者やインテリたちにとってどのように映ったのか、いささか訝《いぶか》しい。というのも、その他のベスト49には、この手の本がほとんど一冊も入っていないからだ。

たとえばダイアモンドの本書に十年後に文句をつけたグレゴリー・クラークの『10万

年の世界経済史』（日経BP社）や、ジョヴァンニ・アリギの『長い20世紀』（作品社）、サスキア・サッセンの『グローバル・シティ』（筑摩書房）、ナヤン・チャンダの『グローバリゼーション　人類5万年のドラマ』（NTT出版）、ジャック・アタリの『21世紀の歴史』（作品社）、エマニュエル・トッドの『移民の運命』（藤原書店）などの類書が、一顧だにされていない。これではゼロ年代は、本書をタイトルだけで感心した程度なのではないかと疑われても仕方がない。まあ、どうでもいいことだけれど。

何であれ、本書が読書価値ランキングの類のベスト1に選ばれたことは、発行元の草思社にとってはまことに悦ばしいことだろう。この本を刊行した二〇〇〇年というと、あれほど翻訳良書のベストセラーに貢献していた草思社が倒産の憂き目と闘っていたころだろうから、このように脚光を浴びるのはリベンジを果たすにはもってこいである。

本書は中身がそうとう多岐にわたり、叙述の重複も少なくないわりには、その訴えるメッセージはかなり集約的である。

今日の世界現状を見たジャレド・ダイアモンドの問題意識は、「現代世界はなぜこんなにも不均衡になったのか」ということにある。いいかえると、「世界の富や権力はなぜ現在のようなかたちで分配されたのか」という問題になる。なぜ、他の文明がイニシアチブをとり、他のかたちで分配するということがおこらなかったのかということだ。

『銃・病原菌・鉄』の上下巻のカバーは、ジョン・エヴァレット・ミレイの《ペルーのインカを征服するピサロ》の続き絵になっている。『文明崩壊』の上下巻にはブリューゲルの残した2つの《バベルの塔》があしらわれている。

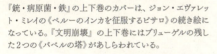

これを歴史的に反対のほうからいいかえれば、南北アメリカの先住民、アフリカ大陸の部族や民族、オーストラリア大陸のアボリジニは、なぜヨーロッパ系の力を打倒しなかったのか、征服しなかったのかということだ。

そこでひとまずこの問題を時間的に一歩さかのぼってみると、南北アメリカの先住民が圧迫され、西南アフリカ大陸の部族や民族が黒人奴隷として動員されたのは、大航海時代を最初の頂点にしていたのだから、〝そこ〟を見る必要があるということになる。〝そこ〟とは、ヨーロッパ諸国が世界を植民地化しはじめたのが、まさにピサロがアタワルパの王国を壊滅させた一五〇〇年代のことだから、この時点で何がおこったのか、〝そこ〟にすでに今日の「分配の起源」があったのかどうかということだ。

一五〇〇年代、技術と政治のレベルにおいて世界大陸間の格差が確立しつつあったのである。この時点でヨーロッパ、アジア、北アフリカで強大な国家（帝国）が形成され、金属製の道具や武器を使う生活をしていた。鋼鉄の「文明の利器」をもったヨーロッパの帝国群が、農耕と牧畜と石材のアンデスの国や民を一網打尽にすることは容易なことだった。

なぜ一五〇〇年代の時点で、世界はそんなふうに極端に跛行《はこう》的になってしまっていたのか。それを考えるには時間をさらにもう一歩さかのぼって、同じ問いを発してみなければならない。それ以前の「文明の利器」はむしろ農耕の稔りや神々の加護や馬や牛や犬との共同生活にこそあったはずなのだ。それなのになぜ、これらは世界の最前線でありつづけられなかったのか。

こうしてダイアモンドは、一気に一万一〇〇〇年前までさかのぼっていく。そうすると、人類が最終氷河期を了《お》えた時点では、各大陸でみんなほぼ同じ狩猟採集をしていたことが見えてくる。

当たり前のことだが、最初の社会と経済は区別がつかないものだった。けれども狩猟採集生活だけでは、気候環境や植物遷移の急激な変化には耐えられない。むろん遊牧的に場所を変えながら移動しつづけることくらいはできたから、そういうノーマッドな部族や民族は地球を動きつづけた。スキタイや匈奴《きょうど》がそういう一団だった。

他方、遊牧に限界を感じた一群たちもいた。あるいは動いているうちに有効な土地や食料にめぐりあえた一群たちもいた。そういう一群はその後、ユーラシア大陸、南北アメリカの大部分、アフリカ大陸のサハラ以南で農業をおこし、定住するようになった。ついでは家畜が飼育され、文字が考案された。さらには青銅器から鉄器への飛躍が達成され、そこに車輪と大型船とが加わった。

が、このような「文明の利器」が次々に獲得されていったのは五大陸のすべてで等しくおこったことではなかった。なぜそんなふうになったのか。その格差と理由を、ダイアモンドは章を追って解明していく。

最初に検討しなければならないのは、農業をはじめとする「食料生産力の問題」である。いったい人類はどこでどのように食料生産を始めたのか。それは文明や文化にどんな特徴を与えたのか。

食料生産に成功した地域は、メソポタミア、中国、中米、南米アンデス地帯、北アメリカ東部であった。この五地域では食料生産が独自に始まった。なかでメソポタミアでは紀元前八五〇〇年ころに小麦・大麦・エンドウマメの栽培が始まり、紀元前八〇〇〇年には家畜の飼育が始まった。オリーブ・イチジク・なつめやし・ザクロ・ブドウは紀元前四〇〇〇年のころだ。

同様に、中国では米と粟の栽培と豚とカイコの飼育が紀元前七五〇〇年ころに、中米では紀元前三五〇〇年ころにトウモロコシ、インゲンマメ、カボチャの栽培と七面鳥の飼育が、南米アンデス地帯では紀元前三〇〇〇年にはジャガイモ、キャッサバの栽培とラマやテンジクネズミの飼育が、それぞれ始まった。

ここにはのちのヨーロッパ諸国にあたる地域はひとつも入っていない。かれらはあとから農業技術と家畜飼育能力を得て、「横取り」するように別の威力をそこに加えて強大になっただけだ。なぜ、そんなことになったのか。理由はいくつかある。気候や地形の条件のちがい、自生していた動植物の条件のちがい、伝播速度の条件のちがい、さらにはおそらく労働意欲に関する人種の条件のちがいが絡んでいた。農耕と飼育にはそれにふさわしい環境と身体が関与していたはずなのだ。

それなら他方、農業生産力や飼育力をもった地域の民はなぜ強大な力をもてなかったのか。その理由がなければならない。理由のひとつは、かれらの工夫は動物においても植物においても、よりすぐれた種を求めて、それらを選抜し、改良する能力にこそ長けていたわけであって、その収穫物で交易するわけでもなく、まして他地域を侵略するつもりもなかったからだった。

もうひとつ大きな理由があった。学問的には「プリエンプティブ・ドメスティケーション」といわれている「有利性」の問題だ。野生の動植物を栽培や飼育して得られる利益より、すでに栽培・飼育されている動植物を利用したほうが、ずっと利益が大きく、管理もしやすい。ヨーロッパ諸国が獲得した「合理」とはこのことだった。

これまで、文明力の決め手になるものとしては、食料生産力、冶金《やきん》技術力、多様な技術的発明力、集権的な組織力、そして文字によるコミュニケーション力などが重視されてきた。ダイアモンドが農業生産力の次にとりあげるのは、「文字の力」や「発明の力」の問題だ。ここにはすべての記号的な力や技能的な力が含まれる。

文字は互いに遠く離れた世界を知識で結びうる。文字や記号があれば、収穫物の記録も、技能の伝達も、契約の締結も、裁判の確定も速やかになる。それが「リテラシー」というものだし、西側的な意味での情報力や知識力というものだ。ところが、文字が発明された地域とそうでなかった地域の文明的な発達力のちがいについて、いままで納得のいく説明がなされてこなかった。とくにアルファベットが発達した文明力が、なぜマヤ文字を発明した地域を蹂躙《じゅうりん》できたのか説明してこなかった。

世界の文字には多様な発明と発展があるようでいて、そうでもない。その方法は意外に絞られる。一つの文字で一つの音（単音）をあらわす方法、一つの文字あるいは幾つかの文字で一つの単語（意味のクラスター）をあらわす方法、一つの文字あるいは幾つかの文字で一つの音節（シラブル）をあらわす方法、この三つが組み合わされている。ここから表意文字と表音文字が分かれた。

近代以降、世界の主導権を握ったのは、あきらかにアルファベットを選択した表音文字文明諸国である。アルファベットは一様ではない。そもそもは文字に基本音（音素）を対応させるという単純な方法がつくりあげたもので、いくつかの系譜をもっていた。母型となったマザー・アルファベットが、ひとつはセム語アルファベットからアラビア文字につながって現代のエチオピアに流れたという系譜、もうひとつはアラム語アルファベットが今日のアラビア語、ヘブライ語、インド語、東南アジア語などに流れたという系譜だ。

けれども欧米諸国が採用したのは、これらではなかったのだ。紀元前八世紀にフェニキア人を介してギリシア人が工夫したアルファベットのほうで、これがエトルリア、ローマをへて、ラテン世界から欧米諸国の主要文字を占めた。そして、そのまま欧米諸国のなかでさまざまな合理と論理と理性の開発エンジンになっていった。

なぜこのようなアルファベットだけが近代社会のリーダーシップをとったのか。これはけっこう異常なことである。ここにはシュメール楔形《くさびがた》文字の系譜もエジプト象形文字の系譜も、漢字の系譜もマヤ文字の系譜も、入っていない。ましてオガム文字もハングル文字も日本の仮名文字も。ギリシア・ローマ系のアルファベットだけがその後の新世界を制した。なぜ、こんなふうになっていったのか。

文字文明の競争で使い勝手のよさがその後の雌雄を決したというのは、ひとつの推理だ。実際にも、シュメール文字は名前・数字・計量単位・加算名詞、少なめの形容詞などしか使えなかったし、ミケーネの線文字Bは用法があまりに単純にすぎた。また、エジプトのヒエログリフやマヤ文字がその典型だろうけれど、初期の発明文字にはその使用者を限定するものも少なくなかった。エリート主義だったのだ。

漢字はどうか。漢字は複雑で難解だから近代世界に広まらなかったのではない。あまりにその数をふやしすぎたのだ。アルファベットは三〇程度の文字と四〇程度の音素の組み合わせなのである。組み合わせに力がついていく。ロジックで人をねじ伏せたくなっていく。文字を早期に発明した社会は、文字の曖昧性を減少させる試みをしなかったのだ。これに対してギリシア人はフェニキアから文字を借用してくると、さっそくそこに自分たちの母音を加えてギリシア語アルファベットにして機能を絞りこみ、その汎用性を確立した。

これらのことから、ダイアモンドは次のように仮説した。食料生産に携わった民族や地域こそ初期の文字の発明をなしとげたのであるが、その文字を文明的に使用するという意図をそこからつくりだすことはできなかったという仮説だ。

食料生産は文字が誕生するための必要条件だった。だが、それでは充分ではなかったのである。文字から文明を生むには別の力を使う必要があったのだ。その別の力とは何だったのか。三つある。

ひとつは戦闘力を増す鉄と銃を確保できたこと、ひとつは余剰食料によって労働を分化させ、集権的組織の集大成としての国家を形成したこと、そして、もうひとつは病原菌に対する対策をもちえたことだった。

農業生産力を発揮した初期文明は、安定した食料の確保によって定住をし、人口を集積することができた。また文字による記録も思いついた。しかし、家畜を飼育したために、その動物がもたらす病原菌を繁殖させることにもなったのである。

それでも麻疹《はしか》・おたふく風邪・風疹・天然痘などは一度かかれば抗体ができて、免疫がつくので、本人は二度目はかからない。最初に感染した者は必ず病気になっていく。感染のスピードも驚くべきものだ。これでだいたいの推理がつく。コルテスがアステカ王国を滅ぼしたのは、軍事力のせいだけではなく、ヨーロッパから連れてきた奴隷がもたらした天然痘のせいだったのである。ミシシッピ文化だって、ヨーロッパからの初期移住者がもちこんだ病原菌で葬られたのだ。ダイアモンドはこれを「家畜がくれた死の贈りもの」と名付けている。

これに対して、のちに農耕力や文字力を導入した文明は、自分たちの社会の確立にあたって必要な技術を考案すること、合理的な対策をこうじることを集中的に選択できた。そのひとつが鉄器の応用であり、ひとつが社会と国家の形成であり、もうひとつが、まさにヒポクラテスの記述がそうだったのだが、医療の確立だった。そこには原始的アニミズムからの脱出やシャーマン医術からの脱出があった。理性が医療知識を発達させたのだ。

新たな文明圏で病原菌が悪魔的なふるまいをすることは、少なくない。一三四六年から中世ヨーロッパを席巻した黒死病はペスト菌によるもので、人口の四分の一を失わせた。ポリオは一八四〇年に、エイズは一九五九年に最初の患者が確認されている。SARSや鳥インフルエンザは、ごく最近の発見だ。

そうではあるのだが、こうした疫病的猛威は医療の充実を目標とした文明にとっては、そのうち対処できるものとなった。イヴ＝マリ・ベルセの『鍋とランセット』（新評論）やクロード・ベルナール『実験医学序説』（岩波文庫）を紹介したときにも説明しておいたことだ。しかしながら他方、豊かなアニミズムやシャーマニズムとともに農業と牧畜を営む文明にとっては、病原菌はそのまま決定的な作用をもたらし、その文明や文化を追い込んだのだった。

神聖ローマ帝国の先兵たるピサロがインカ帝国のアタワルパの王族を壊滅させたとき、猛威をふるったのは新たな文明圏がもちこんだ病原菌だったのである。それはすでにスペイン人の体にとっては免疫となっていたものだった。旧世界の一五〇〇年代は「家畜がくれた死の贈りもの」をまともに食らったのだ。

本書はこのあと第四部に移って、第一五章「オーストラリアとニューギニアのミステリー」、第一六章「中国はいかにして中国になったのか」、第一七章「太平洋に広がっていった人びと」、第一九章「アフリカはいかにして黒人の世界になったか」を論じて、本書の重大な〝折り目〟にあたる一五〇〇年代に世界文明がすっかり入れ替わってしまったことを、第一八章「旧世界と新世界の遭遇」でふたたび強調しておわっていく。なかで、なぜ近代以降のオーストラリアが後発地域になったのかという理由、それにもかかわらず白人がオーストラリアに入植した経緯、その渦中でアボリジニが発揮しつづけた文化の意義、ニューギニアの多様性が新文明から取り残されていった理由、一五二六年にポルトガル人がニューギニアを〝発見〟したにもかかわらずヨーロッパ人がニューギニアに定住できなかった理由（その一つの理由は熱帯病対策が確立できなかったこと）、オーストロネシア語ファミリーの分散の仕方、世界のどの言語にも似ていないパプア語の特徴などの説明は、この地域がダイアモンドの数十年にわたる調査研究領域だけあって、さすがに説得力がある。

一方、中国が中国化《シニフィケーション》した章は、台湾とフィリピンの言語文化環境が意外に近かったことを除くと、とくに新しくはない。それより第四部でずっと興味深いのは、アフリカの黒人化がもともとのものではなく、農業や言語の分布のなかでバンツー族が拡散していったことに起因していたという、そのことについての詳細な記述だ。このあたりのことについては、いずれ〝言語の世界史〟に関する本を千夜千冊するときにあらためてとりあげたい。

だいぶんはしょったが、ともかくもこういうわけで、ジャレド・ダイアモンドはペルーの旧文明がスペインの新文明に勝てなかった理由と、たった数日で旧来の世界が壊滅した理由を、一万三〇〇〇年の跛行的進行の俯瞰によって説明してみせたのである。

その内容は歴史学的には「逆転の人類史」あるいは「文明の逆説」とでもいうものになった。たんなるグローバリゼーションではなかったのだ。その発端を、ダイアモンドは「プロローグ」で、一人のニューギニア人との会話から書き始めている。一九七二年七月のことらしい。

そのニューギニア人はヤリと言った。ヤリはパプアニューギニアの有力人物で、当時は国際連合の信託統治領としてオーストラリアの管理下におかれていた故国について、奇妙な質問をしてきた。なぜ自分の故国はヨーロッパの植民地になったのかというのが第一点の質問、白人はたくさんの「積み荷」(カーゴ)を持ちこんだが、自分たちには自分のものといえるものがないのはなぜかというのが第二点の質問だった。

ニューギニアは二〇〇〇年前まではほぼ石器時代の暮らしぶりだったのである。そこへ鉄の斧、マッチ、医薬品、衣服、飲料、傘などが「積み荷」されてきた。ニューギニア人はそれらの価値を理解し、便利だと感じた。ヤリはそう言った。とすると、いったい自分たちは何をしてきたのか。かつて営々と築き上げてきた生活と価値観の独自性を何によって説明できるのか。それを教えてほしい。そういう質問だ。

ダイアモンドはこの問いに答えられなかったのだと言う。とくに、便利なものを持ちこむことが、その土地を植民地にすることとほとんど同義になることを、まったく説明できなかった。こうしてダイアモンドは、いつか「世界はなぜ今日のように分配されたのか」という問いに答えなければならないと考えつづけてきたというのだ。

本書は決しておもしろいものではない。執拗な大冊だ。繰り返しも多い。しかしダイアモンドは本書を書くにあたって、ヤリの質問に答えるには、その答え方によってはヨーロッパ中心の文明史観の正当化をもたらすのではないかという根本問題と格闘しつづけている。それをあらためて観相してみると、本書はやはり名著の一冊として、たとえばレヴィ＝ストロースの『悲しき熱帯』などに匹敵するだろうと感じられるのである。

第一三六一夜　二〇一〇年五月六日

**参照千夜**

一三六五夜：ジョヴァンニ・アリギ『長い20世紀』　一三六〇夜：ナヤン・チャンダ『グローバリゼーション　人類5万年のドラマ』　七六四夜：ジャック・アタリ『情報とエネルギーの人間科学』　一三五五夜：エマニュエル・トッド『経済幻想』　四一三夜：イヴ＝マリ・ベルセ『鍋とランセット』　一七五夜：クロード・ベルナール『実験医学序説』　三一七夜：レヴィ＝ストロース『悲しき熱帯』

なぜ市場と資本主義が
これほどの文明の歯車となったのか

フェルナン・ブローデル

# 物質文明・経済・資本主義

**15－18世紀**

村上光彦・山本淳一訳　みすず書房　全六巻　一九八五～一九九九

Fernand Braudel: Civilisation Matérielle, Économie et Capitalisme, XVᵉ–XVIIIᵉ Siècle 1979

ほんの少しだが、やっとこの大々大著を紹介することにした。みすず書房版で「日常性の構造」二冊、「交換のはたらき」二冊、「世界時間」二冊の、二段組各四〇〇ページ強の計六冊。とんでもない大々大著で、これをはたして読んだといえるかどうかもおぼつかない。

けれどもこの六冊を知らなかったら、ぼくは歴史のなかのさまざまな「オイコス」の凹凸に介入するすべが見えないままだったろうとおもう。本書はヨーロッパやアジアの経済・文明・社会を歴史的に語るうえでのイニシエーションを迫るグロッタ（洞窟）であって、またサーンチーの大門なのだ。ジュール・ミシュレの歴史論を読んだ者がその後に一度は必ず通過すべきイニシエーションなのである。オイコス（oikos）とノモス（nomos）が合体して資本主義文明になっていった交差点を叙述したものである。

とはいえそのイニシエーションを一応了えたからといって、要約なんてことができるはずはない。いや、こればっかりはしないほうがいい。ブローデル自身が「本来の歴史は逸話的構成によってしか綴れない」と冒頭で断っているほどで、この大々大著は驚くほど細部の記述の連続連打に徹していて、これを好きに摘まむものを拒否している。そもそも執筆に二十年近くが費やされた。

本書は社会経済にまつわる逸話の厖大《ぼうだい》な集積だ。社会経済史の巨大な編み物だ。編み物からは経済と生活と文化の歴史のダイナミックな紋様が浮かび上がってくる。ブローデルは「長期持続」という観点で四〇〇年におよぶ歴史の編み目をまことに丹念に見た。ブローデルが好んで「コンジョンクチュール」（conjoncture）とよぶ「複合状況」をできるかぎり記述同時的に綴ろうとした。

コンジョンクチュールにはいろいろの訳語があてられてきた。井上幸治・浜名優美は主として「変動局面」と訳し、竹岡敬温は「景況」と意訳し、本書では文脈に応じて「状況」「複合状況」「諸状況」「経済情勢」などとあてている。つまりは全体史を決定づける契機を孕《はら》んだ状況推移の場面のことである。ニクラス・ルーマン風にはダブル・コンティンジェントな、長期・中期・短期の経済システム的動向をときどきカオスの淵のごとく揺動させる局面のことをあらわす。それがコンジョンクチュールだ。

ブローデルがこの大々大著で取り扱ったのは、十五世紀から十八世紀にいたるヨーロッパの社会生活・物質生活・経済生活と、それをとりまくすべての出来事だった。それらがおのずからそれぞれにおいて語りだすエコノミー・モンド（世界経済）、そのすべてを記述しようとした。

第一巻では「日常性の構造」として、人口・習慣・食べもの・産物・消費物・技術などなどが総ざらえになっていく。そのなかで、たとえば農業と牧畜が結びついた地域で肉食が流行していった理由、それとは逆に米作地帯では肉食が少ない理由が語られ、そういう説明のあいまに、トウモロコシの収穫は米作とは異なってあまりに人手がかからなかったため、そのことが農民や奴隷を強制労働させる余暇をもたらし、また、その余波がアメリカインディアンの巨大なモニュメントになっていったので、「だからこそ余った時間に使われなかった労働力が収奪される社会ができたのだ」というような、ドキッとした指摘が挟まれていく。

ぼくが第一巻の二分冊を入手したのは、たしか一刷目が出た翌年の一九八六年だったと憶う。茶色いお湯が身に沁みた麻布十番の風呂屋にせっせと通っていたころで、風呂から帰ると湯上がりのほてった体で第一巻二分冊をちらちら見るようにした。これほどの大冊は、さすがに貪《むさぼ》るごとく読むというわけにはいかない。風呂屋へ行くのは一ヵ月に二、三回で、あとは自室の風呂かシャワーだったから、一年かかって「日常性の構造」二冊ぶんをやっと通過したというにすぎなかった。

本書には一冊ずつにおよそ一五〇点近くの図版や写真が入っているのだが、これもまたまことに雄弁で、風呂上がりの法悦にしていたのは、この図版や写真を眺め、その解説にあたる箇所を拾い読むことだったのである。

第二巻は「交換のはたらき」だ。ここでは「市《いち》」と「大市《おおいち》」の誕生と発展と変遷と、そこで交換される遠方近傍のおびただしい物品たちの価値と価格とが浮上する。それらの変遷を通してブローデルが言いたかったことは、「交換のないところに社会はない」ということである。カール・ポランニーとは異なる説得力があった。

次にブローデルがあきらかにしたのは、さまざまな市の変遷を見ると、どんな物品も市の外にあるかぎりは使用価値しか持っていないのに、それが市を通過することによって交換価値に転じていくということである。世の中のあらゆる経済単位は、この市の「外から内へ」と「外から内へ」を通過するというところにこそ発生していた。

市を媒介にして使用価値が交換価値に変わるといっても、そこに一様な変換がおこるわけではない。まずは週に一、二度の市が開かれて、そこに店ができる。その種類は時代や地域によってさまざまだ。次にそれらの店が物品を信用で仕入れ、そこに客が付き、ついで物品が動いていく。取引できずに貯まったり腐ったりしていく物品も多かった。この一連のプロセスには、たんに物品が動いただけではない可能的価値が動いたということなのである。

価格が動き、それを信用の軽重浅深であらわす手形が動いた。当然ながら債権と債務も動き、それらの取引の一部を引き取る貨幣が動いたのだ。それらの複数の変数が互いに連鎖していくことこそが「交換のはたらき」だったのである。

この動きを歴史地域的な順でみると、おそらく一四五〇年あたりを境にヨーロッパ全域の経済が変化した。農産物の価格が停滞あるいは下落して、職人や職人組合による製品の価格がそれらを上回ったのだ。このときに都市の市に変化がおきた。リューベック、ケルン、ヴェネチア、フィレンツェ、ジェノヴァなどの市が次々に結ばれ、相互の交易ロードがつながっていった。十六世紀になると、そうした市が離合集散して大市を形成する。アンヴェルス、ベルヘン・オプ・ゾーム、フランクフルト、メディナ・デル・カンポ、リヨン、ブザンソン……。

十七世紀、やがてこれらの大市の経済活動は新興のアムステルダムの取引所に向かって大きなうねりをつくっていく。それは大市の歴史に対して新たなヨーロッパ商業センターが誕生したことを物語っていた。

しかし十八世紀になると、そのアムステルダムをたくみに模倣するところがあらわれた。それがロンドンで、これらすべての「交換のはたらき」をジェノヴァやパリと争いつつ集約することになった。なにもかもをロンドンが呑み込んでいったのだ。

そうなると十八世紀のヨーロッパで大市が活発なのは、むしろマージナルなボーケール（フランス）、アルプス地方、バルカン諸国、ポーランド、ロシアのほうとなるわけで、その余波が最後はアメリカ大陸へと飛び火していったのである。資本主義の原型はこうして世界に散っていったのだ。

第二巻の後半では「市場経済と資本主義」の発育が詳述される。ブローデルはここまで、十五世紀〜十八世紀では、交換経済とはべつに「自家消費」という領域が各地にそうとうに併存していたことを口をすっぱくして説明していた。市場経済はあくまで生産と消費を媒介することであって、生活全体の活動には必ず「生産≒消費」の領域がありうることを強調した。「生産≒消費」がもっとも直截な生活的交換なのである。そこからは、市場価格が及ばない物質生活によって長らく人間生活が営まれてきたという歴史の証しが見えてくる。

しかしながら市場価格の一人歩きは、いったん動きはじめるととどまるところを知らない勢いになる。それが十六世紀のヨーロッパではほとんど地域時間のズレのない価格変動となり、インドや中国では二十年遅れの変動の到着となった。アメリカ産の銀で鋳造されたスペインの八レアール銀貨は地中海を渡ってトルコ帝国やペルシアを通り、通貨価値を変えてインドと中国に達したのだ。世界は価格変動の波に攫《さら》われたのだ。

それで何がおこったかといえば、市場経済が二つの顔をもった。Aの市場経済は「透明な交換」の競争的連鎖によるもので、取引勘定や利益勘定に大きな狂いを生じさせないものだった。むろん飢饉や事故や騙《だま》しあいもあるのだから、ときに大きな変動はあるのだが、それもやがては収まるはずの市場経済Aである。

一方、市場経済Bのほうは、さまざまな場で交換がおこるたびに「ランクを変えていく経済」になっていった。これはパブリック・マーケットに対するにプライベート・マーケットが設けられる頻度が上がるにつれてしだいに強化され、やがては「流通の経済」の様相を呈するようになる。

ブローデルはこのようなBの形態は、最初は市場経済というよりも「反市場的な経済」の登場によるものというべきだと書いている。炯眼《けいがん》だった。

この反市場的取引は、たちまち契約書や為替手形の取引を伴うようになって、〝不公平な交換〟をつくりだすようにもなっていった。「交換のはたらき」はしだいに「流通のはたらき」に重なってしまったのだ。このときこそが、今日でいう資本主義の最初の誕生だったのである。

資本主義の発展がさらに何によってエンジンをふかしていったかは、いまさら説明するまでもない。かんたんにいえば金融業が銀行になり、資本を集める者たちが資本家になっていった。

むろんさまざまな消長があった。十四世紀フィレンツェの金融はバルディ家とペルッツィ家とともに没落し、十五世紀にはメディチ家とともに没落していった。十六世紀にはジェノヴァのピアチェンツァの大市がヨーロッパ中の大半の決済を担うことになるのだが、それも半世紀ともたず、十七世紀にはアムステルダムがヨーロッパの金融網を華々しく支配した。そしてそれらの覇権の流れは、さきほども書いておいたように、ロンドン取引所の開始とともにイギリスの手に落ちたのである。

資本家の前歴も、最初のうちは商業エリートにすぎないものだった。ヴェネチア、ジェノヴァ、フィレンツェなどのイタリア都市国家で資本を握っていたのは商業エリートたちである。かれらは政治権力も握っていた。十七世紀のオランダでも同じこと、執政官である貴族階級が大商人の利益にそうように政治と経済を統治した。

それが十七世紀のイギリスで商業ブルジョアジーの紐帯《ちゅうたい》化と階層化がすすみ、ここに国家の経営が結びついていった。こうして東インド会社の経営エンジンがフル稼働したことも手伝って、イギリスが最初の資本主義モデルをつくることになる。しばしば「アングロサクソン・モデル」といわれる。経済と金融と流通のガバナンスが三〇〇年ほどのあいだに、都市国家から国家のガバナンスへと移行したわけだ。

もうひとつ、資本主義を担うものたちがいた。言わずとしれた「会社」だ。ブローデルはそれを「自らの領分における資本主義」というふうに名付けた。自己領域をもつ資本主義だ。うまいネーミングだが、ぼくはそこに「自己言及する資本主義」を加えたい。

会社の起源はもちろん職人や商人に始まる。そこからはまずギルドや組合が派生し、それ自体の会社的自立がなかった。したがって大商人たちは小麦を扱ったり魚を取引したりしていても、自分たちのことを「コミッショネール」などと呼んでいた。コミッションをとる卸売商人なのである。やがてこれらの大商人たちは互いに協定を結び、中間商人と各種の職能を連ねていった。書記・代理人・仲買人・会計係・保険業者・運送業者がそこに引き寄せられ、組み合わされていったのだ。

その場かぎりの協定は長くは続かない。かれらのなかの力のある者たちは互いに互いを争って、できるかぎり利益を共有しやすい集団を形成する。これが「ソシエテ」(会社)

や「コンパニア」(特許会社)の前身である。この形態は、もともとは「ソキエタス・マリス」(海の結社)とか「ソキウス・トラクタートル」(運送する結社)から借りたものだった。それらはまとめて「コレガンティア」とか「コンメンダ」と呼ばれもした。この形態の特徴は、取引の現地に行かずに本拠地にソキウス・スタンスを一人以上残しておくということにあった。いわば〝本社〟ができたのだ。

やがてこれらのなかから同族会社コンパニアや合名会社ソシエテ・ジェネラールが生まれ、ソシエテ・ジェネラールをさらに統合するマグナ・ソキエタス(大会社)が派生していくと、資本の結合が認められるようになり、まとめて「ソサイエティ」とか「カンパニー」と呼ばれるようになっていった。株式会社の骨格が誕生したのである。かくて株式会社は国家の認可と資本力と銀行と信用と顧客をもつと、あっというまに成人に向かって成長していった。

こうしてブローデルの言う「資本主義はつねに資本主義自体よりも大きく、その固有の運動の上に資本主義を支え、資本主義を高く持ち上げている全体のなかに位置する」ような資本主義が、ここにもはや後ずさりすることなく定着していったのだ。

さて「交換のはたらき」を矯《た》めつ眇《すが》めつ眺め読んでからしばらく、ぼくは第三巻をほったらかしにしていたはずだ。みすず書房の後続翻訳刊行がちょっと遅れていたような気もする。

ぼくのほうにも多少の理由があった。ひとつにはブローデルが本書の前に二五年をかけて書いた『地中海』全五冊（浜名優美訳・藤原書店）が気になってきて、そちらのほうをちらちら読みはじめたせいだ。これは本書を中断して読むにはあまりにダブルハードな作業だったので少々手に余ったけれど、それでもたびたび引きずりこまれた。読書というものには、ときに蟻地獄に引き込まれるような魅惑があるものだ。

もうひとつの理由は、ブローデルの弟子筋にあたるイマニュエル・ウォーラーステインの言動が気になってきたことだ。まわりも喧《やかま》しくなってきた。しかしぼくは一読してすぐにウォーラーステインの「世界システム」（世界資本主義の発生定理のための枠のようなもの）の議論は気にいらないなと感じた。あるとき川勝平太さんから「ぼくは彼に論争を挑んでね」と聞いたので、さて何が川勝仮説とぶつかったのか、それを知りたくて読みはじめたのでもあった。

ブローデルが一九四九年に刊行した大作『地中海』をどのように書いたかは、いまや伝説になっている。マルク・ブロックとリュシアン・フェーヴルによって開始されたアナール派歴史学の旗印のもと、それらの最初の輝かしい金字塔になっていった。

正式タイトルは『フェリペ二世時代の地中海と地中海社会』という。原書で一一〇〇ページ。三部構成で①「環境の役割」、②「共同体の運命、全体の動き」、③「出来事・政治・人間」というふうになっていた。何が試みられたかといえば、十五世紀前後のさまざまなコンジョンクチュールを縁《ふち》どうしで繋ぎ合わせて、かつてない全体史の姿をあらわそうとした。

ブローデルが『地中海』の執筆に着手したのは一九三九年のことで、リュシアン・フェーヴルの別荘でのことだ。その二年前、フェーヴルに出会ったブローデルはこの生涯のメンターたるべき歴史家にぞっこんになる。だから論稿をいちいち見せた。それでも学究の日々は第二次世界大戦に巻き込まれたので、仕上げに至ったのは一九四七年のことだった。フェーヴルは大いに気に入り、翌年、パリ大学に社会科学高等研究院が創設されると、フェーヴルは院長となり、ブローデルを事務局長に抜擢した。フェーヴルは一九五六年に没するのだが、このあとはブローデルが「アナール」誌の編集長になる。アナール学派がこうして始動していった。

というわけで、ぼくはいったん『地中海』にとりくみながらまたぞろ本書の途中に戻っていくことになったのだが、いま本書第三巻「世界時間」の奥付を見たら、翻訳刊行は第一分冊が一九九六年に、第二分冊が一九九九年になっていた。とすると、ぼくは「世界時間」を二〇〇〇年に入ってから読んだのだということになる。

なんとも『物質文明・経済・資本主義』を通読するのに十五年以上がかかったのだ。これでは大河小説を干し芋を齧《かじ》るようにちびちび読んだようなもの、とうていブローデルを読んだとはいえないかもしれないが、それでもしかし、それがかえってマッド・マネーが飛び交うグローバル市場原理主義の渦中にブローデルの言い分を読むことにもなって、ぼくのオイコス滋養になったのである。

第一巻、第二巻を通してブローデルは、資本主義が少数の特権者によって発情しながらも、それが社会秩序の現実となり政治秩序の現実をとりこみ、ついには文明の現実の様相を装うことになったことについて、その生態を正確な昆虫学者のように観察描写してきた。

それらを引っさげての第三巻では、冒頭で「世界経済」と「世界＝経済」をいたずらに混在してしまう危険を告知した。「世界経済」は文字どおりの世界市場の広がりをあらわすもので、それは言葉の定義におけるグローバリゼーションである。ブローデルはそのような世界経済はすでに十五世紀には共有されていたとみなした。しかし「世界＝経済」のほうは、仮にそれがかなり広範のものであれ、どこかの地域が世界経済化したということなのだ。それはかつての都市国家のグローバリズムの延長物なのである。

そうだとすると、グローバル資本主義の歴史というものがあるとすれば、それが中心をもったグローバリズムだったのか、それとも脱中心的なものなのかということを見ていく必要がある。この見方はすこぶる今日的である。ワシントン・コンセンサスとウォール街の狂乱に始まったグローバル資本主義が進行するなか、第三巻「世界時間」を読むというのは、ぼくにとってはまことに効果的な読みになった。そういう読み方をしていくと、二一世紀の今日のグローバリズムは、あきらかに中心をもつことによって周辺を蹴《け》散《ち》らしていくグローバリズムのほうなのである。

　そんな大それたグローバル資本主義の起源はいったいどこにあったのかというと、ブローデルは全巻を通してそういう書き方はしていなかったけれど、ぼくが読むに、その起源はやはり国民国家とそれ以前の国民経済と国民市場にさかのぼる。もっとはっきりいえば、東インド会社とロンドン取引所と航海条例を背景に、イギリスが「経済の世界時間」を国家によって保証しようとしたとき、このカラクリが起動したのだった。あとは産業革命がそれを後押しするだけだったのだ。

　ブローデルが長大な記述と思索を通して、資本主義の特性として抜き出したのは、過不足なくいえば次の三つのものにかぎられている。

①資本主義は国際的な資源と「機会の搾取」の上に成り立つ。ということは、資本主義はどんな部分であっても世界規模なのだ。これを支えるのはあらゆる意味での交

「日常性の構造」「交換のはたらき」「世界時間」の3部構成、各2巻、2段組で総ページ数は約2500頁！　15～18世紀の東西文明の動向と経済・生活・文化の複合状況の地図や図版も満載。万人の書斎に愛蔵されるべき大著。

換市場である。
②資本主義はどんな激しい非難にもめげず、つねに頑《かたく》なな合法性をもとうとするか、ないしはその合法性を独占しようとする。そこには交換市場のはたらきの多様性はない。だから、資本主義的経営組織はつねに市場を出し抜こうとするしかない。
③資本主義は、経済活動のすべてをそのシステムの中には取りこめない。資本主義はたえず経済活動の頂点をめざそうとするものであって、それ以外のものではないということだ。

資本主義は市場の自由によって育まれてきたのでは、なかったのである。資本主義は市場を出し抜きたくて、ブルートに競争社会を生き抜いてきたものだった。なぜそうなったかといえば、「交換」には二つのタイプがあって、競争原理がはたらくカジュアルでストレートなものと、高度にしくまれた反市場的なものがあり、この後者によって資本主義は化け物のように発達したからだった。

ブローデルが見つめたこと、それは世界が物質生活に依存するかぎり、資本主義はそれをいくらでも養分にして肥大していくということだ。そして文明は、つねに肥大したもののほうに積状化していくということである。戦争があろうが、殺戮があろうが、遺伝子組み替えがあろうが、である。経済文明というものは、政治や文化の頽廃など平ちゃらなのである。

第一三六三夜　二〇一〇年五月十八日

**参照千夜**

七八夜：ジュール・ミシュレ『ジャンヌ・ダルク』　一三四九夜：ニクラス・ルーマン『社会システム理論』　七〇五夜：トインビー『現代が受けている挑戦』　一五一一夜：カール・ポランニー『経済の文明史』　一三六四夜：ウォーラーステイン『史的システムとしての資本主義』　一二二五夜：川勝平太『日本文明と近代西洋』　一〇一八夜：リュシアン・フェーヴル＆アンリ＝ジャン・マルタン『書物の出現』

誇りと傲りに堕ちる
西洋文明の宿命について

オスヴァルト・シュペングラー

# 西洋の没落

村松正俊訳　五月書房　全二巻　一九七一
Oswald Spengler: Der Untergang des Abendlandes 1918–1922

並べてみても叩いてみても、問題作である。ゲバラの愛読書だった。だが、いまだに評価が落ち着かない。シュペングラーは文明論的な比較形態学の試みとしてこれを世に問うたのだが、この著作の成果を歴史学界がうけいれたことはない。

この大著に発見がないかといえば、もちろんいくつもの発見と指摘と暗示がある。とりわけ「歴史の運命」が書いてある。ただ、それが理論的な組み立てからはずれていること、著者の独断が強すぎること、およびその主張とのちのナチズムの主張との類似性が指摘されたため、いまなお問題作にとどまっている。

それでも、シュペングラーの方法と成果は、十年をへてトインビーやソローキンやクローバーらに継承された。もっともそれがトインビー学派の総集編的な継承でもあったため、シュペングラーの独自性が見えにくいきらいもあった。

目をそらしてみても縮めてみても、大作である。本訳書では二段組四〇〇ページが二巻にわたる。第一巻「形態と現実と」は世界史を「アポロン的なるもの」と「ファウスト的なるもの」でとらえて、その比較と鳥瞰《ちょうかん》のなかにインド文化、ギリシア・ローマ文化、アラビア文化、ヨーロッパ文化などを並進させて特色を炙《あぶ》り出した。第二巻の「世界史的展望」ではそれを、起源・土地・科学・国家・貨幣・機械というふうに発展史的にたどりつつ、とくにヨーロッパに比するアラビア文化の充実を説いた。

一九五〇年代になってから、あまりの大作だというのでヘルムート・ヴェルナーらが原文をくずさないでつなげた縮約版を刊行した。これはトインビーらものちに真似た手法だった。

刊行時期からしても表題からしても、話題作である。ベストセラーであって、ロングセラーでもある。表題がセンセーショナルで、ヨーロッパ中を疲弊させた第一次世界大戦がやっと終了した一九一八年刊行のせいもあって、爆発的に売れた。これは全部が刊行されたのではなく、初期の草稿にあたるものの刊行だった(第一巻)。けれども「西洋の没落」というフレーズは、その後のヨーロッパの現代と未来を語るうえでの常套語《じようとう》になった（いまでもこの言葉は殺し文句になっている）。日本語版もよく売れたが、戦後は五月書房が版権を独占し、改訳をしていないため、最近では一般にはあまり読まれなくなったままにある。翻訳もよくない。

最初に問題作である理由について説明しておく。大きく絞れば、二つある。

ひとつには、本書は「あらゆる文化は予定された歴史的運命によって発展し、変貌し、ついに円環をなす」というふうに読めるため、当時ちょうど台頭しつつあったナチズムを勇気づけ、鼓舞してしまった。そこが問題にされた。周知のようにナチズムはアーリア民族の現代的未来的神話の捏造《ねつぞう》によって第三帝国を予言的に実現しようとしたのだから、本書が歴史的運命は円環となって永遠になると主張しているのなら、これはもってこいの歴史書だったのだ。はたしてシュペングラーがそのように歴史を描きえたかどうかは、しばらく措《お》くとする。

ともかくもナチからのシュペングラー賛歌がいっとき連打されたのは事実だった。だから、のちにシュペングラーの歴史家としての立場と見識が問われた。そればかりか戦後には〝思想戦犯〟の扱いもうける。ただし経緯の詳細は知らないが、シュペングラー自身はナチに入党していない。ナチからの誘いも断っている。ちなみに日本ではGHQ

の出版統制リストに本書があがっていて、戦後しばらくは翻訳刊行が禁止されていた。やはりナチズムやファシズムの系列に入るとみなされたせいだった。

もうひとつのことは、少々説明が面倒になる。本書は一部の歴史研究者から反、、、歴史学ではないか、そうでなければ歴史記述にあるまじき態度とみなされた。そのため問題作とされてきた。

実際にもこの大作の第一行目は、こう書かれていた。「歴史を前もって定めようという試みがなされたのは、本書がはじめてである」。大胆な文句で、だいそれた自信だ。しかし、こんな規定が歴史にあてはまるとは歴史学者たちは考えない。

歴史にも予定調和がありうるというようなことくらいなら、すでにライプニッツの時代から何度も暗示されてきた。けれども、そのことを実証して歴史を解読しなおすという試みは、ふつうは手をつけない。経済学におけるコンドラチェフの周期や回帰予想のように、統計学による推定ならありうる。シュペングラーはそうではなく、「意味」における歴史実証を試みたのだ。誰も思わないことで誰も手をつけなかったことを仕出かしたのである。

当然に学界はそっぽを向き、一般読者はよろこんだ。たしかに反、、、歴史学めいているが、それはまだ聞こえがいいほうで、ようするにこんな歴史書はありえないという痛罵《つうば》が投げつけられた。

シュペングラーはなぜにまた、そんなさかしまな理念と手法をおもいつき、これを世界史の文化形態に実証的にあてはめようとしたのか。第一次世界大戦を目の当たりに体験して、ここにヨーロッパが混乱し没落しつつあると実感したからだった。

このことはトーマス・マンをはじめ当時の多くの知識人の実感と一致する。ほとんどの知識人は世界大戦がヨーロッパでおこったことに半ば絶望的なものを感じていた。そこでせめてヨーロッパがなぜこうなってしまったのかという「自己文明の限界」を解明したい。これはそこそこの哲学者や歴史家なら必ず考えることである。作家ならその根拠を何かに取材して描きたい。トーマス・マンはそうした。

シュペングラーもそうだった。今後のヨーロッパの運命を見定めるには、世界の歴史がどのように変遷してきたかという「歴史論理」を見いだし、その「歴史論理」によってヨーロッパの将来を予見する以外にないと考えた。しかし、ここからがちょっと変だったのだ。「歴史論理」があるとして、それを過去にあてはめるならともかくも、未来にあてはめようとしてしまった。これは逆倒ではないかと非難された。

ところが、である。ところが、ここからがいささか理解しにくい意外な展開になるのだが、本書においてはそんな逆倒のあてはめなど、どこにも書いてはいないのだ。幸か不幸か、本書は反歴史学にはならなかったのである。シュペングラーは過去の歴史に「歴史論理」を見いだすことに熱中し、たしかに自分の試みが「歴史を前もって定める」とは言っていたのだが、まったくそんなふうにはならなかったのだ。

まとめれば、シュペングラーは反歴史学に失敗し、むしろ歴史の見方を新たに樹立しようとしたのである。

オスヴァルト・シュペングラーはハルツ地方はブランケンブルク生まれのドイツの数学者だった。専門の歴史家ではない。ノヴァーリス同様、父親は鉱山技師である。ハレ大学、ミュンヘン大学、ベルリン大学で自然科学と数学と芸術を専攻した。卒業論文はヘラクレイトス研究だ。

その後、ミュンヘンに移っているときに第二次モロッコ事件がおこり、ひょっとすると世界大戦がおこるかもしれないという危惧をおぼえた。予定していた「保守主義と自由主義」をめぐる政治理論の執筆計画を捨て、歴史の解明のための研究にとりかかる決意をした。第一次世界大戦が勃発したときは三十代になっていた。

それ以前、シュペングラーは形態学《モルフォロギー》の研究に入っていた。とくにゲーテの形態学に没入した。そこであらかたこんなふうな着想をもった。「死んだ形態を認識する方法には数学は有効だが、生きた形態を理解するには類推こそが有効だ」。

シュペングラーはしばらく生命的形態の分化や進化や遡及に関心をもち、それを歴史に適用してみることをおもいついたのである。「形態の原理と法則の原理とが世界を形成する根本因子なのではないか」という見方だ。ゲーテは死んだ自然が生きた自然と対立共存していることに注目し、法則が形態に対立していると見るのはまちがっていると考えていた植物形態学者だった（同じことをヘルマン・ワイルも考え、またそれを自然哲学にして研究した）。こういうゲーテに感応したシュペングラーは、それならばなんとか「生きながら発展していく歴史というものを印象づけられないか」と考えた。

シュペングラーが歴史的現在に向けて大胆な踏み出しを決意したのは、ゲーテとともにニーチェによるところが大きい。ニーチェの哲学は歴史を永遠回帰させる意志が満ちていた。ニーチェは、生きた意志の発展を「アポロン的なるもの」と「ディオニソス的なるもの」の交代と連絡によって記述した。

シュペングラーはそのディオニソス的なるものに、ゲーテから学んだ「ファウスト的なるもの」を代入することを思いつく。アポロン的なるものとは、ディオニソスのようには酔いしれない全知全能の意志表出に向かおうとする趨勢《すうせい》のことである。

シュペングラーによると、おおむねこういった構図に一九一一年ごろにはたどりついたのだという。ただこれだけならば、ゲーテ＝ニーチェ型の自然哲学か生命哲学か、あるいは本書においてもピタゴラスからアインシュタインまでを記述しているのだが、そうした得意な科学発展史を加えての科学哲学のようなものがめざされていたにすぎなかっただろう。

そこに始まったのが大国間の獰猛な連携と背反による世界大戦だ。予想していたとはいえシュペングラーはその規模と非人間性に動顛《どうてん》してしまう。これがヨーロッパの現実なのか。これがヨーロッパ文明の歴史的帰結なのか。第一次世界大戦のその後の展開や結末は想像を絶するものだった。ましてドイツが敗北し、未曾有《みぞう》の経済負債を背負わされ、あっというまにマルクが暴落していったことにも呆然とした。

シュペングラーは戦禍が広がるなか、ゲーテ＝ニーチェ的意志による歴史適用を急ぐようになっていった。アポロン的魂とディオニソス的魂は「生きている自然認識」のための武器から、ヨーロッパの混乱と没落を救う「生きている歴史認識」のための武器に変更された。こうしてとりくんだのが大著『西洋の没落』だったのである。

冒頭の第一章を「数の意味について」とした。「数学というものはない。あるのは多くの数学だけである」と書いてみた。「数それ自体というものは存在しない。多くの数世界はある。インドの型、アラビアの型、ギリシア・ローマの型、西洋の型がある」と書いた。なぜシュペングラーはこんなふうに書き出したのか。おそらく二つの意図が動いたのだ。

ひとつには、歴史の変化は数学の変化にあらわれているとみなしたかったのである。実際にも随所に民族と時代と数学との関連を指摘している。しかし、この意図は貫徹できていない。もうひとつは、数学的思考は建築や音楽や技術に転化しているのだから、歴史に出入りした文化の型を克明に見ていけば、歴史の失敗も今後の展望も見えてくるだろうと見た。この二つの意図をもって、高度に成熟した歴史文化はどういう特徴をもっているのかという分析に入っていった。右にも書いたように、反歴史学といった見方はない。

シュペングラーは比較類推の手法によって、まずギリシア・ローマ文化と西洋文化の比較をおこない、そこで見いだされた特徴（これも歴史論理というほどのものではないかわりに、それよりずっと直観的な歴史イコノロジーに富んでいる）をもって、これをパターン（形態）に分け、それをエジプト文化・バビロニア文化・アラビア文化・インド文化・中国文化・メキシコ文化の六つの歴史領域にあてはめていった（のちにロシア文化が加わった）。とくにアラビア文化やその数学観に費やされた執筆量はべらぼうに多く、この一点だけでもまったく類書を寄せつけなかった。

ついでシュペングラーがとりくんだのは、六つの歴史領域にひそむパターン（形態）が、共通してどのように変遷していったかということだった。ここでは「春・夏秋・冬」ともいうべき三段階をへて、どんな文化形態にも成長期・後半期・没落期がおこっていることを〝立証〟しようとした。

とくに工夫を凝らしたのは、各段階の現象や表象は地域と年代をこえて「同時代的」になっているとみなしたことである。ここにはニーチェの少なからぬ影響が投影する。とくにヨーロッパの歴史がギリシア・ローマの繰り返しになっていることに注目した。たとえば、春ではトロイ戦争とが十字軍が、ホメーロスと『ニーベルンゲンの歌』が、建築におけるドーリス様式とゴシック様式とが時代をまたいで同時代的なのである。夏秋では、ディオニソスとルネサンスの人文主義、ピタゴラスとピューリタニズム、ソフィストと啓蒙思想が並ぶとみなした。しかし冬になるとすべての文化は爛熟と退嬰《たいえい》に入って、これを回復するのは絶対に不可能であると論じたのだ。

本書は、ヨーロッパの現状がすでに「秋」に入ってしまっていると断じた。それなら「冬」はどうなるか。今後のヨーロッパ社会は国家や家族が分散して新たなつながりを求めざるをえなくなるだろうこと、「母性の力」がそうとうに後退して「性と資本」とが近づいて「欲望と商品」が直結していくだろうこと、そこを縫うように泳ぐのはデラシネ的なコスモポリタンたちばかりになるだろうと予想した。

かくてシュペングラーは、この段階に入ったからにはもはや後戻りはありえず、それゆえ文明をせめて新たなニーチェ的円環（永遠回帰）にしなければならないのだが、それには宗教の腐敗と都市の爛熟がこれを阻むだろうから、結局はヨーロッパ文明はしだいに有機体のような完全開花をめざして没落していくだろうと結んだのである。これが『西洋の没落』という標題通りの結論だ。つまり、ヨーロッパ文明は生命有機体に似て、もはや新たな創造力を失って、全身をフル稼働させながら老境に向かって衰退していくしかあるまいと見たわけだった。

ずいぶん冷徹な見方のようにおもわれようが、読んでいると必ずしもそのようには感じない。むしろ熱情的な潔さのようなものがやってくる。きっとそれが歴史学ではないと批判されてきたところと裏腹なのだろう。

ぼくは『西洋の没落』を五月書房から刊行されたころに読んだ。緒言や第一部の冒頭で数学論と観相学の方法とゲーテとニーチェの方法を交ぜているところに興味を惹かれ、これが歴史書として綴られていることなどそっちのけで、むしろこれまでの歴史学が指摘してこなかったことばかりに目を奪われて、いわば遊学的に愉《たの》しんで読んだ。

乱暴な読み方だったろうけれど、いまではそんなふうにシュペングラーを読んだことが（その後はほとんど通読していないのだが）、かえって多くの読み手が〝シュペングラーの罠〟にとらわれたという苦情を呈して本を閉じたことにくらべ、そのような陥穽《かんせい》から偶然ながら自在になれたという気がする。

と、ここまで書いてきて、かねていささか感じていたいくつかのことを吐き出しておきたくなってきたので、ごく簡潔にしるしておきたい。

まず、次のことを指摘してみたい。シュペングラーの「知の扱い方」はその螺旋性《らせん》からしてたしかにニーチェに似ているのだが、その学習の蓄積プロセスの特徴からすると、むしろヴィーコに似ているということだ。だれかそのことに気がついて研究しているのなら教えてほしい。

また、シュペングラーの記述には、どこか「歴史のイコノロジー」といった特色があるように感じるのだが、どうか。シュペングラー自身は「観相学《フィジオノミー》」を援用したような口ぶりであるが、ぼくにはアレクサンダー・フォン・フンボルトのような観相学はむしろ乏しく、歴史におけるパノフスキーあるいは科学におけるフランセス・イエイツの趣きを感じてしまうのである。

次に、シュペングラーがフリードリヒ・ウィルヘルム一世の軍事的官僚主義の道徳と規律にいちじるしい創造性を感じていて、そのぶんワイマールの議会制民主主義や二十世紀の大衆民主主義を強く批判していることについてだが、これに関しては本書のふれるところは少なく、『プロイセン主義と社会主義』などに書いてあるらしいものの、これは入手ができず、それで気になっているということがある。何かの分析がほしいところだ。

ナチズム批判もよく伝わってこない。いくつかの紹介では、シュペングラーは一九三一年以降の『決断の時』でナチズムを批判して、十八世紀の貴族主義への憧憬を綴ったというけれど、それはどんなものだったのか。いずれにしても、シュペングラーの政治感覚はあまり磨かれてはいなかったと言うしかない。今後はカール・シュミットなどとリンクさせる必要があるような気がする。

もうひとつ、訊いておきたいことがある。いったい欧米の知識人たちはシュペングラー評価をどのように落着させるつもりなのか。最初のうちはヨーロッパの自己批判のためにシュペングラーは肯定的に利用された。そのうち第二次大戦中のヨーロッパが自己限界をヒトラーのナチズムに押しつけられることがわかってくると、今度はまるで『西洋の没落』が反民主主義を促したように非難された。しかし大戦が終わって二十世紀後半がアメリカの世紀になりつつあることが見えてくると、今度はまたヨーロッパの復権のためにシュペングラーが活用されるようになった。

これではあまりに風見鶏っぽい。そのうちシュペングラーを目盛りにすること自体が放棄されたのだ。

きっと欧米の知識人は何かに困っているのである。歴史批評家や文明論者や文化論者の多くは、シュペングラーに代わる文明批評をつくれなかったのだ。あらためて再検討してみるといいとは言わないが、このままではシュペングラー離れもままならないように、おもわれる。

東洋からの反論や援軍もあまり出ていない。シュペングラーがゲーテやニーチェをテコにしたように、そろそろ東洋文明の盛衰を東洋思想から強靭なテコを見いだして組み立ててみることがあってもよさそうだが、そういう風潮はほとんどない。日本文明の歴史と展望とも交差しきれていない。慈円や白石《はくせき》や福澤諭吉を、西田や和辻や、丸山や網野善彦や山本七平を、自在に組み合わせた「没落と変遷と再生」の試みがあってもよさそうだ。シュペングラーを捨てるのはまだ早すぎるし、二一世紀の文明が「冬」になるのもまだ早い。

第一〇二四夜　二〇〇五年四月十三日

**参照千夜**

二〇二夜：ゲバラ『ゲバラ日記』　七〇五夜：トインビー『現代が受けている挑戦』　九九四夜：ライプニッツ『ライプニッツ著作集』　三一六夜：トーマス・マン『魔の山』　一三二夜：ノヴァーリス『青い

花』　九七〇夜：ゲーテ『ヴィルヘルム・マイスター』　一〇二三夜：ニーチェ『ツァラトストラかく語りき』　五七〇夜：アインシュタイン『わが相対性理論』　九九九夜：ホメーロス『オデュッセイアー』　八七四夜：ヴィーコ『新しい学』　九二八夜：パノフスキー『イコノロジー研究』　四一七夜：イエイツ『世界劇場』　六二四夜：慈円『愚管抄』　一六二夜：新井白石『折りたく柴の記』　四一二夜：福澤諭吉『文明論之概略』　一〇八六夜：西田幾多郎『西田幾多郎哲学論集』　八三五夜：和辻哲郎『古寺巡礼』　五六四夜：丸山眞男『忠誠と反逆』　八七夜：網野善彦『日本の歴史をよみなおす』　七九六夜：山本七平『現人神の創作者たち』

二一世紀は
散在体に向かっているのだろうか
アーノルド・J・トインビー
# 現代が受けている挑戦
吉田健一訳　新潮社　一九六九　新潮文庫　二〇〇一
Arnold J. Toynbee: Change and Habit—The Challenge of Our Time 1966

ときどきニュースとは何なのかとおもう。いったい世界中のマスメディアがニュース報道を第一義とするようになったのはいつごろなのかは知らないが、なぜ世界はニュースで動くようになったのだろうか。

新聞社ができてから、AP通信ができてからかもしれないが、そこはともかくとして、世界がニュースを生んでいるのではなく、ニュースが世界を作っていると感じざるをえない。この一両日、ぼくの周辺ではこんなことがあった。

イシス編集学校では「守」「破」「離」という順に編集稽古が進む。それぞれの教室ごとに師範と師範代がつく。おととい、そのうちの第五期「破」と第六期「守」の二八教室が終了し、さらには新しい第七期のための師範代が誕生したので、その卒門生と突破生と新師範代を祝うための集いを西麻布のレストランで催した。ぼくは祝いのための本（先達文庫）を一人ひとりに選び、また師範・師範代のために色紙を描いた。

途中、電話が入って裏千家の伊住政和《いずみまさかず》君の腎不全による急死が伝えられた。癌であったことは関係者間では知っていたのだが、いったん回復したとも聞いていた。すぐに去年のいまごろの田中一光《いっこう》さんの死が思い出された。いずれも真冬の死であった。

編集学校の総勢七〇人の祝いの宴が終わって、そのうち四〇人あまりが次に赤坂の仕事場に流れてきて、雑談が夜更けまで続いた。

こういう機会はめったになく、この日は新師範代のための「伝習座」も朝から夕刻までぶっつづけに開かれていたのだが、ぼくも疲れを忘れて各地から集まった師範代の諸君とさまざまな話題に興じた。

その途中、福岡の中野由紀昌のケータイにスペースシャトル空中爆発のニュースが入った旨を、川崎隆章が紙片をまわして知らせてくれた。一瞬、テロかとおもったが、テロリストがスペースシャトルに闖入《ちんにゅう》できるはずもなく、アメリカは呪われているなと感じた。朝方、帰ってテレビをつけてみると、青森での大会で南北朝鮮のホッケー選手の映像が別々に流れていた。続いてイラク攻撃のアメリカ軍の準備が着々とすすんでいるニュースをめぐるコメンテーターの顔が映し出された。

CNNにチャンネルをまわすと、まだスペースシャトル空中爆発事故をめぐるライブ画面が続行されていて、テキサスに落ちた残骸《ざんがい》にカメラが寄っていた。チャンネルを変えると、今日からプロ野球各チームがキャンプインするという沖縄各地のグラウンドがまぶしく映っていた。

これらのニュースはちょっと順序を変えると、ただちに異なる解釈や文脈になっていく筋合いのものである。それなのに多くのニュース報道は一斉にひとつの矢印だけを〝解説〟したがっている。

おかしな話である。マスメディアを相手にしているかぎりは、その順序を容易に変えがたい。われわれはつねに洗脳されているかのようなのだ。そこで決然とすべてのニュースをバタンと閉じてこれらの順序を離れ、事態の底辺にひそむであろう来し方行く末を、しばし眺めたくなってくる。ニュースの文脈が変わらないのなら、こちらが変わるしかない。文明の脈々たる歴史に戻ってみたいとおもうのも、そういうときだ。

かくして編集学校のひとつの結節点の夜が明けたいま、一冊の本のなかでふれられていたひとつの言葉を思い出していた。それは一人の歴史家がつかっていた「散在体」という言葉だった。その歴史家をアーノルド・トインビーという。いまではだいぶん忘れられている。古くさい歴史家だとおもわれている。

アーノルド・トインビーが本書を書いたのは一九六六年である。まだアメリカとソ連がキューバ危機とケネディ暗殺とフルシチョフ主義を挟んで冷戦の鎬《しのぎ》を削り、アメリカ空軍がベトナムへの北爆を開始し、中国が文化大革命を進行させていた時期だった。アメリカとソ連は冷戦だけをしていたのではなく、一九六五年にはソ連がウォスホート二号で初めて宇宙遊泳をはたし、ジェミニ三号は二人乗りを実現して、四号目でアメリカも初めて宇宙遊泳を復讐のように成功させていた。スペースシャトルどころではなく、まるでカリフォルニア・オレンジとロシアン・キャビアを宇宙に出荷しているような騒ぎで、報道されていない事故も数かぎりなくあった。

日本は韓国政府と日韓条約を結んで、極東アジアの最低限の保障を手に入れようとしていた。全学連は連日のデモを敢行して「アメリカ帝国主義反対・ソ連スターリニズム反対・日韓条約反対！」を叫んでいた。ぼくは早稲田の学生として、その一列にいた。そうしたなか、日本はＩＭＦ八条国となりＯＥＣＤに加盟したのである。高度成長の絶頂期、池田勇人時代から佐藤栄作時代に移行しつつあった。マクルーハンが「メディアこそがメッセージなんだ」と書いたのがこの時である。

そのころ世界に何がおこっていたのかといえば、いまなら少しはわかる。ごくおおざっぱにいえば、ソ連と中国で国家資本主義が社会主義（共産主義）を凌駕《りょうが》したのである。アメリカはその二国に振りまわされていて、はけ口をベトナム北爆に求め、国内的には黒人運動とラルフ・ネーダーに始まる消費者運動に悩まされていたのだ。

アラブ首脳会議が開かれＰＬＯが生まれて、第三次中東戦争に突入しつつあった。アラブの石油はアラブのものだった。フランスはＮＡＴＯを脱退して勝手な道を進もうとし、アフリカはアパルトヘイト政策とナイジェリア戦争、ローデシア問題に苦しんでいた。それからシンガポールが独立し、パフラヴィー国王によるイランで白色革命が進行した。あとで知ることになるのだが、アメリカの仕掛け花火だった。そんなとき、日本では資本が自由化され、環境汚染の最初の報告がレイチェル・カーソンらによって刻々ともたらされていた……。

これらはすべてニュースになっていた。しかしながら、そのころはそんな報道解説はひとつもなかったのだが、これらはすべて密接に関係しあっていたのである。

かくて振りかえってみれば、総じて世界はまったく予想のつかない問題を多様に噴き出していたのだ。世界が病みつつあるのは一目瞭然だった。その憤懣《ふんまん》やるかたない激情はこのあとの数年間で世界中にスチューデント・パワーとして爆発し、日本でも佐藤栄作の訪米すら学生デモで阻止された。

それから三五年をへて、これらの問題がそれなりに解消されたのかといえば、まったくそんなことはない。ニュースはどうなったかといえば、たんに新たなニュースに座を譲ったのである。世界は当時以上にもっと病んでいるはずなのに、もしもそう見えなかったとしたら、われわれの感想が狂ってきたか、そのように思わせるなんらかの装置が猛烈なスピードで作動しているだけなのだ。

たしかに変化はあった。文化大革命が失敗し、ソ連が解体し、南アフリカのアパルトヘイトはなくなり、ベルリンの壁はなくなって東欧圏から社会主義がなくなったかに見えてはいるものの、代わってアフリカの飢餓問題とエイズ問題は拡大し、旧ユーゴ問題、パレスチナ問題、ボスニア問題はひたすら悪化し、北朝鮮問題はアメリカも日本も韓国も手を焼いたままにある。ましてイラン・イラク問題やパレスチナ問題はまったく手がつけられないままになっている。これらを9・11以降はテロ戦争の一言で片付けるなど、まったくもって言語道断である。9・11はニュースではなく、これらすべての歴史的現在だったのである。

トインビーはどう見ていたか。一九六六年の時期に歴史家といえども時代の先を読めるはずはない。それでも善意のトインビーは三つの異なる見方を示した。そのうちの二つはいまではお笑いぐさだとおもわれている。

ひとつは「世界国家」の提案である。これは今日の国連の機能でわかるように、まったくうまくいってはいない。とくにアメリカの単独世界制覇がこんなに早くやってくるとは予測できなかったので（ソ連の崩壊などだれ一人として予想していなかった）、「世界国家」なんて、国連・アメリカという近親憎悪的な図式ひとつをとってみても、ほぼ不可能になっている。「世界国家」はほど遠い。だいたいそんなものなど必要なのかどうかも、当時から疑問だった。ぼくも必要を認めない。

二つ目の提案は、世界的な「高等宗教」を新生することである。ここはトインビーがいつも批判される理由になることなのだが、トインビーは人間の精神性をつねに評価していて、その力が人間、とくに政治力・軍事力・経済力のある欧米諸国に残っている以上は、あえて人々が世界宗教に望みを託すべきだと言って憚《はばか》らない。しかし、この提案もその後の三五年間を見れば、バチカンからオウム真理教まで、イスラム原理主義からＷＡＳＰの増長プロテスタンティズムまで、まったくその兆候すら見せてはいないことは明白だ。

一人ひとりに仏教的なるものがもっと芽生えてもいいとはおもうものの、ぼくも今後に宗教的世界性が地球を覆う姿など想定できないし、想定したくない。

こうしてトインビーがもうひとつ掲げたもの、それがイシス編集学校の集いの朝に思い出した「散在体」なのである。聞きなれないであろう「散在体」という言葉は、「ディアスポラ」の吉田健一流の訳語である。なんだよ、ディアスポラのことかよとおもわれるかもしれないが、「散在体」のほうが心を打つ響きをもっている。

言葉の響きはともかくも、「散在体」は一九六六年の段階ではなかなか予想がつかない動向だった。中心をもたずに、みんなで散ってみようというのだから、ヴィジョンにすら見えない。とくにコンピュータ・ネットワークの普及がこれほどまでになるとは考えもおよばなかった当時、自律分散なんて思いもつかなかったろう。

ところが、トインビーは三つ目の提案に、全員が〝散り住む〟ということをあげたのである。これはいささか意外であろう。むろんトインビーは暗示しただけで、十分な論議をしてはいない。しかしながら、トインビーには世界国家や世界宗教に代わる想像力というものが動いたのであろう。また、「小ささ」というものが動いたのであろう。世界中が同じニュースで動くのではない何らかのコモンズのようなモジュールがほしかったのであろう。

トインビーは一九三四年から約三十年をかけて『歴史の研究』を発表しつづけた。日本版は全二五巻、版元が引き受けないまま「歴史の研究」刊行会が全翻訳をした。この大研究でトインビーが主張したことは、一言でいえば「文明は成長しすぎれば消滅する」

ということだった。

とくにトインビーが確信したのは、すべての歴史は「神と人間の遭遇の歴史の変形」であって、神をその成員として認知しうる高次な社会を形成しないかぎり、どんな文明も次々に崩壊するであろうということだった。それでも今日なおわれわれのあいだに、イスラム文明、ロシア文明、ヒンドゥ文明、中国文明、日本文明が現存する文明として共存混在したままにあるのだから、これらをどのように見ていくかということに、もっと世界が賢明な意識をもつべきであろうとも考えた。これらはすべて「神」を残存させている文明だというのだ。

一方で、トインビーは歴史上には著しい「世界国家性」を発揮してきた文明もあって、そこでは没落の危機を孕んできたとも見た。すなわち、シュメール・アッカド文明、エジプト文明、ミノス文明、シリア円形交差路、中央アジア円形交差路、インド・パキスタン文明、中国文明、ギリシア文明、ヘレニズム文明、ギリシア正教文明、中央アメリカ文明、アンデス文明である。この見方ではヨーロッパ文明の大半がヘレニズム文明の後裔に入りこむ。

ぼくはトインビーの主張のすべてを容認する者ではないけれど、この見方に「神をもつ現存文明」と「世界国家として滅びる文明」とが分かちがたく捩《ねじ》れあっていることには、注目せざるをえない。ようするにトインビーは、今日の文明圏には一縷《いちる》の可能性と多大な危険性があると感じたわけなのだ。
そういうトインビーが、ぼそぼそっと「散在体」を口にした。それが一九六六年のことで、そこから先、世界の病気がずっと同じニュースの質で語られてきたことに、今夜のぼくにちょっとしたチューニングが動くのである。

第七〇五夜　二〇〇三年二月三日

**参照千夜**

七八六夜：田中一光構成『素顔のイサム・ノグチ』　七〇夜：マクルーハン『グーテンベルクの銀河系』
五九三夜：レイチェル・カーソン『センス・オブ・ワンダー』

動物行動学者が見抜いた
鏡の中の文明のすがた

コンラート・ローレンツ

# 鏡の背面

谷口茂訳　思索社　全二巻　一九七四　新思索社　一九九六

Konrad Lorenz: Die Ruckseite des Spiegels—Versuch einer Naturgeschichte Menschlichen Erkennens 1973

本のタイトルには著者も編集者もとびきりの思いをこめる。小説やノンフィクションほどではないが、学術書や科学ものにも意表をついたタイトルが躍る。ワインバーグの『宇宙創成はじめの3分間』（ダイヤモンド社・ちくま学芸文庫）、カール・セーガンの『エデンの恐竜』（秀潤社）、ドーキンスの『利己的な遺伝子』（紀伊國屋書店）、本川達雄の『ゾウの時間ネズミの時間』（中公新書）などは、有名どころだ。コンラート・ローレンツの黒い表紙の『攻撃』（みすず書房）には「悪の自然誌」というセンセーショナルなサブタイトルがついていて、ローレンツの名を一般読者に知らしめた。

動物行動学者や生物学者などのナマモノに強い著者たちが、たとえば『裸のサル』（デズモンド・モリス）、『パンダの親指』（スティーヴン・グールド）、『パラサイト日本人論』（竹内久美子）というように、いささか露悪的か逆説的なタイトルをつけると、だいたいはベストセラーになるようなのだが、ローレンツの本はサブタイトルほどには「悪」を扱ったわけではなく、むしろ動物行動学《エソロジー》の水位を根底のほうにもっていくという剛腕の仕事になっている。

早稲田小劇場をつくったばかりで意欲に燃えていた鈴木忠志《ただし》は、そのころぼくに会うごとに「いま、何かおもしろい本、ある？」と聞くのがクセだった。あるとき「うーん、最近はローレンツかな」と言ったところ、鈴木忠志もそのときは『攻撃』を読んでいたらしく、「うん、あれは演劇論だよな」と言ったのが印象的だった。そういう読みかたもあったのだ。しばらくして『人、イヌにあう』（早川書房）を読んだ。こちらは杉浦康平に薦められた。ジョン・レノンが飼っていたダックスフントの仔《こ》を「朝日ジャーナル」の矢野編集長から貰って「レア」と名付け可愛がっていた杉浦さんは、「あれはおもしろいよ、感心した」「ぼくの犬の育てかたはあの本に教わった」と言っていた。

一九七〇年代に入ると、ローレンツがノーベル賞を受賞したこともあって翻訳が次々に出始め、ローレンツが文明的人間の将来を真剣に考えていることがあきらかになってきた。とくに『文明化した人間の八つの大罪』（新思索社）は問題作というにふさわしく、日本ではあまり話題にならなかったけれど、ぼくはこの本をかなり広く紹介した。ローレンツが告発している八つの大罪とは、次の八項をいう。

［1］人口過剰
［2］生活空間の荒廃
［3］人間どうしの競争
［4］感性の衰滅
［5］遺伝的な頽廃
［6］伝統の破壊
［7］教化されやすさ
［8］核兵器

なるほど、である。とくに［4］や［5］や［7］が気になるだろうが、［2］の指摘は意外だ。このままでは都市環境は生活を排除し、モダンリビングは人間をおかしくさせるだろうというのだ。［6］も強調した。地球上の伝統文化を一斉に活かさないかぎり、文明は立ちゆくまいと主張した。

それはそれとして、ローレンツはこの八つの大罪の説明に先立つ章で、「生きているシステムの構造の特徴と機能の狂い」を強調した。この一章こそは大いに注目すべき一章で、当時のぼくは「正のフィードバック」に対する「負のフィードバック」の確立が、かえってそれを支えてきたサブシステムに機能低下をもたらす幅をつくったということに、驚いた。ここでいう「負のフィードバック」とはホメオスタシスによる急激な調整作用のことをいうのだが、それが生体システム全般にいわば未必の故意をつくっていたということに仰天したのだ。二五、六歳のころだった。

この『文明化した人間の八つの大罪』とほぼ同時期に書かれていたのが、本書『鏡の背面』だった。サブタイトルには「人間的認識の自然誌的考察」という科学者としての重たい意志をあらわす言葉がついている。ローレンツがこの大きめの一冊をもって『攻撃』以来の思索の集大成をしようとしたことがずっしり伝わってくる。

タイトルの『鏡の背面』はちょっと凝っていて、人間という生物が自分を鏡に映してみたときに見える（あるいは見えない）背面の像を扱った。ローレンツが言いたかったことを、かいつまんでおく。

ローレンツは前置きで、ジャック・モノーの『偶然と必然』（みすず書房）を揶揄《やゆ》し、生命体や生物体のふるまいにはモノーのように確定的に叙述できるものばかりではなく、「生きたシステムのプロセスとしてしか現れないもの」があるとクギを刺している。モノーは自然の客観性を記述できることが科学の使命だと言うのだが、その客観性こそがあやしいと批判した。ついで本論を展開するにあたって前提にしたのは、自殺した熱力学者ブリッジマンの次の言葉だった。「知識の対象と知識の道具は、当然ながら分離されるはずはなく、一つの全体として共にとりあげられなければならない」。

この引用には、ローレンツ構想の「生体をめぐる科学」というものが、認識する主体も認識される主体も同種の現実に帰属しているときに、これを同時に記述できる科学の可能性のほうに向かっているということを示していた。

ローレンツにとっては、生物を扱う科学者自体が生物なのである。生体システムを見る科学者には、生体システムだけでは解けない「心」というものがある。一般に「身心問題」とよばれているこの見方は、それを展開しようとしたとたん、そうは問屋がすぐには卸さないジグザグとした前途多難な科学になりかねないのだが、ローレンツは本書でそれに敢然と立ち向かいたいと宣言してみせたのである。

われわれは、自分が何かを見たり聞いたり考えたりしているとき、その内容がどのように動いていくかということと、そのときにどのような生物学的かつ生理学的な出来事が動いているかということを、同時に認識（知覚）することはできない。たとえば何かを見ているときには眼球の動きに気がつかないし、何かを聞いているときには耳のことを忘れてしまっている。

そこで、二つの問題が出てくる。なぜそうなのかという問題と、どのようなことをこの二律背反的な現象から導き出せるかという問題だ。欲ばりなローレンツはその両方を考えようとする。つまり鏡に映った現象とその鏡を見ている者の現象とを、二つながら問題にする。

手がかりとして、因果推論の心理学者ドナルド・キャンベルにならって「仮説的実在論」ともいうべきアプローチを試みた。われわれの認識のプロセスは、もとをただせば系統発生的な現象にもとづいている。系統発生的だというのは、サカナのヒレは水流との関係から生まれ、胃腸は食べたものによって発達していくというような見方のことで、われわれの目や手はそれ以前の生物がつくりあげてきた器官性をもとにしながら、新たな環境や変化した生活にあわせて発達してきたものだという見方である。生物たちは進化や分化のたびに、そういう仮りの装置を用意してきたのではないか。そう、ローレンツは見た。

このようにしてできあがった〝生きた装置〟を、ローレンツはとりあえず「世界像装置」とよんだ。かつてカントが「先験的なもの」とよんだものやカール・ポパーが「知覚装置」とよんだものに似ているが、ちょっとちがっている。カントやポパーは鏡に映りこんだほうだけを相手にした。ローレンツは映り写される相互関係をなんとか同時に見るようにする。そのためには、この「装置そのものの科学」というものが必要なんだというふうに進んでいく。

自信はあったようだ。「生命の最も驚嘆すべき、そして同時に最も多くの説明を要するはたらきは」と書いて、ローレンツはつづけて次のような根拠をあげた。「生物が確率の法則に一見矛盾するかたちで、つまりありそうな事態からありそうもない事態の方向へ、単純なものから複雑なものへ、低い調和をもつシステムから高い調和をもつシステムへ発展することである」。

生命現象はかなり奇妙なことをやってのけているにもかかわらず、これまで発見された物理法則に反してはいないし、熱力学の第二法則も破ってはいない。すべての生命現象は、「宇宙に放出される、物理学でいういわゆる消費エネルギーの余りで維持される」。いいかえれば、生物とは正のフィードバックの回路においてエネルギーを獲得するシステムなのである。

しかし、これだけでは生物が世界像装置になってきた根拠を示せない。なぜこんなことがおこりうるかを説明しなければならない。ローレンツは外界のエネルギーや何やかやを取りこんだときの装置に秘密があるというのだ。その外界の何やかやとは、ひとまとめでいえば「情報」である。その情報をたくみに刷りこむしかけが装置にある。そう考えるべきなのではないか。

この装置はときに「模写をする」し、ときに「形を変える」。人間でいえば、装置に取りこまれた情報が「知識」だということになる。この知識はおおかたの人々が想像するように、脳によってのみ取りこまれるのではないし、脳にばかり貯まっていくわけでもない。ローレンツのいう世界像装置のあちこちに吸収される。いや、そのように情報吸収したことそのことが、その生物の特徴になっているわけなのである。

さあ、ここまではそうだとして、ここから話は少しややこしくなっていく。情報が取りこまれたことが装置のあちこちにぴったりあてはまってそのまま機能しているなら、それほどの面倒はない。ところが、どう見ても生物はそうなってはいない。

葉っぱが取りこんだ光は炭酸同化作用によって変化し、ライオンが食いちぎったシマウマの肉は胃腸が消化して栄養分と排泄分にしている。かなり特別のことがおこるのだ。外部から取りこまれた何やかやは内部の部品と結合するものではなかったし、内部もそんなふうにはできていなかった。

それなら、どのようなことがおこったのか。そこで〝発見〟され、仮説されていったものこそローレンツが長期にわたって観察し、考察しつづけたエソロジーの成果なのである。それは「創発特性」あるいは「システム特性」というものだ。それでどうなるかというと、「全体はその部分の総和より多い」ということになっていく。

このことを説明するために、ローレンツはおびただしい動物行動の例をあげた。ここではそうした事例の紹介を省くけれど、ローレンツもいったんその作業を途中でやめると、意外にも哲学者のニコライ・ハルトマンを借りて、人間が獲得する「存在のカテゴリー」がどういうものかの検討に入る。そして、そのカテゴリーには存在するものの基本的な述語性がちゃんと入っているということを指摘して、世界像装置としての生物にもそのような「述語のレール」のようなものがあるはずなのだという説明をする。システム特性というのはその生物を存在させているカテゴリー特性でもあったのだ。「述語のレール」が必要だなんて、とてもすばらしい。

こうしてローレンツは、認識のメカニズムと系統発生の比較と検討から、次の三点にまたがる仮説を打ちたてていった。

(1)どんな単純な生命システムにも、他の生命とは自立して機能する装置がそなわっているはずだ。

(2)生命現象にはすでに先行していた機能とはちがう新たな機能がたえず統合的にあらわれ、そのようにしてあらわれた機能は次々にその生物の生命現象の構成要素になっていく。

（3）ただし、そのようなシステム特性だけをそのまま外部に取り出すのは不可能であろう。

ローレンツはゲノム情報の機能を解読すれば、「生得的解発」というはたらきを装置に発見できるとみなしたのだ。それならば、「生得的解発」を秘めたシステムはどのようにして確立されるのか。その可能性に向かおうとした。ハイイロガンの親と子のあいだに解発《リリース》が伝わるように、フロクウがズアオアトリの警告反応を解発したように、解発は親と子のあいだのやりとりでも別種の動物のあいだのやりとりによってもおこるはずである。それなら、それをなんとか取り込めないものか。

ざっとは以上のような説明を試みたのだが、システム特性が生まれるような世界像装置のモデルは示しえなかった。やむをえないことだろう。しかし、そのことを模索するためにローレンツが残してくれたことには、たくさんのヒントが示唆されていた。

たとえば、ぼくにとって興味深かったのは、「解発」はそれとは反対の「外傷《トラウマ》」をもつくるということだった。たとえば一度回転ドアに押しこめられたイヌは、すべての回転ドアを避けるだけでなく、トラウマをうけた場所の一帯すら回避する。ぼくが飼った二匹のイヌもそうだった。

もっともこうした話は、これまでローレンツがたびたび著書のなかで指摘してきたことも少なくなかったので、本書のこの部分は重複が多い。次に検討するパターン・マッチングのしくみ、すなわちシステムが秘めている「型」の問題も、それまでの著書のくりかえしに近い。やや新しいのは「移調可能性」という考えかたで、これは音楽や歌のメロディに移調があっても、人々はそのメロディの「型」(ゲシュタルト)を容易に維持できるように、生物にもそのような「移調」がおこっているということである。このあたりはエゴン・ブルンスヴィックの「擬合理性」とも関連して、いささかおもしろい。

本書の後半になると、ローレンツは大胆にも人間の言語活動をふくむ概念作用がどのようにできているかという方面に入っていく。

チョムスキーやヘッブが登場してあれあれとおもうのだが、結局のところローレンツは言語学者が考案した言語のしくみでは、とうてい生命現象の只中に出現した世界像装置は説明できないだろうと言ってホッとさせる。ホッとさせるのだが、そんなことで言語論の成果を片付けてもいいのかともおもわせる。

かくて第八章は「人間の精神」という、いささか挑戦的で危険な章になる。ここでローレンツは「文化」に立ち入って、文化の定義を「超個人的システムの個別具体的実現」というふうにする。これは少々ムリがあるところで、案の定、このムリがそのあとの数

動物の攻撃性や文明的人間のかかえる〝大罪〟を見通すローレンツの目は、ありとあらゆる動物たちと生活をともにし、比較行動学を確立した方法論によって裏打ちされている。とりわけイヌ好きには感涙もののエピソードが数多い。

章にまたがっていくのだが、しかしローレンツが言いたいことはわからないではない。「生きたシステムとしての文化」は必ずや自律分散的に発展していくものだというこことをなんとか説明したいわけなのだ。

このようなローレンツの主張はこれまでほとんど無視されてきた。しかしながら、ここが肝心なところになるのだが、このような問題に立ち向かうときにどうすればよいかという対案など、その後もまだ誰によっても提出されていないのだ。われわれは〝この文化に向かったローレンツ〟をこそ継承すべきなのである。

生物の現象はさまざまな環境のなかで、どのように不変性や恒常性を維持すればよいかという工夫によってつくられてきた。これはいわば「生物的な伝統文化」あるいは「生物文明」とでもいうものである。それだけに生命と生物たちの伝統文化あるいは生物文化は、環境の激変や遺伝子の狂いによって破壊されてもきた。

われわれもまた生物である。それなら人間の文化や文明はどのように破壊されるのか。われわれのホメオスタシスとは何なのか。ここからはおそらく、人間の文明文化というものには、生物とまったく同様に、先験的な計画性がないという驚くべき本質が浮上すると、ローレンツは言う。なにしろわれわれはすでに「八つの大罪」を冒してしまったのだ。さあ、どうするか。

ローレンツは、習慣・共鳴・好奇心（好み）・誘導といった生物にも人間にもあてはまる現象を、装飾・表示《ディスプレー》・過剰防衛といった現象と切り離さないで説明してきた。そこには、文明文化が破壊されていったプロセスについての有効なインディケーターがリストアップされている。それらに注目して、われわれはわれわれ自身の文明生態系を総点検すべきなのである。

コンラート・ローレンツ、一九〇三年に生まれて八五歳で死んだ。一個の生態系がぐらりと倒れたようなものだった。

第一七二夜　二〇〇〇年十一月十六日

**参照千夜**

一〇六九夜：ドーキンス『利己的な遺伝子』　一四八七夜：本川達雄『生物学的文明論』　三一二夜：デズモンド・モリス『裸のサル』　二〇九夜：スティーブン・ジェイ・グールド『パンダの親指』　九〇四夜：竹内久美子『賭博と国家と男と女』　九八一夜：杉浦康平『かたち誕生』　一〇五九夜：カール・ポパー&ジョン・エクルズ『自我と脳』　七三八夜：チョムスキー『アメリカの「人道的」軍事主義』

政治・経済と文化とを
資本の論理が二つに分断した

ダニエル・ベル

# 資本主義の文化的矛盾

林雄二郎訳　講談社学術文庫　全三巻　一九七六〜一九七七
Daniel Bell: The Cultural Contradictions of Capitalism 1976

ダニエル・ベルの最初の問題の書『イデオロギーの終焉』(東京創元社)は「傲慢の放棄」と「市民的秩序の誕生」を謳《うた》って、一口にいえば政治における狂信主義と絶対的信念が終わったこと、あるいはそろそろ終わりなさいということを告げたものだった。

今日の世界の政治はまったくそうはなっていない。まだまだアメリカや中国やイスラエルは傲慢であり、それに加担する国々は多く、ときに絶対的信念こそが地球の右と左からやってきて激突しあっている。わずかにボランティア活動やNPO・NGOによって市民的秩序が芽生えてきただけだ。

ついでベルは一九七三年に『脱工業社会の到来』(ダイヤモンド社)という一書を発表して、

今後は最大の戦略変数として科学技術の変化が全面化すると予告した。ポスト・インダストリーという言葉がこれで流行した。そこには、財貨中心の工業社会に代わって情報社会が登場するであろうこと、財からサービスへの転移がおこるであろうことが予測されていた。また、このことがおこるには、次の四つの回避がなされなければいけないとも説いた。すなわち、①熱核兵器、②人口爆発、③発展途上国の経済的離陸の困難、④エントロピーの増大、だ。これはコンラート・ローレンツが『文明化した人間の八つの大罪』(新思索社)であげた問題点と重なっていた。

最初に口火を切ったことの評価をべつにすれば、ここまではまずまず穏当な予告といっていいだろう。ただしベルはこのときは文化や宗教に関心をもたなかったか、もしくはこの本からはその検討をすっかり欠落させていた。そこで本書『資本主義の文化的矛盾』なのである。

本書も他のベルの成果と同様に、近未来予告の著作だった。『脱工業社会の到来』を書いてからわずか三年しかたっていない。アメリカがベトナム戦争とドルショックとオイルショックから抜け出したばかりの、まだまだぜいぜい苦境にあえいでいる時期である。こんな時期に展望はむずかしい。

けれどもぼくは本書を読んで、ベルの一番いいところが出ていると感じた。どこがいいところかはのちに指摘するとして、ベルが言いたかった結論を先に言っておくと、このままでは政治と経済と文化の三者は絶対にあいいれない矛盾するものになっていくだろうというものだ。ベルは経済と技術を相互に連動するものと捉えているので、この三者とは「政治、経済＝技術、文化」という三軸である。

主旨を要約すれば、こうなる。政治が「公正」(justice) を追求することと、経済＝技術が「効率」(efficiency) を追求することと、そして文化が「自己実現」(self-actualization) ないしは「自己満足」(self-gratification) を追求することとのあいだには、ぬきさしならない矛盾が生じてしまうというのである。この溝はますます開いていくだろうとも予想した。そのうえで、ベルはさまざまな矛盾についてその理由をさぐろうとしていく。

ベルは第一次世界大戦後にニューヨークの貧困家庭に生まれ、ニューヨーク市立大学やコロンビア大学で博士号をとっているころは、社会主義青年同盟に参画してコミュニズムに惹かれていたのだが、スターリン体制に幻滅してからはモダニズムの総体に疑問をもつようになった。

そのためコロンビアやハーバードで社会学を教えるようになってからは、もっぱら近代社会の登場によって何がおこり、それが現代社会の驀進《ばくしん》のなかでどのように変貌していくかということに研究の軸足をおいてきた。研究の渦中、おおよそ次のような判断をくだした。近代は早々に「超越」(beyond)が終了し、それに代わって現代では「限度」(limit)が求められるようになるにちがいない。

この構図は、ローマ・クラブの『成長の限界』によって示された指針を見ても、またその後の社会状況を見ても、あるいは汚染や地球温暖化などの環境の状況を見ても、ほぼ当たっていた。たしかに今日の社会ではいたるところで「限度」が要求されている。しかしながら、その限度を芸術活動や想像力にあてはめていいものかというと、どうもそうはいかない。資本主義の俎上《そじょう》に文化をのせるには、そこに踏みこんでいかなくてはならない。そこをどう考えていくか。

政治・経済(技術)・文化は一見連動しているようでいて、実は別々のリズムで、別々の価値の目盛りで、別々の国ごとに動いてきた。これだけでもグローバルな資本主義の進行とこれらが軌を一にしないことがはっきりするが、その動きを担当しているエンジンを見ると、もっと絶望的になる。

政治のエンジンは社会正義と権力とが闘うところで動く。技術と経済のシステムは合理的な機能性をエンジンにする。文化はといえば、これらとは反対に動くエンジンをもっていて、ホモ・ファーベル(道具をつくる人間)としての活動よりも、つねにホモ・ピクトール(シンボルをつくる人間)としての活動に向かっていく。大半の生活者にとって道具はだいたい便利であればその改善は他人まかせなのだ。

文化のエンジンがこのようになっていることの理由を、ベルは文化が自分らしさをほしがっているという見方で説明した。あまりうまい説明ではないが、これもだいたいは当たっている。

が、これだけで文化が政治・経済・技術と対立しているという構図にはならない。そこでベルは、文化は「反合理と反知性」に向かうという性質をもっているのではないかと分析した。ここはきわどいところでもあるが、おもしろい。たしかに合理的知性は経済効率を求めるし、知性は知性の整合性を発揮するにあたって結局は合理を仲間に引き入れる。

これに対して、芸術のような文化も生活のような文化も、べつだん合理知性的である必要はないし、技術的である必要もない。生活文化にとっては、合理と知性は自動車や洗濯機や電子レンジやコンピュータのように外側にあればいいもので、人間はそれをちょっとだけ手に入れられれば、それですむものなのだ。

そうであれば、資本主義の高度化のなかで文化はしだいに鬼っ子になっていくだろうというのだ。文化は資本主義が過剰になっていくにつれ、その資本主義を育ててきた政治・経済・技術からはじかれていく。文化のほうも親に背きたくなっていく。なるほどそういうことはおこりうる。そう、ベルは見た。しかし、まだこれでは「奥」が何も見えてはこない。いったい文化はいつのまに政治・経済・技術と背を向けあうようになってしまったのかという説明がいる。

爛熟した資本主義社会とは、何かをつくることが話題になる社会ではなくて、市場で何かが売れたことを話題にする社会である。たとえばぼくの本はたまには新聞の書評欄に載ることはあるが、それは話題になったのではなく、たんに書評欄にとりあげられたにすぎない。資本主義社会にとって話題になるとは、書評されることではなく、売れることなのだ。ところが、売れることは文化の本質とはまったく無関係ではないにしても、必ずしも文化の奥とは連動しない。消費されるということは価格をもったモノがいくつ売れたかということであって、文化が抱えもっている内容が消費されたことではないのである。

なぜ、そんなふうになったのか。ベルは自分の分析に恐ろしくなってくる。これは経済・技術の暴走で、政治はこのことをまったく食い止めていなかったからだった。そこで社会の現状の特色を並べ、先は見えないにしても、このようになってしまった根本原因に迫ろうとする。

ベルが並べた資本主義によって分断させられた文化の特色は一九七〇年代の社会を観

察したものであるが、今日にもそこそこあてはまる。カッコの中に今日ふうの説明事例を入れておいた。

第一に、話法が分裂している。これは世界の多様性に対して比較できる見方が失われているからである（みんな短い言葉で交わしあう）。第二に、したがって経験の様式が一定しない。みんなでマイブームなのだ（それをもたないと個性がないようにおもう）。第三に、そのような現状を報知するメディアが話法ごと、見方ごとに分裂していく（戦争報道と母親殺しは別々の道徳になる）。

そうなると第四に、受容した情報のちょっとした組み合わせの違いだけで、社会のなかの相互作用がすぐに複雑化する（ウェブのリンク分岐をたどるだけになる）。そして第五には、そのちょっとした差異の一つひとつに自意識が居座る理由ができてしまい（仕事や方針の変更の理由がいくらでも出てくる）、そのため第六に役割と人間性とのあいだにものすごくギャップができて（コンプライアンスでまとめるしかない）、これらを通観するには第七に、社会的流動といった怪物がそこをゆさぶっているとしか言えなくなってしまうのである（フリーターがふえていくのがわかりやすい例である）。

以上はぼくがそうとうに圧縮編集して説明して例示を加えたことなので、ベルの言葉がどのようになっているかは原文をあたってほしいけれど、それはともかく、それでどうなるかというと、「どこにも中心がなく、どこにも過去のない、けれどもどこにもアイデンティティがある現在」が資本主義の国々にいっぱい並立するということになるわけなのだ。

ところが、このような文化的状況とはいっさいかかわりなく、世界各国が自由競争による資本主義市場を信頼して、そこにみんなで一斉に突っこんでいくのだから、またそれを促す政治しかやらないのだから、政治・経済・技術・文化は絶対にあいいれない矛盾を深めていくしかなくなっているのだった。

だいたいこのへんまでで中巻の半ばにさしかかる。このあとベルは芸術と現代社会という難題に向かって、シェーンベルクやオルテガや、ピカソやホワイトヘッドの検討に入るのだけれど、これはどちらかといえば気休めである。ベルには不得意な議論だ。ただし、そのあとにヨーロッパ社会の現状とアメリカの欲望を抽出していく記述はかなり参考になる。鋭い指摘もある。ぼくが編集したうえで紹介しておくが、ベルがあげた現代病は次の七つとなった。

(1)解決不能の問題だけが問題になる病気
(2)議会政治が行き詰まるから議会政治をするという病気
(3)公共暴力を取り締まれば私的暴力がふえていくという病気

(4)地域を平等化すると地域格差が大きくなる病気
(5)人種間と部族間の対立がおこっていく病気
(6)知識階級が知識から疎外されていくという病気
(7)いったん受けた戦争の屈辱が忘れられなくなる病気

いずれも当たっているだろう。ソリューションばかりを目標にしている社会には、耳が痛いはずである。(1)は環境サミットこのかた公然化しているし、(2)は自民党にあてはまり、(3)と(4)は日本社会そのものだし、(5)は中東の宿病であり、(6)はその後のポストモダンそのもの、(7)は9・11で世界的症状となった。しかし、この七つの病状をどうすれば〝健康〟に向かうのか、そのいちいちの処方箋は示されない。

ざっとこういうぐあいにベルは後半戦に入ってきて、現代社会の資本制的諸矛盾を解決するには、これらをごちゃまぜにして新たな概念のもとに組みなおせるような考え方のほうが有効だと見るのである。いちいちの処方箋をつくろうとしてきたことが、かえって問題を連携させなくなったと見るのだ。そこで、たとえば「パブリック・ハウスホールド」(公共家族)という社会観を導入しなければならないと言い出すのである。

いわばベル式公共経済論だが、これではたんなる善意の提案か、地球家族を分割したにすぎないようだ。ラディカルなものがない。かつてここを読んでがっかりして以来、ベルがどのようにこの展望を引き出してきたか、忘れてしまったほどだ。今夜もその箇所をあらためて読んで検証する気がおこらないので、気がむいた諸君はそこを自分であたってもらいたい。

ということで、最後の提案を除けば、本書はぼくが見るかぎりはベルの最も良心的で、最もきわどい「いいところ」が出ているとおもえたのだった。いま社会学には、このようなまるごと責任をとるような著作がめっぽう少なくなっている。ベル自身が言うように、とっくにイデオロギーが支配できる時代が終わっているからでもある。

第四七五夜　二〇〇二年二月十二日

**参照千夜**

一七二夜：ローレンツ『鏡の背面』　一九九夜：オルテガ『大衆の反逆』　一六五〇夜：マリ＝ロール・ベルナダック他『ピカソ』　九九五夜：ホワイトヘッド『過程と実在』

はたして西洋文明は
儒教・イスラム連合と衝突してしまうのか

サミュエル・ハンチントン

# 文明の衝突

鈴木主税訳　集英社　一九九八

Samuel P. Huntington: The Clash of Civilizations and the Remaking of World Order 1996

フランシス・フクヤマの『歴史の終わり』（三笠書房）はつまらなかった。ソ連解体後の一九九二年に書籍になったものだが、これ以降、つまり二一世紀は民主主義と自由経済の体制がずっと続くだろうから、歴史は終わったというのだ。ヘーゲルの「認知を求める闘争」にこだわりすぎた判定だった。

そういうイデオロギーで政治体制を見る歴史家の考察とくらべるのも何だが、本書は戦略家がどういう粗雑な見方をするのかという意味では、読ませた。大袈裟なパラダイム幻想だという者もいれば、9・11事件はまさにハンチントンの予告したとおりの兆候の始まりなのではないかという者もいた。ハンチントンの予告とは、「西洋文明」と「イスラム・儒教コネクション」がやがて必ず衝突《クラッシュ》するだろうというものだ。

ハンチントンは冷戦時代の戦略理論家で、ハーバード大学ジョン・オリン戦略研究所の所長である。フクヤマもいっとき門下にいた。そのハンチントンの「文明の衝突？」という論文が「フォーリン・アフェアーズ」に掲載されたのは、一九九三年の夏だった。すぐに論争が噴き出て、日本でもさっそく「中央公論」が特集を組んでいた。蓮實重彦と山内昌之は東大でいちはやく『文明の衝突か、共存か』というシンポジウムを開いた。これはUP選書として本にもなった。

賛否両論のなか、ハンチントンが論文を膨らませた。それが本書である。膨らませてはあるが、とくに深まってはいない。その後、9・11同時多発テロがおこったので、ハンチントンの予想が的中したという見方も広まった。一方、はたして二一世紀において文明が衝突するのか、国家ではなく二つ以上の文明が衝突するのか、まして儒教とイスラムが連合する文明体を装うのかという議論もいろいろ続いている。

ハンチントンが〝衝突《クラッシュ》〟という用語をつかうから言うのだが、それをいうなら文明が衝突しなかったためしはない。そもそもホメーロスの『オデュッセイアー』が文明の衝突を扱っていたのだし、ヘロドトスの『歴史』もペルシア戦争を通した東方イラン文明とギリシア文明の衝突を主題にしていた。大航海時代がおわったあとの、東インド会社以降の歴史はつねに文明の衝突の連打だった。

もっとも多くのばあいは文明は衝突したのではなく、一方の文明が他方の文明を支配下におきたかったというだけだったとも見られる。アヘン戦争やコソボ紛争は衝突ではなく侵略であり、勝手な介入だった。戦争の多くがそういうものである。

侵略や介入を国家の横暴とか失敗とかとは呼ばないで、あえて「文明の衝突」と見ようというのは、よほどの二一世紀戦争、すなわち第三次世界大戦のようなものか文明戦争を想定するからであろうけれど、その予想にばかり焦点をもっていくと、文明観そのものが歪む。さまざまなエスニック・ステートとナショナル・ステートの摩擦や重合が看過されるし、軍事力や破壊力に目が奪われて、経済力や言語力や宗教力が看過される。なんといっても文化を軽視することになる。

文明（civilization）という言葉は、ラテン語の“civitas”や“civilzatio”に由来する。もともとは都市や国家を意味していた。都市化や国家化がおこることがシヴィリゼーションなのである。

何が都市化や国家化を促すかというと、平均的には人口の集中、食糧の充当、階級と職能の分化、交易力の拡大、公共建造物の定着、言語的記録力の発達、支配的な表現様式の出現などが並ぶのだが、これらは定番の文明セットになるわけではない。ミケーネ文明やマヤ文明や日本文明は国際的交易力が低かったし、中央アジア文明やアステカ文明では文字が未発達で言語記録力は乏しい。

文明を文明として議論するようになったのも、おそらくカント以降のことではないかとおもう。カントは「教養を育くむ」（caltiver）や「文明化する」（civiliser）や「道徳化する」（moraliser）といった動詞をあまり区別しないでつかった。やがてフランソワ・ギゾーやヘンリー・バックルが「ヨーロッパ文明」とか「イギリス文明」というカテゴリーで歴史記述をするようになり、世界史の最も太い流れを「文明の盛衰」の束として描くようになった。

ただそうした文明観はヨーロッパ中心のものだった。しかし、その誇り高きヨーロッパ文明が第一次世界大戦で世界中を戦争に巻き込んだことを、シュペングラーが『西洋の没落』（五月書房）として書き上げると、トインビーは『歴史の研究』（刊行会）を通して諸文明の自律性や並進性に注目し、これをOSにして文明の多様性や生態性を論じていった。ヨーロッパ以外の諸文明が同時比較されるようになったのだ。そのころの梅棹忠夫やレイモン・アロンの見方にも、けっこう斬新な文明観が迸《ほとばし》っていた。

ハンチントンはシュペングラーにもトインビーにも影響をうけていたはずなのだが、いつしか「勝ちのこり文明間の衝突」にばかり関心を移したようだ。そのとき文明観はさることながら、文化観が欠けてしまったらしい。

もう一度いうと、文明とはその文明圏で技術による物的な所産や生産手段が発達して都市化が平均的に進むことをいう。いまではそこに情報ネットワークがゆきわたることを加えておいたほうがいいだろう。

一方、文化はこのような文明の特性を一部にしかもっていない。そのかわり、どんな文化もすこぶる多様であり、その共同体は複雑な心情をともない、習慣と生活を営む顔や体をもっている。文化には嬉しい文化もあるし、気にいらない文化もある。そういう文化の半径をすぼめていけば、川の流域や鎮守《ちんじゅ》の森の周辺や一家族の家系にまで文化を認めることができる。そこにはジョゼフ・ニーダムが言うような「文明の液滴」もしぶく。だからこそ文化は一様には語れない。一国の文化のなかでも文化は多様になっている。たとえば連歌と茶の湯の文化距離は近いが、雅楽と歌舞伎の文化は距離があいているというふうに。

文明というカテゴリーは、そういう文化を一様に覆いつくす不細工な傘なのである。バスクやカタロニアがどんな文化で濃淡をつけようとも、それが政治経済的な損得勘定にのらないかぎり、文明はバスクとカタロニアの差異など無視してかかる。それゆえ、文明は一個の中心をもった半径と質量が強大になっていくと、他の文明とたいてい〝衝突〃せざるをえないのだが、文化は最初から小さな多様性をもって芽生えていったのだから、そもそもが小さな蕾《つぼみ》を前提にしてできあがっていく。文化は発生を歓び、文明は結果を恐れるものなのだ。

ハンチントンは文明と文化の関係を見なかった。文化を軽視した。しかし二つは切り離せない。ブローデルは「文明は文化の領域性である」とみなしたし、ウォーラーステインは「文明は世界観・生活習慣・組織・文化の特定の連鎖である」とみなした。

文明と文化を分けたがらないフクヤマはそういう歴史の見方はおかしいと言って、人間には理性と欲望のほかに「他者に認められたい願望」があって、それが次々に高じて「認知をもとめる闘争や戦争」になると見た。これは文明や文化を心理的に見すぎていた。そこでノルベルト・エリアスなどは『文明化の過程』(法政大学出版局)で、そうした生得的な衝動を克服するのが文明なんだと、まったく逆のことを書いた。

もし文明と文化の説明をしろというふうに各民族各国各地域のその手の才能の持ち主に問うてみれば、かなり各種各様の答えがかえってくるはずである。あるドイツ人なら「文明は量だが、文化は質である」と答えるかもしれないし、あるアフリカ人なら「元からあるものが文化、外からやってきたものが文明」と答えるかもしれない。文明も文化も言葉の文明であって言葉の文化でもあるからだ。イヌイットの長老はいくつものトナカイ語に詳しいので、「トナカイしか知らない問題だ」と笑うだろう。

どちらにせよ、しょせん文明の将来を議論したがるのは、古代文明に比する文明をその後に累々とつくって、近現代までそれを強大に発展させてきたと自負する者たちなのである。これは負け組の遠吠えではなく、勝ち組の遠吠えだ。次のような例でそういう学者たちをわからせるのは無理だろうが、仮に柳田國男や折口信夫に同じ質問をしてみれば、二人ともが「関心があるのは文化だけです」と答え、「なぜ文明が気になるんですか」と逆に問うたろう。エドワード・サイードやノーム・チョムスキーも同じような反応をしたにちがいない。

いまや、多くの日本人も文化よりも文明が気になるようになってしまっている。一週間ほど前、ある会合で若手のKという将来を嘱望されている自民党の政治家が、日本に必要なのは天皇制と日本語で、それを守るための施策をしなければいけないという発言をしていたのだが、これなどは文明にあらかじめ境界線を作っておいて、そこで日本という文化アイデンティティが守れるようにしたいという、ぼくなどにはとうてい考えられない発想だった。多様な文化は流れのままに放っておいても、廃れるものは廃れ、残るものは残るのだから大丈夫という楽観なのである。

いつのまに日本人は文明論者になったのか。福澤諭吉の時代をべつにして、文明論は苦手だったはずである。山内昌之はハンチントンの『文明の衝突』を読んだ日本人が不愉快になるのは、日本が孤立を強いられていくような展望が書かれているからだと言っていた。他の文明の優位を説かれても気にしないくせに、日本文明の小ささや影響力の少なさを指摘されると気分を害するのだという。そうだろうか。そんな日本人すらいまは少なくなっているのではないかとぼくにはおもえる。

実際にも、ハンチントンが書きたかったことは日本の孤立のことなどではなかった。日本については、日本が米中対立のなかでどっちつかずの迷いを見せて孤立するだろうとは書いてはいるが、そういうことはハンチントンが新たなシナリオを提案しようというときの新たなプロットには入ってこない。ハンチントンはどのように分析しても、このさき西洋（ヨーロッパとアメリカ）の相対的なパワーは非西洋圏のパワーに対してしだいに低下していくだろうから、西洋文明の保存対策に着手すべきだと言ったのだ。

日本が同じパラダイムに乗っかって、このような見方に腹を立てたところで、うまい対策など打てるわけがない。このパラダイムそのものがすでに対策含みなのである。

ハンチントンの対策がどういうものかというと、近々の文明の衝突にそなえて欧米諸国は政治・経済・軍事面での統合を拡大しなさい、他の文明の国家からつけこまれないようにしなさい、ＥＵに中央の諸国を早く巻きこみなさい、ラテンアメリカの西洋化をすみやかに促していくつかの同盟関係を結んでおきなさいというものだ。

その一方で、イスラム諸国と儒教文明圏の通常戦力と有事戦力の両方ともを抑制し、日本が中国と接近するのを極力遅らせなさいというのだ。とくにアメリカは他の文明の問題に絶対に介入してはいけない。

これがハンチントンのパラダイムにあらかじめ含まれたアジェンダである。これはこれで、ハンチントンなりの良心的な老婆心なのだ。もっともこの進言は、一九九三年以降のブッシュ父子やクリントンにはまったく聞こえなかった。ハンチントンから見ても、アメリカこそが「文明の衝突」の危険にむかってまっしぐらになりかねない国のはずなのだ。しかしハンチントンの提案は、いずれ新たな大統領が採択すればいいわけで、それなら本書は根っからの〝アメリカ憂国の書〟だったということである。

ハンチントンがこのような進言をするのは、そのうち西洋と非西洋とが大分断をおこし、西洋文明とイスラム・儒教コネクション文明とが衝突するだろうと予想したからだった。

この構図の前提には、近未来の世界は次のような八つの文明の時代を迎えるだろうという予想がある。西洋文明（欧米）、儒教文明（中華文明）、日本文明、イスラム文明、ヒンドゥ文明、スラブ文明、ラテンアメリカ文明、アフリカ文明の八つである。

この予想に関しては、これまで東アジアの片隅で扱われていた経済国日本が一個の独立した日本文明に〝昇格〟したことで、一部が沸いた。従来は日本は韓国などと一緒くたか、大きくは漢字文化圏としての中国文明の一隅におかれてきたからだ。しかし、予想分類が当たっているかどうかを議論してもあまり益はない。こういう分類は欧米社会が自身の未来に極端な不安をもつときにたいていあらわれるものなのだ。

ちなみに、この手の分類がやたらに話題になるようになったのは、ヨーロッパを敵味方に分けた第一次世界大戦で衝撃をうけたシュペングラーが、歴史をさかのぼって世界史上の文明圏を、エジプト、バビロニア、インド、中国、ギリシア・ローマ、アラビア、西洋、メキシコの八つに分類し、トインビーがこれを二六にふやしてそのうち一六がすでに滅亡したと整理したうえで、最後にのこったのが西欧キリスト教文明、東欧・ビザンチン文明、イスラム文明、ヒンドゥ文明、日本文明の五つだろうと予測したことに始まっていた。ハンチントンはこれを踏襲しただけだともいえる。

こういう分類はあまり有効とはおもえない。文明の構図の予想が役に立たないというのではなく、ハンチントンはまったくふれていないけれど、資本主義と自由市場を世界大にしてしまったことが、すでに文明の構図をまたいでしまったのである。あえてトインビーに懐かしい敬意を払っていうのなら、世界は「神」と「資本」と「散在体」だけが問題なのだ。それゆえそういう問題を除いて議論するのなら（あとは実践的なプレゼンスの割り振りしかのこらないのだが）、本書はきわめて現実的な提案をした一書になっていた。

ところで、文明が衝突するのかどうかをべつとして、これを戦争と政治とは何かという問題におきかえれば、まだまだ議論しなければいけないことはヤマほどにある。

そもそも戦争論と政治論がまったく成立しがたくなっているということが、なさけない体たらくなのである。クラウゼヴィッツやハンチントンのような戦略家は、最初から戦争にどのように勝つかを前提にしたから戦争を政治の継続というふうに見るだろうが、たとえばドイツのカール・シュミットは『政治的なものの概念』（未来社）で、政治は誰が敵かを決定し、戦争はその決定のもとに独自の規則を創案するだけだと考えた。またたとえばウォーラーステインは「余剰が集中する中核地域」が国家機構と政治機構をつくりあげるのだから、戦争も資本主義もそこに生ずると見た。ジル・ドゥルーズとフェリックス・ガタリは『千のプラトー』（河出文庫）で、むしろ暴力装置は国家の形成を妨げることがありうるのだから、国家と戦争と資本はもともと異質なものであるはずだという見方をとった。

これらの議論の奥では、ジョルジュ・ソレルの『暴力論』（岩波文庫）やヴァルター・ベンヤミンの『暴力批判論』（岩波文庫）が目を光らせている。暴力の正体を問わない文明論や戦争論は二一世紀には通用しないはずなのだ。加うるに、最近の戦争と政治の関係をさらに複雑で難解にさせているのは「抑止力」が戦争の裏の代名詞になったことと、「テロ」が戦争の対抗詞になったことである。

抑止力の問題が浮上したのは米ソの冷戦以来のこと、それからは世界中が「戦争を抑止するための戦力」のための戦争ばかりするようになったのだが、このときの議論とキューバ危機やベトナム戦争のときのアメリカのトラウマが、結局のところはまだ世界を覆っているわけなのだ。

テロの問題は、ハンチントンが本書を書いたときには思いもよらなかったであろう。自爆テロがこれほど横行するとは、イスラム過激派以外のだれにも予想のつかないことだった。それまでは、ハンチントンのみならず多くの歴史家や戦略家はなんであれ国家力や経済力を問題にしていればよかったのだが、それが自爆テロでは文明と文明が衝突したのではなく、文明と個人が刺し違えることになったのだ。

しかしテロリズムなんて歴史の最初から始まっていたし、フランスの歴史ジャーナリストが書いて話題をまいたローラン・ディスポの『テロル機械』（現代思潮新社）は、フランス革命こそが近代テロの起源だというふうに見たものだ。だからテロの歴史を言い出すと話は広がりすぎるのだが、少なくとも9・11以降のイスラム過激派テロをどう見るかということにかぎっても、テロと戦争と政治の関係は欧米側ではいまのところまったく思想にも戦略にもできないでいる。

テロは政治でも戦争でもない、わけではない。テロもゲリラも政治であって戦争なのである。それを封印するために戦争をしようというのは通らない。

戦争にはまがりなりにもグローバル・ルールというものがある。テロにはいっさいの法がない。そこでとりあえずイスラム過激派のテロを「信仰」とみなし、そこにイスラムと欧米の対立を別途に代入して読もうというのが、いまのところハンチントン以降の苦しまぎれの読み方になっている。

この見方が、欧米がつくったパラダイムのあいかわらずの押し売りであることは見え透いている。宮田律《おさむ》が『イスラム世界と欧米の衝突』（NHKブックス）で証拠を詳しくあげて書いていたけれど、中東に戦争を輸出したのはどう見てもアメリカだ。それを自爆テロが頻発してきたので、また戦争の正当性を個人の自爆のサイズにしたくないので、文明というサイズで言いくるめていると見なされても仕方がない。本当は戦争とテロのあいだのサイズ、すなわち「文化の衝突」こそが問題になるべきなのである。

さて、このようなことを綴ってきて、ちょっと心が傷むままに思い呼びさまされることが出てきた。さきごろ亡くなったスーザン・ソンタグが生前に「ニューヨーカー」に寄せた9・11についてのコメントがひどい晒《さら》しものになったという一件だ。

ソンタグのコメントは一〇〇〇語たらずのものであるのだが、それが深夜テレビのコメンテーターによって強調され歪曲され、「アメリカ人は臆病だ、テロリストは体ごとビルにぶつかっていったのに、アメリカ軍は遠くからミサイルを撃つだけだ」というふうに伝わっていったのである。これで一斉攻撃された。売国奴呼ばわりされた。ソンタグは大いに呆《あき》れた。

これは、ブッシュがテロリストを「臆病者」呼ばわりしたことをソンタグが皮肉った文章を、メディアがアメリカ人の勇敢とは何かという問題にすりかえていったという例である。経緯はともかく、いまやアメリカの戦争は「勇気」の問題になってしまったのだ。これは話にならない。これでは、フクヤマのいう「気概」も、さらには「正義」や「同盟」も、文明が営々と築き上げてきたコンセプトの大半も、いまやその意味すら崩れつつあると言われてもしょうがない。

こうした問題が何であったかということについては、いちはやくソンタグの一件を引いた大澤真幸が『文明の内なる衝突』（NHKブックス）という象徴的なタイトルの本のなかで言及しているので読まれるといいが、ことほどさように、いまだ文明論者というものの、「冷戦」にも「テロ」にも、また国内世論についても、有効な議論ができないままにいるわけなのである。それなのに事態はますます深刻になっている。ソンタグの皮肉がわからないというのなら、われわれはまだ「文明」に見放されているというべきだ。マルク・

クレポンの『文明の衝突という欺瞞』（新評論）が、この視点で恐怖と敵意による政治学からの離陸を書いている。

第一〇八三夜　二〇〇五年十二月十二日

**参照千夜**

九九九夜：ホメーロス『オデュッセイアー』　一〇二四夜：シュペングラー『西洋の没落』　七〇五夜：トインビー『現代が受けている挑戦』　一六二八夜：梅棹忠夫『行為と妄想』　一三六三夜：ブローデル『物質文明・経済・資本主義』　一三六四夜：ウォーラーステイン『史的システムとしての資本主義』　一一四四夜：柳田國男『海上の道』　一四三夜：折口信夫『死者の書』　九〇二夜：エドワード・サイード『戦争とプロパガンダ』　七三八夜：チョムスキー『アメリカの「人道的」軍事主義』　四一二夜：福澤諭吉『文明論之概略』　一二七三夜：クラウゼヴィッツ『戦争論』　一〇八二夜：ドゥルーズ&ガタリ『アンチ・オイディプス』　九〇八夜：ベンヤミン『パサージュ論』　六九五夜：ソンタグ『反解釈』　一〇八四夜：大澤真幸『帝国的ナショナリズム』

東アジアを狂わせている
WTOという強行

ラジ・パテル

## 肥満と飢餓
世界フード・ビジネスの不幸のシステム

佐久間智子訳　作品社　二〇一〇

Raj Patel: Stuffed and Starved—Markets, Power and the Hidden Battle for the World Food System 2007

世界では十億人が飢餓に喘《あえ》ぎ、十億人が肥満に悩んでいる。「肥満はもはやアメリカの流行病だ」と言ったのはタバコ大手のフィリップ・モリスの副社長ジェイ・プールだった。そういうふうにしたのは、ゼネラル・フーズとクラフトを八〇年代後半に買収した当のフィリップ・モリスだ。おかしな言い分だ。

クラフトはゼリーブランド「JELL-O」から子供用のパック食品「ランチャブルズ」までを売りまくって、つねにナビスコやゼネラルミルズやハーシーと争ってきた大手フードメーカーである。菓子大手のキャドバリーを買収してからやたら強気になっている。

アメリカの主要都市で「エブリデー・ロープライス」（毎日、低価格）を謳うスーパーマーケット（つまりウォルマート）には、この十年というもの、ゴールデンデリシャス、ふじ、ブレーバーン、グラニースミスのリンゴしか置いていない。あとは別の店を探すか、リンゴ園からのお取り寄せである。西部開拓とともにリンゴを北米に殖やしたジョニー・アップルシードの伝説の国にして、まことにおかしな商品揃えだ。

コーネル大学のデヴィッド・ピメンテルの報告によれば、アメリカでは毎年一人あたりの食料供給に、原油換算で二〇〇〇リットルに相当する化石燃料を費《つか》っている。ということは、べらぼうな化石燃料を、農業生産のための化学肥料、農地灌漑のためのポンプの燃料、食糧輸送のための運輸燃料などが食っているというわけだ。

これを補うという名目でトウモロコシから大量のエタノール燃料を精製することが、ジョージ・ブッシュ政権から始まった。そのためトウモロコシの大半が遺伝子組み換えに変わった。いまやアメリカの八九パーセントのトウモロコシがGM作物になった。これまた、ずいぶんおかしな因果関係だ。

本書の著者のラジ・パテルは父親がケニア出身、母親はフィジー人で、いまはアメリカで骨太い活動をしているエコノミストである。一九七二年にロンドンに生まれ、オックスフォード、ロンドン・スクール・オブ・エコノミクスをへて、アメリカに入ってコーネル大学で博士号をとるとWTOと世界銀行の事務にかかわった。しかし、しだいにラジはその仕事のやりかたに疑問をもった。根本的な疑問だ。そのため退職してエコノミストへ、ジャーナリストへ転身した。

そのラジに衝撃が走ったのは二〇〇三年九月十日のことだった。その日、メキシコの最高級リゾート地のカンクンではWTOの閣僚会議が開かれていた。韓国の農民団体とその活動を代表して駆けつけていたイ・キョンへは、会場をとりまくフェンスによじのぼると、ポケットからジャックナイフを出して「WTOは農民を殺す！」と叫び、自分の胸を突いて自害した。

イ・キョンへは一九八七年に韓国進歩的農業連合の創設を主導して、自身は全羅北道に農場「ソウル・ファーム」をつくり、そこを研修所として次代の農業者の育成に向かっていった人物だ。その活動には国連から農村指導者賞を贈られるほどだった。けれどもその後、韓国政府がオーストラリアからの牛肉の輸入制限を撤廃してから、事態は一変した。ラジはこの事件に心を動かされ、緻密な調査のうえ本書を書いた。

ぼくがラジ・パテルの本を摘読したのは二〇一一年の二月のことだったが、その直後の東日本大震災と福島原発メルトダウンで、本書のことはほったらかしになった。

その後、近代科学のイデオロギーを批判した環境活動家のヴァンダナ・シヴァの『食糧テロリズム』（明石書店）と『生きる歓び』（築地書館）などを知って、そのシヴァが『バイオパイラシー』（緑風出版）や『生物多様性の保護か、生命の収奪か』（明石書店）といった本をとっくに書いていることに気づかされ、ハッとした。シヴァは西洋知と対決できるコンティンジェントな知性に富んでいた。

そのころは、折からのTPP交渉議論をめぐって中野剛志君の『TPP黒い条約』（集英社新書）や『反・自由貿易論』（新潮新書）なども読んでいた（その後、中野君とは出会って話をしたが、なかなか痛快な考え方の持ち主だった）。そのうちやっぱり「ニッポンの米」のことが気になって、急に食糧問題の本を渉猟するようになった。とくにクリスティン・ドウキンズの『遺伝子戦争』（新評論）を読んで、ふたたびラジ・パテルに戻ってきた。

イ・キョンへはなぜカンクンで自殺したのか。

先に述べたように、韓国政府はオーストラリアの牛肉を導入することで、国内の牛肉価格が下がることを見越し、畜産農家に対して「規模拡大・低価格」を実現させるため、借金をして仔牛を育てれば十分な値段で買い上げると奨励していた。

イ・キョンへもこの政府の奨励と助言に従ったのだが、牛肉価格は下がったまま上がらず、農家は借金の利息を払うために牛を手放さなければならなくなった。キョンへは毎月数頭ずつの牛を手放して生活を維持していたものの、ついに耐えられず農場を失った。背後で世銀とWTOが動いていた。

韓国がOECD（経済協力開発機構）に加盟したのは一九九六年だ。マーシャルプランをヨーロッパが受け入れる機関としてOEECが成立し、そこにアメリカとカナダが加わり一九六一年にOEEDになってから三五年がたっていた。しかし、いったん加盟したら事態は大きく変わる。GATTに加わり、WTOに加わることになる（TPPもそうなるに決まっている）。

韓国の農民たちは政府の農業政策によって一挙手一投足をコントロールされるようになった。それまで農民たちは伝統的な村落で慣行されていた「契《ケ》」などによって、相互に借入れをしあうような〝融通〟をしていたのだが、そうした〝知恵〟も通用しなくなった（日本の村落でもかつての「頼母《たのも》子《し》講《こう》」や「結《ゆい》」が失われている）。なぜ、こうなったのか。イ・キョンへはなぜWTOの殺人性を訴えたのか。WTOが誕生してきたグローバル・キャピタリズムの事情を見る必要がある。

話はレーガン、父ブッシュ、クリントン、子ブッシュが新自由主義的なグローバル・キャピタリズムにもとづいて、世界中に「貿易自由化」（資本の自由化）を仕掛けていったあたりの状況まで、いったん戻る。ここから「自由貿易協定」なるものが驀進していったからだ。

国家が国際間の交易に輸出入の制限を加えず、保護も奨励もせず、関税賦課もしないことを「自由貿易」というのだが、アメリカがこれを推進すればアメリカ産業に集中しているコングロマリット（多国籍複合企業）の有利を促進するのはあきらかだった。アメリカは自由貿易を世界中に説得するにあたって、あの手この手で甘言を弄《ろう》した。これによって各国にトリックル・ダウンがおこるのだから、みんなにとってもいいはずだと主張しつづけた。「滴《しずく》がたれる」という意味のトリックル・ダウンとは、世界の経済成長のパイが大きくなればなるほど、その恩恵が貧しい国や領域にも波及するという、実に厭味な開発経済学用語のことをさす。

こうして登場してきたのが、一九九二年にアメリカ・カナダ・メキシコが共同署名したＮＡＦＴＡ（北米自由貿易協定）である。メキシコはＮＡＦＴＡの取り決めに従ってトウモロコシ関税を撤廃した。これでアメリカの食糧コングロマリットからの輸入が増大し、国内生産に大きなブレーキがかかった。日本人に「ごはん」が必要なように、メキシコでは「トルティーヤ」（トウモロコシの生地による料理）の値段がちょっと変化するだけで、国がおかしくなる（日本なら牛丼の値段にあたる）。

案の定、二八〇万人の職が失われた。国家が介入しないなどと言っておきながら、アメリカはアメリカ経済界の有利を謀《はか》ったのである。

あらためてふりかえると、国際関税協定そのものはGATTに始まっていた。第二次世界大戦で国際関係の秩序が大きく狂った戦後経済の立て直しのために、一九四七年に初期二三カ国がジュネーブに集まって調印成立した「関税と貿易に関する一般協定」のことをGATTという。

GATTは時代情勢と参加国の情勢に応じて協定内容を変えてきた。その議論をする場をラウンドというのだが、一九四八年以来、七回のラウンドを経過してきた。一ラウンドに数年ずつがかかった。日本がGATTに加盟したのはサンフランシスコ講和条約後（つまり日米安保条約締結後）の一九五五年である。

当然のことながら、国際経済のダイナミックスは次々に変化し、GATTは体質変化を迫られた。当初は米ソの冷戦によって自由資本主義と社会主義経済が対立していて、その緊張がしだいに高まっていた。アメリカはベトナム戦争で大失敗をやらかしていた。そこへ「中東のめざめ」によるオイルショックがやってきて、ニクソンはドルを切り下げ、世界経済は変動相場制に転進することになった。一九八六年、ウルグアイでGATT閣僚会議が開かれて（＝ウルグアイ・ラウンド）、今後はもっと新しい多角的世界貿易の強力なしくみが必要だろうという窮余の展望が確認され、マラケシュ協定が交わされた。

マラケシュ協定が提案したしくみは、アメリカ主導のプレゼンテーションによってG

ATTを発展解消させる世界貿易機関の設立につながり、かくして一九九五年のWTO(World Trade Organization)発足となった。GATTはWTOに移行し、十年後(二〇〇五)には一四九カ国が加盟した。

WTOには貿易・関税・知的所有権に関する二八協定が含まれている。加盟するにはこのすべてに同意しなければならず、加盟国間の紛争があれば、経済制裁を含む強権を発動できる。

このようなWTOの機構の用意周到には目を見張る。世界を牛耳るには、アレクサンダーやヒトラーではなく、WTOが必要なのである。紛争解決機関、貿易政策検討会議、物品の貿易に関する理事会、農業に関する委員会、衛生植物の権益措置に関する委員会、繊維と繊維製品の監視機関、貿易の技術的障害に関する委員会、さらには投資措置に関する委員会、ダンピング防止措置に関する委員会、関税評価に関する委員会、知的所有権の防止関連の側面に関する委員会などが設置されている。

これらは加盟国の平等をはかるというより、「強国の有利」を巧みに誘導できるようになっている。GATTの時代は当事国間の柔軟な交渉ができていた。WTOはそうした国の交渉力ではなく、自立した立法権や司法権をもった。その下準備を工作するのは各国の企業ロビーイストたちである。アメリカン・ロビーが圧倒的に強い。アメリカは「やれること」を「やる」ようにするためには、理念から細目まで、みごとなほどに総力を挙げてくる。とくに相手との複合ネゴシエーション(多重交渉)をためらわない。ニクソン時代に懲りたのだ。

たとえば、EUが人工成長ホルモンを使用したアメリカの牛肉の輸入を禁止したり、チキータ社やドール社のバナナではないカリブ海諸国のバナナを輸入しようとしたときは、WTOはこれを不法な貿易障害だと断じた。これをEUが避けるには、アメリカのロックフォールチーズ・高級財布・オートバイなどの輸出品価格を倍加する一〇〇パーセント関税を受け入れるしかなかった。

アメリカはこうした多重交渉を有利にするため、国内のスーパー三〇一条などにぴったり対応する「ウォッチリスト」(経済制裁対象リスト)をたえず用意した。とりわけ農業・食品・医薬・化学製品・電気製品・自動車・発動機械に関する知的所有権(知的財産)をめぐる委員会は、早々と悪名高いTRIPS協定を発動させて、遺伝子操作が可能な種子や植物や食品を特許の対象にした。

そうなったのは、ブリストル・マイヤーズ、デュポン、ゼネラル・エレクトリック、ゼネラルモーターズ、ヒューレット・パッカード、IBM、ジョンソン&ジョンソン、メルク、モンサント、フィリップモリス、ファイザー、ロックウェル、タイムワーナーなどのアメリカ大手企業の思惑にもとづいて強力な多重交渉が進められたからだ。

ようするにWTOはとうてい公平《フェア》ではなかったのだ。国連貿易開発会議（UNCTAD）の最高幹部ルーベンス・リクペロは「こういうことは、よく知られた秘密なんだ」と言って、ニヤリと笑ったらしい。

植物や食品の品種改良もWTOとアメリカの共謀が確立してしまったのである。それはシンジェンタ社（サンド＋チバガイギ→ノヴァルティス＋ゼネカ）やモンサント社やアヴェンティス社などによる新たな「農業化学市場」の世界市場での席巻を意味した。モンサントがラウンドアップ除草剤と遺伝子組み換えトウモロコシによって世界を牛耳ったことは、マイケル・ポーランの痛快な一冊『欲望の植物誌』（八坂書房）を千夜千冊したときにも述べておいた。

本書は、そうしたWTO関連の例として、ユナイテッド・フルーツ社（チキータ・ブランド。バナナの専有）やモンサント社のバイオ特許戦略とともに、アルトリア社が世界の穀物市場をどのように支配してきたのか、その実態を詳しく報告している。いまやアルトリアは、煙草のフィリップモリスのホールディング・カンパニーであるとともに、オレオ（クッキー）、スターバックス（コーヒー）、トブラローネ（チョコレート）、オスカーメイヤー（肉加工品）、マールボロ（煙草）などを傘下とする一網打尽の巨大コングロマリットになっている。これらは新たな「銃・病原菌・鉄」なのである。

イ・キョンへの自殺は、このような有無を言わさぬアグリビジネスとグローバル・フードシステムの進行を、WTOがあからさまにカムフラージュしていることに対する抗議だった。

本書があきらかにしたもうひとつのことは、大豆をめぐるグローバル・フードシステムの虚構のことだった。

欧米で大豆のことをソヤとかソーヤ（soya）と言っているのは、日本語の「醤油」が訛《なま》ったものである。徳川幕府に仕えたエンゲルベルト・ケンペルが一七一二年の『廻国奇観』で日本の大豆と醤油や味噌や豆腐の関係を記述したのだが、それまで、欧米での大豆の知識はまったくお粗末なものだった。おまけに欧米はケンペルの報告を軽視して、大豆を加工すればすばらしい食品をつくれるという日本的な技法について、ほとんど関心を示さなかった（欧米が豆腐や醤油にめざめたのはヒッピー・ムーブメントのあとである）。

そのかわり欧米は意外なことを、あるいは恐ろしいことを思いついた。人間の消化器が大豆をうまく消化できないことにくらべて、多くの家畜が大豆をうまく消化していることに目をつけたのだ。すなわち、大量の大豆を家畜飼料に活用することを思いついたのだ。なんとも、ものすごい。いまでは世界の大豆の八〇パーセントが畜産業によって消費されている。

アメリカの大豆ビジネスは一九三〇年代のADM社による大豆油の大量生産から始まった。あっというまに大きなビジネスになったのだが、すぐさま余剰大豆問題に直面した。そこで一九六〇年のGATTのディロン・ラウンドで、アメリカ政府は余剰大豆をヨーロッパ市場に売り付ける約束を巧みに取り付けた。ケネディ・ラウンドでもこの政策が踏襲された。

かくて七〇年代初頭まで、アメリカは小麦の次に大豆の生産量で世界のトップを走ったのだが、ここで幾つかの変化がおこった。ひとつは、ソ連が国内需要を満たすべき原油の増産に踏み切り、世界各国がその原油をドルで購入した。ソ連はこのドルでアメリカから小麦を買い、ついで大豆を大量に買い込んだ。もうひとつは、一九七二年から翌年にかけて大規模なエルニーニョ現象がおこり、広範囲な干ばつをおこし、北米全域の大豆に被害が出た。

これらが原因でアメリカの大豆価格が前代未聞の価格となり、ニクソンが慌てて大豆輸出を禁止した。そこへドル・ショックとオイル・ショックが重なった。当時のアメリカは愚かなほどに右往左往したのだが、一方で、この変化はブラジルに大豆生産のまたとないチャンスをもたらした。たちまちブラジルの大豆生産量は一九七九年には世界全体の一八パーセントを占めるようになり、大豆王ブライロ・マギーを君臨させた。

マギーはマットグロッソ州の知事となり、巨大な大豆プランテーションのために森林破壊を進めた。それを支援したのは、アメリカのカーギル社などの食糧コングロマリットだった。マギーはアメリカ製のギニョールかと噂された。

そうしたコングロマリットは生産ではブラジルに追いつけなくなったぶん、大豆粉末の家畜飼料への大量転換をめざしたのだが、それで手を打ち終わったわけではない。その家畜が食肉産業を支え、その食肉産業にハンバーガーのマクドナルドその他の加工食肉企業が群がった。こうした事態を巧妙に保護していったのがWTOだったのである。

これで話がだいたい一巡できるのだが、イ・キョンへの悲劇の背景が深かったこと、そのWTO絡みのフードシステム共謀がその後もさらに進行していることを調べ上げるため、ラジはまだ追及の手を緩めない。

大豆ビジネスに続いてラジが問題にするのは、どのようにスーパーマーケットが仕組まれていったかということと、その作戦にまんまとはまっていった消費者の安直なフード感覚と、それがもたらした肥満の拡大のことである。

アメリカ社会の底辺には年収一万ドル未満の所帯がひしめいていて、その層の黒人の三二パーセント、ヒスパニックの二六パーセント、白人の一九パーセントが肥満になっている。けれども年収が五万ドルになると肥満率が少しずつ落ちていく。

これはいったい何を示していることなのか。なぜ貧困と肥満が関係があるのか。このことこそ「貧困と肥満、飢餓と肥満の関係式」の謎を解く切り口になりそうだった。ラジもさっそくこの関係式にとりくんだが、すでに「ナショジオ」や「USAトゥディ」の記事を書いていたフリージャーナリストのグレッグ・クライツァーが率先してこの要因を調べていて、『デブの帝国』(Fat Land　バジリコ)にまとめていた。

やっぱり、あのニクソン時代(と次のフォード時代)に最初の原因があった。当時の農務長官のアール・バッツがニクソンの要望に応えて「農場票」を集める役を仰せつかったとき、高果糖コーンシロップを作れるように組み立てたのである。

この甘味料は遺伝子組み換えのトウモロコシによるコーンスターチ(澱粉)をつかったもので、HFCS(異性化糖)と呼ばれた。甘味を保証するだけでなく、「代謝の短絡」をおこす機能をもっていた。HFCSにはたちまち大手食品メーカーが乗ってくることが予想されたので、農場主たちはこのHFCS用のトウモロコシの生産に傾いた。

こうしてしばらくするとコカ・コーラが、そしてペプシが、混入甘味料のすべてをHFCS(コーンシロップ)に切り替えることに踏み切った。あとは推して知るべし、多くの食品メーカーが右へ倣《なら》えした。ほどなくスーパーマーケットに並ぶ甘みのある食品や冷凍食品が一気に手に入りやすくなった。けれどもHFCSにひそんでいた「代謝の短絡」の回路こそは肥満につながっていたのである。

ニクソンがウォーターゲート事件で失脚すると、大統領をバトンタッチしたフォードも、バッツ農務長官に「価格統制によらない食品価格の低下」を実現するように指示した。ここに登場してきたのが今度はパーム油だった。アブラヤシから採る植物油だ。

バッツはパーム油をアメリカの消費者を納得させる手段に使うことにした。パーム油はマレーシアやタイやインドネシアの「国の産業」である。バッツはさっそくマレーシアのムサ・ビン・ヒタムと草案を練ると、その移転コストを計算し尽くした。かくてアメリカにパーム油が出回り、TVディナーやマカロニチーズがパーム油製になった（ぼくは岡崎の美術館の開館記念「天使と天女」展のためニューヨークで天使美術を調査していたとき、キュレーターから初めてTVディナーを勧められた。なんとも味気ないものだった）。

まもなくパーム油はファストフードの大半、マーガリン、ポテトチップス、ドーナツ、パン、アイスクリーム、チョコレートに使用されることになった。いまでは植物油の生産量ではパーム油が世界一を占める（日本ではカップ麺にも使われている）。パーム油の過剰摂取は肥満をもたらすだけでなく、その酸化しやすさや独自の臭みを防ぐためにBHA（ブチルヒドロキシアニソール）やBHT（ジブチルヒドロキシトルエン）が食品添加物として使われる。これが発ガン性をもつとも言われる。パームはココナツオイル同様の熱帯植物なので、その土地に住む者には体を冷やす効果があるのだが、採り過ぎれば欧米人の体も冷やしてしまう危険もあるらしい。

もっとも、こうした危惧をめぐる声が大きくなってきたのは、八〇年代に入って過剰摂取がいよいよ〝商品化〟されてからのことである。その突端を開いたのはマクドナルドのデイヴィッド・ウォーラスタインだった。マクドナルドは映画館のポップコーンをビッグサイズにし、ハンバーガーをビッグマックにし、フライドポテトも大盛りにするという、いわゆる「バリューセット」を展開していった。一九八八年、まったく同じことをバーガーキング、ウェンディーズ、ピザハット、ドミノが始めた。

もはや何もかもが止まらなくなった。もはや誰もかもが食べ続けるようになった。ラジは書いている。ファストフードで食品メーカーが肥大していくとともに、黒人と貧困層と子供が太っていった、と。


本書はWTOと世界銀行で仕事をしていたラジ・パテルの懺悔《ざんげ》の一冊である。ここに紹介した内容だけではなく、獰猛なアグリビジネスや狡猾なWTOに対する反抗運動についても、幾つもの報告や記述がある。またスローライフやダイエットについての楽観できない問題点にも言及する。

こうした本書の翻訳に佐久間智子はうってつけだった。市民フォーラム二〇〇一の事務局長、明治学院大学国際平和研究所研究員、アジア太平洋資料センターの理事などを歴任するとともに、自身で二〇一〇年に『穀物をめぐる大きな矛盾』（筑摩書房）を著し、『ウォーター・ビジネス』（作品社）、『世界の〈水〉が支配される！』（作品社）、『フード・ウォーズ』（コモンズ）などを訳出してきた。

WTOについては、すでにさまざまな報告書や解説書や告発書が刊行されている。『なぜ世界の半分が飢えるのか』のスーザン・ジョージによる『WTO徹底批判』（作品社）、ラルフ・ネーダーが創設したパブリック・シティズンがまとめた『誰のためのWTOか？』（緑風出版）が基本になるだろうが、わかりやすくは前述したドウキンズの『遺伝子戦争』（新評論）や鈴木宣弘の『食の戦争』（文春新書）などがいい。

肥満についてはあまり読んでいない。本音をいうと、実は関心がない。ぼくは小学生の頃から身長や体重を記入することすら嫌いだったのである。べつだん体にコンプレックスがあったわけではなく、そういうふうに「数値が私になる」のがイヤだったのだ。のみならず太っちょも好き、痩っぽちとも仲がよく、そんなことを気にしない連中が好きなのだ。

とはいえ、いまや肥満が食品害や貧困状況と結びついているとなると、その動向が何を示唆するのかは、文明思想や社会思想の領域に入ってくることになる。少しは読むことにした。上に紹介した『デブの帝国』はほどよく書けていたが、そのほか岡田正彦『人はなぜ太るのか』（岩波新書）、ディードリ・バレット『加速する肥満』（NTT出版）、白澤卓二『肥満遺伝子』（祥伝社新書）、フランク・フーの『肥満の疫学』（名古屋大学出版会）、ニュートン別冊の『肥満のサイエンス』（ニュートンプレス）あたりを散読したまでだ。

当初は千夜千冊してみたいと思っていたマイケル・モスの『フードトラップ』（日経BP社）にも、けっこう感心した。〝SALT, SUGER, FAT〟が原題で、なかなかの読みごたえだったことを付け加えておく。二一世紀は「飢餓と肥満の文明」で、「バイオ・キャピタルの文明」なのである。

第一六一〇夜　二〇一六年五月二七日

**参照千夜**

一六〇九夜：マイケル・ポーラン『欲望の植物誌』　一六四九夜：カウシック・ラジャン『バイオ・キャピタル』

追伸

# 何が隠されてきたのか

文明が大きくて文化が小さい、などということはない。文明がグローバルで、文化がローカルだということもない。文化は変更がおこりやすく、文明は訂正が効きにくい。そのため文明はしばしば大きな嘘をついたままになる。

われわれがいまこうしてあるのは、地上の各所で古代文明と都市文化が起動したからである。直立二足歩行をして両手で道具をつくり、なんらかの脳の充実によって言語と感情を操るようになったわれわれは、農耕・牧畜・漁労を背景にした繁栄をめざした。そのころの宗教観念や価値観の多くはいまなお踏襲されている。しかしその後の文明の歴史のなかで、それらは誇張や粉飾や糊塗を加えた。文書書き換えは、いまに始まったことではない。ジラールはそれを「世の初めから隠されていること」と言った。文明は「強奪」「横取り」「吸収」がおハコなのである。おまけにこれらの行為の大半は腕に縒《よ》りをかけて徹底美化されてきた。そのうち「勝ち組」のリクツばかりがはびこるようになったのである。ヨーロッパ中に撒き散らされたアーリア神話がその典型だ。

そういう文明の始原と変奏をどう読むか。本書は個性的な書物を千夜千冊から選りすぐって、二つの視野が交差するように構成してみた。

ひとつは、ヨーロッパ文明・中東文明・中国文明・遊牧文明にどんな「始原の謎」があったのかということだ。モーセやヨブ記や黙示録やアンチキリストを採り上げて、古代中世のユダヤ・キリスト教を瞥見《べっけん》した。一方で黄河文明によって隠されてきた長江文明と「外部」にいたユーラシアの遊牧文明に焦点をあてた。

もうひとつは、その後の文明が権力や資本や技術によってどんな「成長の矛盾」をもったのかということだ。コンラート・ローレンツの『鏡の背面』、ジャレド・ダイアモンドの『銃・病原菌・鉄』、ダニエル・ベルの『資本主義の文化的矛盾』に詳しい。現代の文明的矛盾については湾岸戦争とWTOがどのように噴出して、どんなふうに片寄った意図を隠蔽《いんぺい》してきたのかに焦点をあてた。

歴史というもの、神々の想定とともに始まり、部族や民族が都市・言語・交易・武器などを力にしていくことによって展開する。そのつど殺戮《さつりく》と強奪がおこったのだから、文明の歴史をめぐる記述はこの暴挙の「扱い」をどう隠してきたかということから始まっている。まとめて建国神話とか起源神話とよばれているが、そこでモーセとユダヤ人の物語が組み上げられ、エルサレム争奪が繰り広げられ、ブリトン人の正当性が強調され、舜王《しゅんおう》や禹王《うおう》の伝説が組み合わさって、当初の文脈を塗り替えていったのである。

この文脈は、当然のことに民族や国家の当初の価値や方針をあらわしているはずのものなので、なかなか変更を加えられない。しかしその後、民族・国家・宗教が意外な離合集散をくりかえしたので、始原の正当性はそれぞれが勝手に主張を分有するようになった。こうしてアーリア民族の正当性が英仏独西で異なり、起源神話をもてなかったアメリカが「正義と自由と資本主義」を発揚した。それでどうなったのかといえば、ご覧の通りのありさまだ。こうした全貌をどう俯瞰《ふかん》すればいいかということは、ナヤン・チャンダの好著『グローバリゼーション』がみごとにかいつまんでいる。最初に読まれるといい。

ふりかえってみると、このような「文明が隠してきたこと」に最初に気が付いたのはフレイザーとニーチェとシュペングラーだったと思う。フレイザーやニーチェについては別のエディションでお目にかけたい。また本書では日本やインドやその他の地域を省いたが、これも別のエディションに構成するつもりだ。

松岡正剛

# 千夜千冊 EDITION

「千夜千冊エディション」は、2000年からスタートした
松岡正剛のブックナビゲーションサイト「千夜千冊」を大幅に加筆修正のうえ、
テーマ別の「見方」と「読み方」で独自に構成・設計する文庫オリジナルのシリーズです。

執筆構成：松岡正剛
編集制作：太田香保、寺平賢司
造本設計：町口覚
意匠作図：浅田農
口絵撮影：熊谷聖司
編集協力：清塚なずな、編集工学研究所
制作設営：和泉佳奈子

松岡正剛の千夜千冊　http://1000ya.isis.ne.jp/

千《せん》夜《や》千《せん》冊《さつ》エディション

文明《ぶんめい》の奥《おく》と底《そこ》

松岡正剛《まつおかせいごう》

平成30年 8月25日　初版発行

発行者●郡司 聡

発行●株式会社KADOKAWA
〒102-8177　東京都千代田区富士見2-13-3
電話 0570-002-301（ナビダイヤル）

角川文庫 21128

印刷所●株式会社暁印刷　製本所●株式会社ビルディング・ブックセンター

表紙画●和田三造


ISBN978-4-04-400358-6　C0195

# 角川文庫発刊に際して

角川源義

　第二次世界大戦の敗北は、軍事力の敗北であった以上に、私たちの若い文化力の敗退であった。私たちの文化が戦争に対して如何に無力であり、単なるあだ花に過ぎなかったかを、私たちは身を以て体験し痛感した。西洋近代文化の摂取にとって、明治以後八十年の歳月は決して短かすぎたとは言えない。にもかかわらず、近代文化の伝統を確立し、自由な批判と柔軟な良識に富む文化層として自らを形成することに私たちは失敗して来た。そしてこれは、各層への文化の普及滲透を任務とする出版人の責任でもあった。

　一九四五年以来、私たちは再び振出しに戻り、第一歩から踏み出すことを余儀なくされた。これは大きな不幸ではあるが、反面、これまでの混沌・未熟・歪曲の中にあった我が国の文化に秩序と確たる基礎を齎らすためには絶好の機会でもある。角川書店は、このような祖国の文化的危機にあたり、微力をも顧みず再建の礎石たるべき抱負と決意とをもって出発したが、ここに創立以来の念願を果すべく角川文庫を発刊する。これまで刊行されたあらゆる全集叢書文庫類の長所と短所とを検討し、古今東西の不朽の典籍を、良心的編集のもとに、廉価に、そして書架にふさわしい美本として、多くのひとびとに提供しようとする。しかし私たちは徒らに百科全書的な知識のジレッタントを作ることを目的とせず、あくまで祖国の文化に秩序と再建への道を示し、この文庫を角川書店の栄ある事業として、今後永久に継続発展せしめ、学芸と教養との殿堂として大成せんことを期したい。多くの読書子の愛情ある忠言と支持とによって、この希望と抱負とを完遂せしめられんことを願う。

一九四九年五月三日

# 角川ソフィア文庫ベストセラー

日本の民俗　暮らしと生業　芳賀日出男

日本という国と文化をかたち作ってきた、様々な生業と暮らしの人生儀礼。折口信夫に学び、宮本常一と旅した眼と耳で、全国を巡り失われゆく伝統を捉えた、民俗写真家・芳賀日出男のフィールドワークの結晶。

日本再発見　芸術風土記　岡本太郎

人間の生活があるところ、どこでも第一級の芸術があり得る——。秋田、岩手、京都、大阪、出雲、四国、長崎を歩き、各地の風土に失われた原始日本の面影を見いだしていく太郎の旅。著者撮影の写真を完全収録。

神秘日本　岡本太郎

人々が高度経済成長に沸くころ、太郎の眼差しは日本の奥地へと向けられていた。恐山、津軽、出羽三山、広島、熊野、高野山を経て、京都の密教寺院へ——。現代日本人を根底で動かす「神秘」の実像を探る旅。

数学物語　新装版　矢野健太郎

動物には数がわかるのか？　人類の祖先はどのように数を数えていたのか？　バビロニアでの数字誕生からパスカル、ニュートンなど大数学者の功績まで、数学の発展のドラマとその楽しさを伝えるロングセラー。

空気の発見　三宅泰雄

空気に重さがあることが発見されて以来、様々な気体の種類や特性が分かってきた。空はなぜ青いのか、空気中にアンモニアが含まれるのはなぜか——。身近な疑問や発見を解き明かし、科学が楽しくなる名著。

# 角川ソフィア文庫ベストセラー

読む数学　数列の不思議　瀬山士郎

等差数列、等比数列、ファレイ数、フィボナッチ数列ほか個性溢れる例題を多数紹介。入試問題やパズル等も使いながら、抽象世界に潜む驚きの法則性と数学の「手触り」を発見する極上の数学読本。

とんでもなく役に立つ数学　西成活裕

〝渋滞学〟で著名な東大教授が、高校生たちとの対話を通して数学の楽しさを紹介していく。通勤ラッシュや宇宙ゴミ、犯人さがしなど、身近なところや意外なシーンでの活躍に、数学のイメージも一新！

とんでもなくおもしろい仕事に役立つ数学　西成活裕

効率化や予測、危機の回避など、数学を取り入れれば仕事はこんなにスムーズに！〝渋滞学〟で有名な東大教授が、実際に現場で解決した例を元に楽しい語り口で「使える数学」を伝えます。興奮の誌面講義！

数学の魔術師たち　木村俊一

カントール、ラマヌジャン、ヒルベルト――天才的数術師たちのエピソードを交えつつ、無限・矛盾・不完全性など、彼らを駆り立ててきた摩訶不思議な世界を、物語とユーモア溢れる筆致で解き明かす。

宇宙入門　138億年を読む　池内了

シャボン玉や潮の干満、キリンの斑模様など、身近な自然の不思議から壮大な宇宙のしくみが見えてくる。ビッグバンからエントロピーの法則まで、数式や専門用語をつかわずに宇宙科学を楽しむための案内。

# 角川ソフィア文庫ベストセラー

はじめて読む数学の歴史　上垣　渉

数学の歴史は〝全能神〟へ近づこうとする人間的営みだ！　古代オリエントから確率論・解析幾何学・微積分法などの近代数学まで。躍動する歴史が心を魅了し、知的な面白さに引き込まれていく数学史の決定版。

無限の果てに何があるか
現代数学への招待　足立恒雄

そもそも「数」とは何か。その体系から、「1＋1はなぜ2なのか」「虚数とは何か」など基礎知識や、非ユークリッド幾何、論理・集合、無限など難解な概念まで丁寧に解説。ゲーデルの不完全性定理もわかる！

ゼロからわかる虚数　深川和久

想像上の数である虚数が、実際の数字とも関係してくるのはなぜ？　自然数、分数、無理数……小学校のレベルから数の成り立ちを追い、不思議な実体にせまる！　摩訶不思議な数の魅力と威力をやさしく伝える。

旅人
ある物理学者の回想　湯川秀樹

日本初のノーベル賞受賞者である湯川博士が、幼少時から青年期までの人生を回想。物理学の道を歩き始めるまでを描く。後年、平和論・教育論など多彩な活躍をした著者の半生から、学問の道と人生の意義を知る。

日本人とユダヤ人　イザヤ・ベンダサン

砂漠対モンスーン、遊牧対定住、一神教対多神教など、ユダヤ人との対比という独自の視点から、卓抜な日本人論を展開。豊かな学識と深い洞察によって、日本の歴史と現代の世相に新鮮で鋭い問題を提示する名著。